国家社科基金
GUOJIA SHEKE JIJIN HOUQI ZIZHU XIANGMU
后期资助项目

明清上海士人家族人口与身份认同研究

A Study on Shanghai Intellectuals' Family Population and Identity in Ming and Qing Dynasties

李宏利 著

中国社会科学出版社

图书在版编目（CIP）数据

明清上海士人家族人口与身份认同研究／李宏利著．—北京：中国社会
科学出版社，2019.9
ISBN 978-7-5203-5054-9

Ⅰ.①明…　Ⅱ.①李…　Ⅲ.①知识分子-家族-历史人口学-研究-上海
Ⅳ.①K820.9

中国版本图书馆 CIP 数据核字（2019）第 204092 号

出 版 人	赵剑英
责任编辑	李庆红
责任校对	赵雪姣
责任印制	王　超

出　　版	中国社会科学出版社
社　　址	北京鼓楼西大街甲 158 号
邮　　编	100720
网　　址	http：//www.csspw.cn
发 行 部	010-84083685
门 市 部	010-84029450
经　　销	新华书店及其他书店

印　　刷	北京君升印刷有限公司
装　　订	廊坊市广阳区广增装订厂
版　　次	2019 年 9 月第 1 版
印　　次	2019 年 9 月第 1 次印刷

开　　本	710×1000　1/16
印　　张	18
插　　页	2
字　　数	332 千字
定　　价	78.00 元

国家社科基金后期资助项目

出 版 说 明

　　后期资助项目是国家社科基金设立的一类重要项目，旨在鼓励广大社科研究者潜心治学，支持基础研究多出优秀成果。它是经过严格评审，从接近完成的科研成果中遴选立项的。为扩大后期资助项目的影响，更好地推动学术发展，促进成果转化，全国哲学社会科学工作办公室按照"统一设计、统一标识、统一版式、形成系列"的总体要求，组织出版国家社科基金后期资助项目成果。

全国哲学社会科学工作办公室

序

　　墓志铭是中国历史上最为重要的民俗事象。墓志铭早期称为诔碑，刘
勰《文心雕龙》列有专篇讨论。"诔"最初就相当于墓志一类的文本。刘
勰说："诔者，累也，累其德行，旌之不朽也。"显然这是一种对于亡者
的纪念与颂赞的文体。由于这种文字往往勒于石碑，故也称碑文，所以诔
文与碑文往往相关联。只是碑文涉及面更广，墓碑或者诔碑只是碑文之一
种而已。碑文因铭于石，也称铭。当然铭文也不仅仅是墓铭。但诔、碑、
铭与记述亡者的故事相关，所以刘勰这样总结："标序盛德，必见清风之
华；昭纪鸿懿，必见峻伟之烈：此碑之制也。夫碑实铭器，铭实碑文，因
器立名，事先于诔。是以勒石赞勋者，入铭之域；树碑述亡者，同诔之区
焉。"刘勰很好地表达了这些文体名称的相关性及其区别。不管是碑、
铭，还是诔，都是叙述墓主的功业。在南北朝的时候，"墓志"这个名称
就有了，如《昭明文选》选录了"诔""碑"，也选录了一篇"墓
志"——《刘先生夫人墓志》，这是当时就称"墓志"的证据。

　　至于我们现在把汉代碑铭称墓志，那只是以后来的名称去称谓古时的
墓碑文字，而在当时一般是不这么叫的。但北魏的墓志丰富起来了，有的
就直接叫墓志铭了。如《魏代扬州长史南梁郡太守宜阳子司马景和妻墓
志铭》就把"墓志铭"三个字直接写在墓志之首，还有《魏故南阳张府
君墓志》也是把"墓志"写在碑上。到了唐代，称"墓志"就成了一种
惯例。至于墓志、墓碑、碑铭，各种称谓及其各种差异，古人分得细微，
但是最为本质的是：这些碑志类文字是对亡者的颂赞与生平历史的记录的
一种文体。

　　刘勰说："大夫之材，临丧能诔。"这说明，过去做诔文是士大夫的
一项基本的写作文字功夫。我们翻开唐宋八大家的文集，都会看到墓志占
了很大的比重。唐宋以来，士大夫撰写墓志铭成了传统。这样，墓志承载
了文化精英的个人历史及其评价，而撰写者也是社会的文化精英，墓志铭
文本也是古代文体的精华，所以其文化含量高，信息量大，是最值得研究

的民俗文本之一。

李宏利十年前考入华东师范大学攻读博士学位，进入的是人口学专业博士点。过去中国高校，博士生招生，如果没有导师所专攻的专业点，就在相关的博士点招生。我是做民俗学研究的，那时我们的博士点还没有批下来，所以李宏利就进入了已有的人口学专业博士点学习。我很感谢人口学专业的大度，在他们的帮助下，我们民俗学博士点也建立起来并获得蓬勃发展。我们不能忘记学科发展的这段历史。

本书的写作得到华东师范大学人口学研究所多位人口学家的指导和帮助。在人口学专业，我们必须做与人口学相关的民俗研究，或者与民俗相关的人口学研究。在博士论文的选题上，我们觉得上海地区的墓志铭是非常值得研究的。墓志铭记录的墓主的家世、生卒年月、婚姻、子女人数，以及主要功业与价值取向，材料丰富。相对于史书人物传记的有限材料，墓志铭是相当丰富的，其总量远比同时代史书的传记多得多，所以说墓志绘制了中国民众的历史生活长卷，其作为人口学的资料十分珍贵。因为墓志总是要记述墓主的生卒年月，这是很珍贵的寿命记录，而子女数量、婚姻状态都是家庭结构等方面的珍贵资料。上海地区的民众进入国家正史传记的数量是很有限的，所以，上海地区的墓志铭成了研究上海人口与上海文化的重要参考资料。

从广义的角度看，人口学需要研究人的生老病死问题，而生老病死问题也是民俗学研究的核心对象，只是侧重点有所不同，方法有所不同。所以，民俗学从墓志铭这一对象入手，讨论人口问题，既是对人口学的拓展，也是对民俗学的空间拓展。

记得有一天，李宏利告诉我可以从墓志铭讨论一妻与多妻的生育率问题，一妻家庭整体生育子女数少于多妻家庭，但是一妻家庭的一妻身份的女性生育率高于多妻家庭的多妻身份女性生育率，我觉得这个问题是很有意思的，具有多方面的科学意义。

依据墓志铭统计出来的明清时期上海人口寿命比一般统计出来的人口寿命高很多，这引起很大争议。这可能不适宜说明整个上海人口寿命问题，但是对于有撰写墓志铭习俗的士大夫家庭，其家庭条件可能比一般家庭好很多，文化水平高，这些是不是影响人口寿命的重要因素呢？所以，墓志铭记载的群体寿命数据是值得认真研究的珍贵资料，应该去积极探讨这个问题，而不是怀疑那些刻在石碑上证据确凿的书写，因为墓志铭生卒年月造假的可能性是很小的。

墓志铭最为重要的功能是上海士大夫的精神记录与价值认同，上海墓志铭显示，儒家文化是上海士大夫的精神之本。本书的重要立足点是明清上海士大夫的文化认同，这一时期，上海从传统文化的边缘区转为文化的重镇，人文荟萃，中西交融，墓志铭为这一文化的重要转变提供了有力的证明。本书为上海城市文脉的延续与研究提供了确凿的、扎实的学术文化资源。几百部墓志铭的深度阅读，为民俗文献研究提供了一个很好的范本。这是人口学、民俗学等学科的共同收获。

"临丧能诔"，这是中国古代文人的基本功，是士大夫阶层的生存依据与文化身份。可惜今天的上海，不仅仅是上海，有几人能够做到？我们不说理工科的教授、大学生，他们毕竟是在从事不同的行业。我们也不去说法律、经济那些专业，单说中文系师生，有几人能写出墓志铭这样的文本呢？我们再缩小一下范围，民俗学的师生能够撰写墓志铭吗？每年近千万的民众去世，没有得到墓志铭的记录与价值传承，生命的意义是大打折扣的。我每次到上海的墓园去调查，看到绝大多数人的墓碑上只有生卒年月，就深感民俗学真的是失职，没有为社会贡献我们应该有的知识和能力，也坚定了要发展专业民俗学的决心，让"临丧能诔"这一传统在当代有所传承，也让千千万万的民众的生命价值得以延续；让社会增加更加富足的文化资源、家庭教育资源，也让感恩报恩意识找到真正的载体。

李宏利不仅是上海少有的墓志铭研究专家，也是当代墓志铭撰写的实践者，这是非常令人高兴的一件事，也是我从事民俗学教育几十年最为欣慰的成就之一。

希望更多的人一起来发掘墓志铭这座文化宝库，也希望社会把墓志铭传承作为文化传承的大事来抓，让生命变得更有价值，让社会更有爱。

2019 年 2 月 26 日于海上南园

目　　录

绪　论

第一节　研究设计

本书是以所搜集的墓志资料为基础，对明清上海士人家族人口与身份认同的研究。因墓志为非常规的微观人口资料，在展开研究之前，有必要对其概念及历史发展做一梳理。在此基础上，再将本书的研究思路、技术路线、数据来源以及研究内容做一交代。

一　墓志概念及其发展

墓志最初是埋于墓穴用来记录逝者死亡和标识墓地的实用文字，后来发展演变为一种纪实、颂美兼备的文体，自魏晋南北朝以来一直受到士人群体的青睐，成为丧葬礼仪必备之物。现存的古代墓志在全国大多数地区都有分布，其中比较重要的主要集中在以西安为中心的关中地区、河南洛阳地区、山东济宁地区、北京①及江苏南京等地。

就上海墓志而言，最早的可追溯到南北朝时期，在明代得到空前发展，之后又渐显式微。清末民初以来，随着封建礼法的消解、上海的开埠以及西方公墓的引入，埋于墓穴的墓志又逐渐转为树于墓前的墓碑，形制及文体也发生了一定的变化。进入当代社会，人们对传统墓志已越来越陌生，墓文也多受西方墓志铭的影响，保持了千余年的传统墓志（或墓碑）文已是凤毛麟角，墓文的撰写也呈现出多样化的发展趋势。

（一）我国传统墓志的发展演变

关于墓志的起源有多种说法，其分歧主要集中于对墓志这一器物的定义。赵超先生将墓志的演变归纳为三个阶段。第一阶段是滥觞期，即自秦

---

① 卢蓉：《中国墓碑研究》，博士学位论文，苏州大学，2013年。

代至东汉末期。这一时期存在志墓的风习，但并没有形成固定的墓志形式。第二阶段是转化期，即魏晋至南北朝初年。这时墓志开始正式形成，但还常以小碑或枢铭的形式出现，变化较多，或称碑，或称铭，或称枢铭等，墓志这一名称尚未使用。第三阶段是定型期，即南北朝时期。墓志的名称正式出现，形制和文体相对固定，并成为当时墓葬中普遍采用的丧礼用品。① 所以，严格规范的墓志应该有固定的形制和惯用的文体或行文格式。如此，应以南北朝作为墓志正式产生的时期。从墓志的起源来看，其产生受到秦代工人瓦文、东汉刑徒砖铭、秦汉官吏平民的告地状、铭旌、枢铭、墓门、墓阙题记、画像石题记以及东汉和魏晋墓砖等多方面的间接影响，而对墓志定型影响最大的是汉代墓碑，墓碑的文体格式与后世的墓志一脉相承。②

　　碑在古礼中最初只是木板，用来观察日影以定晨昏，所谓"宫庙皆有碑，以识日影，以知早晚"③。《礼记·祭义》云："牲入丽于碑。""丽"即"系"之意，将牵祭牲的绳子拴在碑孔中，待神飨之后，再杀以血祭，这是碑与祭祀的关系。春秋时期，碑和丧礼发生联系，最初也只是凿了窟窿以穿绳装辘轳的木柱子，以便棺椁入墓。《礼记·檀弓》曰："季康子之母死，公肩假曰：'公室视丰碑。'"注云："丰碑、以木为之，形如石碑，树于椁前后，穿中为鹿卢绕之纤，用以下棺。"碑本为木柱，周代仅天子可用石碑，诸侯不敢，周末诸侯改用石头。周碑不刻文，或弃置墓旁，或埋入墓中。秦汉以来，死有功业，则刻于上。东汉时期墓碑大量产生，不仅有实物作证，也有文献的明确记载。宋欧阳修《集古录跋尾》即云："自后汉以来，门生故吏多相与立碑颂德矣。余家《集古》所录三代以来钟鼎彝盘铭刻备有，至后汉以来，始有碑文，欲求前汉时碑碣，卒不可得。是则冢墓碑自后汉以来始有也。"④ 随着儒家文化的盛行，在全社会形成了重丧厚葬和重名节的风气，刊石立碑，记颂先人功德。至东汉桓灵之时，在墓前树碑风气达到极盛，边远下士，亦竞相仿效。

　　碑文一般分为序和铭两部分，序主要用散体写墓主的生年、籍贯、家

---

① 赵超：《汉魏南北朝墓志汇编》，天津古籍出版社 2008 年版，前言，第 3 页。

② 同上书，第 8 页。

③ （唐）贾公彦疏解：《仪礼·士婚礼》中的"入门当碑楣"。

④ （宋）欧阳修：《集古录跋尾》卷四，跋《宋文帝神道碑》（四部丛刊全集本·四部备要·集部本），1936 年，第 543 页，转引自卢蓉《中国墓碑研究》，博士学位论文，苏州大学，2013 年。

族世系、生平事迹、卒葬日期。后半部分的铭文用来总结和发表感慨，抒发哀伤之情，一般用四言韵文写成，其开头由"其词曰"或"其辞曰"等词引出。如东汉《娄寿碑》录："先生讳寿，字元考，南阳隆人也。曾祖父，攸《春秋》，以大夫侍讲，至五官中郎将。祖父，大常博士，征祝爵司马。亲父安贫守贱，不可营以禄。"①

东汉后期，厚葬之风盛行，天下葬死者奢靡，相互标榜，竞相夸耀，以致累及民生。至"建安十年，魏武帝以天下凋弊，下令不得厚葬，又禁立碑"。两晋沿袭曹魏禁碑之令。因禁令极为森严，皇戚官僚、士族豪强皆不得立碑，只能变通将墓碑做小，放置于墓圹。这为墓志的发展创造了契机，也是后世墓碑与墓志并行的发端。河南洛阳发现较早的西晋墓志为碑形，在某种程度上说明墓碑与墓志有着千丝万缕的联系。从形制、文字内容来看，皆长方无盖，兼顾墓碑的尖首碑、螭首碑、方首碑形制，而且自名为"碑"，和墓碑毫无区别，完全就是缩小版的东汉墓碑，只是前者立在墓旁，后者埋于地下②。

东晋王朝仍承接禁碑遗风，但屡禁而屡弛。北朝未有禁碑，孝文帝反而倡导立碑。中原顺应墓志之礼俗，北方鲜卑亦尾随汉人推波助澜。于是北魏时兴厚葬之风，朝廷对臣僚葬事大行赏赐，此乃北朝墓志碑铭勃兴的机缘。这一时期墓志渐趋定型化，在刻制工艺上已很考究，形制上多作方形，两石相合，成函盖式，平放墓中，上面为志盖，文字作篆或隶，亦有真书，犹如碑之额；下则为志身，开头有首题，文体上有志传文与志铭文，后或有尾记。自此，永为定式。这是中国历史上墓志形成定制的关键时期，也就是这一时期，为日后中国特有的墓志文化奠定了重要的发展基础③，绵绵一千余年，成为各代丧葬礼俗中主要的墓中铭刻。墓志的制作工序大体包括选材、志料规整、预画界格（包括格式设计）、墓志文写作、志文书丹或摹勒、雕刻（包括绘制纹饰）等若干步骤，一般是由丧家、志文者、书家、工匠共同合作完成。墓志选材及其尺寸大小是有一定制度规定的，一般不得违反礼制而发生僭越现象。

魏晋以来的禁碑令，在隋代开皇年间解除。但一般来说只有朝廷官员才有资格立碑并有严格的限制，规定"三品以上立碑，螭首龟趺。趺上

---

①　卢蓉：《中国墓碑研究》，博士学位论文，苏州大学，2013 年。

②　同上。

③　杨肖曼：《鸳鸯七志斋藏石书迹及其相关问题研究》，硕士学位论文，首都师范大学，2009 年。

高不得过九尺。七品以上立碣，高四尺。圭首方趺。若隐沦道素，虽无爵，奏，听立之"（《隋书·志第三·礼仪三》）。① 因此，隋以后，墓碑与墓志并行不悖。而墓志由于没有等级限制，成为朝廷官员之外人士的重要丧葬器物，从而成为存世的重要民间记录。隋代墓碑存世不多墓志不少的事实也证明了这一点。

唐代墓碑规定，五品以上即可立螭首龟趺碑，七品以上立圭首方趺碣。庶人连碣也不许立，只有几种特殊身份的人例外，包括隐士、僧道和以道德孝义闻名于乡里的人。就僧人的墓碑而言，一般称为塔铭或塔记。宋元墓碑的葬制沿袭唐代。②

明代在丧葬礼制方面，对品官用碑的规定更加详细和明确。并将其写入《明会典》《大明集礼》，成为国家法律条文的一部分，具有很强的法律效力。官文规定：公侯螭首龟趺，碑身高九尺，阔三尺六寸，碑首高三尺二寸，碑趺高三尺八寸；一品官螭首龟趺，碑身高八尺五寸，阔三尺四寸，碑首高三尺，碑趺高三尺六寸……墓碑规格尺寸随官品渐低依次递减；碑首雕刻内容不同，最高级别为螭首，其次为麒麟、天禄辟邪和圆首形制；碑座最高级别为龟趺，其次为方趺。官文还规定八品以下限用墓志，但此项禁令并未严格遵行，一般人死后墓里大多埋有墓志。③

清代在继承明代墓碑规制的基础上略有变化。如五品以上官吏用螭首龟趺碑，五品以下官吏用圆首方趺之碣。士圆首方趺。原则上庶民墓前不许立碑碣。但社会风气是禁不住的，只是庶民所立的碑体小制陋，无趺座，而且墓碑上只写姓名及生卒年、立碑人，不写传略及墓志铭。④

从实物与文献记载来看，墓前树立的或称墓碑，或称墓碣，或称墓表。碑之与碣，本相通用，后世乃以官阶之故而别其名，五品以下官用碣。就墓表而言，有官无官皆可用，不像碑碣有等级限制。因其树于神道，故又称神道表。又取阡表、殡表、灵表，以附于篇，则溯流而穷源也。盖阡，墓道也；殡者，未葬之称；灵者，始死之称；自灵而殡，自殡而墓，自墓而阡也。近世用墓表，故以墓表括之。⑤ 由于碣表揭于外，同

①　卢蓉：《中国墓碑研究》，博士学位论文，苏州大学，2013年。

②　《唐会要》卷三八，上海古籍出版社1991年版，转引自卢蓉《中国墓碑研究》，博士学位论文，苏州大学，2013年。

③　陆建松：《魂归何处：中国古代丧葬文化》，四川人民出版社1999年版，第80页。转引自卢蓉《中国墓碑研究》，博士学位论文，苏州大学，2013年。

④　同上书，第207页。

⑤　（明）徐师曾：《文体明辨序说》，人民文学出版社1962年版，第151页。

时也因为已有墓志，故而墓主家世、生卒等具私密性的内容就免于刊刻了。如明代归有光所撰《赠文林郎邵武府推官吴君墓碣》中言"余与君之子为三十年交，因知之详，遂不辞其请而书之。其世次生卒别有载，兹不具云"。再如清代钱大昕所撰《文学乡饮介宾曾君墓表》（见《潜研堂集》）中载："翁名某、字某某，其行事卓卓者，多见我祖所为志铭中，此论其未尽载者。乌乎！翁自是其可传也已！"碑碣同墓志在书写内容方面还是有一定的侧重，墓志重实，而碑铭重文。明代吴讷认为："凡碑碣表于外者，文则稍详；志铭埋于圹者，文则严谨。其书法，则惟书其学行大节；小善寸长，则皆弗录。近世弗知者，至将墓志亦刻墓前，斯失之矣。大抵碑铭所以论列德善功烈，虽铭之义称美弗称恶，以尽其孝子慈孙之心；然无其美而称者谓之诬，有其美而弗称者谓之蔽。诬与蔽，君子之所弗由也欤！"①本书的墓志取广义而言，包括与墓主同葬于墓穴中的墓志，以及表于外的墓碑、墓碣、墓表等。埋于墓穴的墓志也有称埋铭、圹志、圹铭、葬志、墓记等，这些皆为墓志的异名。

为了保证丧葬礼制的实施，历代统治者除了竭力倡导外，还用法律的手段予以强制推行和保护，对违者根据情节轻重予以惩罚。如明、清两代规定，若承造丧葬器具的工匠逾礼，要鞭打五十。清代还专设违礼纠察队，查禁丧葬上的违礼行为，以确保社会各阶层在丧葬上循礼而行②。正是由于这样的礼制，限制了墓碑的使用的人群。而墓志作为一种风俗既久的丧礼，不仅具有墓碑的功能，埋于墓中的方式还可以规避官府的法律规制，私密性较强的特征也可以在墓志中刊刻更多的家族信息，从而成为一项重要的民间记录。

（二）近当代上海墓碑的发展

上海于1843年开埠，自此，外国资本纷纷涌进长江门户，设立码头、划定租界、开办银行。随之而来的西方文化也对上海产生了重要的影响。或许正是这个原因，墓志文化自清末开始走向衰落，出土墓志数量的锐减也可佐证这一事实。进入民国以来，西方文化的强势侵浸，更促使传统礼俗发生了重大的转变，保持了一千余年的墓志也发生剧变。一方面，封建等级礼制的取消促使埋于墓穴的墓志回归为树于墓前的墓碑；另一方面，近代公墓的设立也成为墓志文体变化的重要原因。

---

① （明）吴讷：《文章辨体序说》，人民文学出版社1962年版，第53页。

② 卢蓉：《中国墓碑研究》，博士学位论文，苏州大学，2013年。

近代公墓出现之前，上海地区的死亡埋葬是一种家族墓地、村葬墓地、政府或士绅创办的义冢、同乡组织的义冢和丙舍共存的局面。① 近代公墓是伴随着上海租界的设置而出现的。1844 年，在英领事主持下，英国侨民购置土地，筹建公墓，用以安葬无法回国的死亡侨民，后称山东路公墓，这是外国人在上海建立的首座公墓，也是上海第一所近代意义的公墓。② 因工商业的发展。上海所吸引的移民大多死后无力回籍安葬，不得不挤占活人的空间。于是，社会便自发地寻求坟墓改良之策，并将切入上海的西方公墓作为参照。浙江商人经润山于 1914 年建成薤露园万国公墓，即今日的宋庆龄陵园，可以说，这是第一所由中国人自己建造的近代公墓。从各方资料来看，此园明显受到了西方公墓形制及丧葬仪式的影响。园中央建一纪念堂，"为葬者陈列遗照或设栗主之所"，纪念堂后有追思堂，"为先人开会追悼，或设奠建斋之用"，在其左右，为男女宾休息室。开追悼会为西方的悼念仪式；设奠建斋则是国人传统的追悼方式，此堂之设，兼顾中西，是创建人在了解中西丧葬仪节的基础上所做的安排。整个万国公墓，无论是从外观上还是内在结构上，都初具近代公墓的风格。葬入万国公墓的逝者包括了政、军、商、学、医等各界名流或其亲属，其中最引人注目的当数宋庆龄父母。宋氏父母的入葬，令万国公墓声名大震。20 世纪 20 年代以后，坟墓改良之风日盛，上海又出现了几所私人创办的公墓，如上海公墓、永安公墓、长安公墓，等等。近代公墓之所以令时人称羡，一是公排营葬，无风水禁忌，节省地基；二是近代公墓设备先进，整洁美观，气势宏壮，给人以旧时义冢所没有的园林幽寂感。这成为当时国人眼中先进公墓的表征。③

近代公墓的设立，促进了中西文化的碰撞、交流和融汇，不仅丧葬礼仪产生了变化，就是保持了千余年的传统墓志也在悄悄地发生着改变。受西方文化的影响，西方墓碑文化以及墓志铭内容也慢慢渗透到中国人的生活中，特别是受过西方教育的人，这些人往往具有较高的社会地位，具有影响他人的作用。他们为自己或为亲戚朋友制作墓碑或撰写墓志时往往会采用西方的形式。当然，传统的墓志文化依然保持着自己的生命力，从民国时期的碑文资料来看，有许多都延续了传统的墓志体例，有序有铭，文

---

①　王琳：《上海万国公墓变迁研究（1909—1949）》，硕士学位论文，华东师范大学，2014 年。

②　同上。

③　同上。

字也保持了古文的风格。也有一些墓碑文融合了中西不同文化的墓志特点，突出墓主的个性，弱化了家族世系的记载。如《胡雪飘（光墉）夫妇合葬墓碑》［见《新中国出土墓志（上海卷）》］："抗战军兴，工业领袖厥文先生力主迁厂，呼号奔走，工厂之因以内迁者数十余家。后与其季叔常致力于后方工作，凡有利于国家民族者，劳瘁不辞，厥功至伟……勒石于墓侧。颂曰：矍水之阳，郁乎苍苍。君子之宅，贤母偕藏。一尘不染，七德含章。春华秋实，乃趋乃昌。"序文以为国为民、不辞劳苦的记录为主，后文则保留了传统的铭文形式。

公墓即公共墓地，无论男女、贵贱、国籍、宗教信仰等，都可以通过购买方式选择在公墓安葬逝者，这是一种文明的进步，它打破了贵贱等级，倡导了众生平等的观念与实践。墓地的公共性打破了传统家族墓地的局限，不同身份等级、不同地域、不同性别、不同宗教信仰、不同国籍的人都可以在一个墓地安葬。这种方式不仅解决了外来人口的安葬问题，其简洁节约的特点更迎合了绝大多数人的需要。由于文化空间的变化，具有极大稳定性的墓志也突破了一千多年的范式，在形制和文体方面都发生了重大的变革。

具体分析，一是在近代公墓中，西方人注重个人而非家族的价值取向使墓志内容更关注逝者本人的特点，墓志内容有个人的简介、有个人生前说的话等极具个性的特点，没有固定的文体或必须要说明的内容；在墓志的形制上，也极具个性，逝者亲属会根据死者的爱好或其一生的特点，选择不同形状的墓碑，这也是一种新的风尚。二是公墓是向全社会开放的，不同血缘的人可以安葬在同一墓地，这与传统的家族墓地也存在极大的差别。传统家族墓地的昭穆之序特别注重宗族子嗣的繁衍，在传统墓志中一般都需要记录逝者的籍贯、先祖、父母、本人在家庭中的次序以及子孙儿女，这些内容一般要求一定要记载。当然，个人的功德名烈和忠孝悌恤也是墓志的重要内容，但溯本追源还是为了家族的发展与兴盛。传统墓志或墓碑的形状也都遵循一定固有的形制。三是逝者群体的变化，近代公墓中安葬的人可以是有身份、有职务、富裕的上层人士，普通人士如果有能力负担的话也可以在公墓中安葬；传统的墓志一般多为知识分子群体所撰。对于近代上海的普通市民而言，选择西方墓志铭的书写内容或格式更容易些。可以说，民国时期的上海在近代丧葬文化的演变中开了风气之先，此后这种变化对全国各地的丧葬文化发展也起了非常重要的作用。

伴随着近代公墓的兴起，以同乡为纽带的会馆和山庄坟墓渐被不分国籍、宗教、男女的近代公墓所取代。① 墓志的形制与内容也逐渐地发生了显著的变化，总体上近代墓志更简洁，更适合普通老百姓的丧葬礼仪需求。此外，随着五四新文化运动的发展，传统的墓志文化也受到了冲击与破坏，新文化、新礼仪的流行与风尚也加速了墓志的演变与变迁。现代人对于传统墓志已经非常陌生了，一般理解的墓志铭多受西方文化的影响，志文内容多为墓主本人的简历、功绩、生前的话语或者子孙对其一生的总结和寄语。

现当代墓志的主要形式就是墓碑，一般不会有埋在地下的墓志。综合上海地区墓园的实际调研以及墓志铭碑文网②提供的内容，当代墓碑文大体上可分为传统型与现代型两大类。就传统型墓碑文而言，这种碑文从文字语言到所记述的内容，都与传统墓志铭类似，因其表于墓外，故其某些家族信息不便于尽书其上，所以与传统的墓志有些差别，但总体风格较为一致。这也说明了传统墓志文化在民间的影响。传统型墓志铭文字优美、内容丰富，对墓主的生平与德善都有记载，碑文不仅可供后世子孙了解先人的身世阅历，构建生者与逝者的"对话"平台，更可以通过文字寄托生者的哀思，以至祭礼，传承中华文化的孝道美德。但由于此类碑文对撰文者的文化素养要求较高，所以此类碑文较少，在墓园中更是难得一见。有些碑文尽管仿效传统墓志文的写法，但由于缺乏必要的知识，难掩瑕疵。就现代型墓碑文而言，因受现实语境以及外来文化的影响，现代型墓碑文呈现出多元化的特征，碑文没有固定的体例，可长可短，可简可繁。从碑文的内容看，有逝者的简历，有子孙、亲友的寄语，有逝者生前说的话或自撰的墓志铭，还有就是具有哀悼性的纪念墓碑文。墓碑形制也多种多样，极具个性，多受西方影响。笔者以为，现代型墓碑文还在发展之中，尚未形成定式，有些研究机构也在探索适应当代社会的墓碑文。无论是传统型还是现代型墓碑，其正面一般刊刻墓主姓名、生卒以及子女等家庭成员情况，墓碑背面或墓前其他石刻上刊刻墓碑文。

从上海墓园的实际调研来看，除上海福寿园外（园中安葬的多为社会名流），多数墓园中的墓碑仅刊刻墓主姓名、生卒以及配偶、子女等信息。其他类似墓志的碑文很少，即使有也多为寄语型碑文，文字少，且内

---

① 王琳：《上海万国公墓变迁研究（1909—1949）》，硕士学位论文，华东师范大学，2014年。

② 墓志铭碑文网由中国古代、现代碑铭研究会主办，其为墓志铭、碑文研究、写作机构，由24名省级以上作家和9名专家教授组成。

容比较简单，并且表现出程式化的特征，如"思念""福佑子孙""光照后代"等这样比较单一的寄语碑文。而传统墓志不仅记录墓主世系、生卒、婚配、子女，墓主的德善功烈记录更以其敦亲睦族的家族乡党生活为主，这种生活记忆本身同其子孙后代具有亲密的联系，因此，墓志就成为生者与逝者"对话"的平台，逝者的人生阅历也会通过文字转化为智慧，启迪后人。与传统墓志相比，现当代的大多数墓碑仅仅是一种标识，有关墓主生活记忆的记录非常少。一些社会名流的墓碑尽管多有文字记录，但也多以工作、成就、贡献为主，有关个人家庭生活的内容很少。这种墓碑或墓碑文难以搭建生者与逝者的"联系"，其子孙后代只有依靠个人的记忆去回忆与亲人的联系，而这样的联系只能是碎片化的。"祭者，所以追养继孝也。"这是祭祀的真正含义，而当代的扫墓祭拜更多是流于形式，是遵循一种习俗，其内涵在逐渐消失，因为人们会失忆，从而失去与祖辈的"对话"能力，家族的智慧难以传承，子孙后代也难以从祖辈那里受到启迪。

鉴于当代墓志存在的不足，笔者以为应该汲取传统墓志的精华，在墓碑文中保持墓主世系、生卒、婚配、子女以及其家庭、社会生活的记录，以墓志承担其家史的功能。每年清明、冬至扫墓之际，可通过墓碑文搭建生者与逝者的"交流"平台，为传统祭祀习俗注入真正的内容。这不仅可以充实丰富祭拜亲人的仪式，更可以延续家族生命，使后人获得先辈的智慧，获得家族的归属感，获得家族文化建设的使命感。这无疑有助于家庭与社会的和谐，也有助于国家文化软实力的提升。

二　研究思路、方法及技术路线

因墓志记述墓主的世系、岁月、生平及其功德善烈，这种内容体例使墓志成为墓主的个人档案，甚至成为其家族档案。其中所包含的人口学信息以及相对丰富的传世墓志数量使墓志成为除家谱、户口册外的另一种微观历史人口资料。不仅如此，因墓志内容主要围绕墓主及其家族人口而书写，其中所涉的死亡年龄、生育状况、婚配形式以及丧葬情况等相关指标具有士人群体的人文属性，可揭示其身份特征。此外，请人撰文、书写、刊刻墓志这一系列的人口行为以及墓志文中所体现的观念整体成为一种士人及其家族成员身份认同的构建实践。墓志中的德善功烈也反映出士人家族成员的文化认同与政治认同。邀请名士名人撰文、书写墓志则更体现为一种士人阶层整体上的文化认同，并希望"盖棺论定"的"身份"能永久不朽。综合这两方面的因素，形成本书的研究思路，即将墓志作为墓主家族进行历史叙述的"家史"进行文本解构，墓志成为研究的中心，而非简单的辅助资料。

首先，在研究方法上，一方面采取历史人口学微观分析法，对士人家族墓志进行梳理、统计、分析、归纳，提炼相关的人口学指标；另一方面结合社会史研究以及后现代文本解构方法，对墓志文本进行多方位解读，归纳提炼其人口学观念、行为，并揭示墓志与士人家族身份认同的内在关系。具体而言，在微观历史人口研究方面，首先是墓志的收集。为保证样本的数量，本研究尽可能多地搜集墓志以满足人口学、社会学和文本解读的需要。除各区县方志、碑刻集、出土墓志等资料外，搜集的主要途径是明清时期上海及周边地区的文人别集，这成为研究样本的重要来源。文集中有关家族人口的家传、行状、行略、祭文、赞像等资料也可为我们解读文本提供辅助资料。

其次，根据墓志资料梳理归纳统计相关的人口学指标。具体包括：一是统计法。对于本研究墓志样本，除《嘉定碑刻集》《新中国出土墓志（上海、天津卷）》等少数墓志汇编外，其余均通过笔者搜集统计；本书研究所涉及的各项人口学相关指标全部为笔者统计得出，并加以分析。二是图表法。对于统计数据加以相关图、表，使之直观呈现。三是列举法。本书观点所依据的材料主要来自墓志本身，作为一种群体性现象非有一定数量支撑不可，所以本书较多使用举例法，以证其实。四是宏观与微观相结合。通过充分的数据探求现象的规律性，同时注重挖掘每篇墓志人物的特殊性，以全面把握明清士人家族人口的基本生态。

最后，在墓志文本解读方面，结合社会史研究以及文本解构的方法。特别对于墓志撰写制作这一人口行为，更需跳出记录本身，运用后现代史学中常见的文本解构方法——深入墓志的撰书刻藏过程中探究士人家族身份认同与墓志的内在关系。但本书的"身份认同"又不完全等同于"认同理论"内涵和外延的诸多概念，只侧重于士人个体及整个家族的身份认同问题。"一方面，要通过自我的扩大，把'我'变成'我们'，确认'我们'的共同身份；另一方面，又要通过自我的设限，把'我们'同'他们'区别开来，划清二者之间的界限，即'排他'。"[①] 也就是侧重于对自我的认同和对他人的认同两个层次。另外，群际过程的社会认知范

---

① 崔新建：《文化认同及其根源》，载《北京师范大学学报》（社会科学版）2004 年第 4 期。转引自骆耀军《明清之际士人认同的转变与重塑》，硕士学位论文，华中师范大学，2014 年。

式——特纳构造的元对比原则（meta-contrast principle），"所谓元对比原则，是指在群体中，如果群体成员之间在特定品质上的相似性小于差异性时，群体中沿着这个品质或维度就分化为两个群体，群际关系因此从群体过程中凸显"① 也可以为普通士人家族与官宦士人家族的不同身份认同提供一定的研究思路。

三　数据来源与研究内容

本书以明清上海士人家族人口与身份认同研究为题，研究的主要对象为该时期的上海墓志资料。下面就本研究中样本墓志的数据来源及研究内容做一说明。

（一）数据来源

墓志数据主要来源于两个渠道。一是传世文献，主要是古人文集，当然在方志、谱牒、文物志等其他文献中也会有少量的收录；二是出土墓志。

样本墓志以上海人士为限，这样以确保固定地域人口群体的特征分析。明清文集虽然众多，但不是每位文人都撰写墓志并将其收录于文集中。有些文集尽管收录了大量墓志，但墓主并非上海人士，也不能纳入本研究样本。如明代王世贞在其《弇州四部稿》共收录了其撰写的 337 篇墓志，但仅有 31 篇上海人士的墓志。因搜集墓志资料的艰难，不能对所有的文集都进行逐一查阅，一般选择上海及周边地区的文人别集进行重点查阅。在所查资料中，也有籍贯为上海地区而迁往别地居住或为官的，笔者也将其纳入研究样本中，不过，由于对文集的选择型查阅，此类人数涉及不多，仅有六位。

目前，尚无完整的上海墓志资料汇编，墓志资料主要散存于方志、文集、谱牒等文献中，各区县文物志、碑刻资料选辑等著录中也收集了部分墓志。出土墓志大都保存在上海博物馆以及部分区县博物馆中。② 本研究中出土墓志主要摘录于文物出版社出版的《新中国出土墓志（上海、天津卷）》、上海古籍出版社出版的《嘉定碑刻集》、上海博物馆资料室编的《上海碑刻资料选辑》和浦东新区档案馆编印的《浦东碑刻资料

①　［澳］迈克尔·A. 豪格、［英］多米尼克·阿布拉姆斯：《社会认同过程》，高明华译，中国人民大学出版社 2011 年版，第 13 页。转引自骆耀军《明清之际士人认同的转变与重塑》，硕士学位论文，华中师范大学，2014 年。

②　李宏利：《明清上海士人群体寿命探析——以墓志为中心》，《史林》2014 年第 6 期。

选辑》。

下面就收录较为集中的数据来源及数据的采集做一说明。

1. 传世文献

明清文集是数据的重要来源。笔者通过对四库别集、文总集的查阅，觅得222篇明清上海士人墓志①，其中收录上海士人墓志较多的有：（明）陆深《俨山集》收录49篇（共书79篇），（明）孙承恩《文简集》收录41篇（共书63篇），（明）王世贞《弇州四部稿》收录31篇（共书337篇），（明）归有光《震川先生集》收录29篇（共书86篇），（明）顾清《东江家藏集》收录26篇（共书65篇），（清）王昶《春融堂集》收录26篇（共书79篇），（清）钱大昕《潜研堂集》收录15篇（共书55篇），（清）张云章《朴村文集》收录9篇（共书18篇）、（清）唐文治《茹经堂文集》收录9篇（共书48篇）、（清）钱谦益《初学集》收录8篇（共书219篇）等。其他如（明）《容台文集》、（明）《张东海文集》、（清）《茹经堂文集》、（清）《吴梅村全集》、（清）《内自讼斋文选》等所涉文集以及其他文献资料因收录墓志较为零散，这里不作单列，在附录中明清墓志列表详细引出各墓志的来源出处。

2. 出土墓志

收录出土墓志资料较为集中的一为上海古籍出版社出版的《嘉定碑刻集》，收录明清墓志262篇；一为文物出版社出版的《新中国出土墓志（上海、天津卷）》，收录明清上海墓志121篇，其中有61篇墓志与《嘉定碑刻集》收录的重复。

本书在文献和出土资料基础上，剔除各著录中相重复的墓志，最终确定有效墓志样本为544篇，以此数据基础进行相关的人口学指标统计与分析。② 样本墓志虽然仅搜集到544篇，但因其覆盖的是不同的家族，就避免了某一族谱资料的单一性，在样本墓志中除了少部分属于同一家族不同成员的复数墓志外，绝大部分为不同家族的士人，这种广泛性有利于从整体上认识士人家族人口的特征及其身份认同的普遍性。

3. 数据采集

本研究中，除《嘉定碑刻集》《新中国出土墓志（上海、天津卷）》等少数墓志汇编外，其余均通过明清文集或个别文物志等文献搜集所获。

---

① 李宏利：《明清上海士人家庭生育情况探析——以明清墓志为中心的考察》，《社会科学》2017年第5期。

② 李宏利：《明清上海士人群体寿命探析——以墓志为中心》，《史林》2014年第6期。

在此基础上，通过对每篇墓志的研读，提取所涉人物的身份、性别、年龄、婚配、生育、生男生女数、早夭男女数、居住地、籍贯、迁徙原因等数据，并通过 Excel 工具软件，对其进行数据分类、整理、统计、计算、绘图等处理，以此获得相关的数据。

（二）研究内容

本书第一章首先就士人的构成以及明清时期上海士人家族的来源做了介绍。古代士人阶层有明确的入门标准，一般须获得生员的学衔，也就是考中秀才后才可以获得士人的身份。之后再经过乡试、会试等高级的科举考试可以获得更高的学衔，从而晋升为高级士人。举人仅具有做官的资格，只有考取进士才是入仕为官的正途，所以说，古代的官员一般属于高级士人阶层。明代中期以后，随着人口的增多，科举考试中式的概率越来越低，仕途艰辛，处于下层的读书人更因生活窘迫，放弃举业。加之商品经济的发展，促使许多读书人弃儒从商，或者从事其他的职业。由于他们本质上属于"知识分子"，所以，本书将其纳入"士人"群体。在对士人界定的基础上，笔者就上海士人家族的来源通过墓志中记录的籍贯进行了统计、分析，从而探寻上海士人家族的总体构成。最后，就士人的身份认同与墓志的关系做一总体说明。

第二章是本研究的重点。本章集中就墓志中的人口学信息进行分类、归纳、统计、梳理，主要围绕死亡、生育、婚姻以及丧葬等内容进行微观历史人口学分析，并结合墓志文本及所统计的人口学相关指标对士人家族的身份认同进行解构性解读。第一节首先就墓志对家族人口的关系以及对人口研究的重要性进行说明；第二节以士人家族人口死亡为主题，对家族人口的死亡年龄进行分类、统计、分析，在此基础上结合墓志文本提炼该群体面对死亡的观念、行为以及身份认同特点；第三节以士人家族人口生育为主题，对所涉男女的生育子女数进行分类、统计、分析，结合统计数据与墓志文本归纳其生育观念、性别观念以及相应的人口行为和身份认同；第四节以士人家族婚姻为主题，对明清时期士人家庭的婚姻形式以及男女初婚年龄进行归纳、统计、分析，并就其认同特征进行概括；第五节则以士人家族人口的丧葬内容为主题，结合墓志文本归纳其丧葬观念、行为及其相关认同，并就该群体的葬期进行统计分析，揭示其认同的演变特征。最后通过小结，就士人家族人口的死亡、生育、婚姻及丧葬等方面进行微观人口学研究结论总结，并就墓志人口记录与士人家族身份认同的关系进行阐释。

第三章主要就不同类型的士人家族进行分类分析。本章主要根据样本墓主的身份特征，将其分为普通士人家族和官宦士人家族两大类。普通士人家族群体特指未担任官职的士人及其家属所组成的群体，对该群体的分析主要包括普通士人的特权、治生方式以及相关的人口学研究特征。官宦士人家族群体专指担任或曾经担任过朝廷官职（包括散官、义官）的士人及其家属所组成的群体，对该群体的分析主要包括官宦士人及其家属的称谓、典型的著姓望族以及相关的人口学特征。最后通过小结，对普通士人家族与官宦士人家族的人口学特征进行比较，并就两类士人家族的不同身份认同进行分析。

第四章在对前文整体士人家族人口研究的基础上，于明清两代各选取一个典型的士人家族进行个案分析，一个为"布衣之士"明代唐时升家族，一个为"一代儒宗"清代钱大昕家族。唐时升早年曾赴乡试，"屡撅于时"，年未三十便主动弃举子业，安居乡里，读书汲古，有诗名，与程嘉燧、娄坚、李流芳三位布衣之士并称"嘉定四先生"，成为地方文化史上的一个标志。钱大昕任詹事府少詹事、提督广东学政，官至四品，是清代的汉学大师，乾嘉学派的巨子，吴派学者的卓越代表，在当时就负有盛誉。两位都是嘉定人，其社会地位、个人成就迥然不同，以此两位作为不同阶层的士人代表进行具体细致的分析。最后通过小结，对其不同的社会生活及其相应的观念进行比较，揭示其整体家族身份认同的构建实践和文化意义。

结语部分为本研究的探索性结论和不足表现，就以上四章的研究性结论进行总结，并就不同人口学指标间的关系进行分析说明，从中探求彼此间存在的必然联系，从而在整体研究上得出总结论。同时，也提出整体研究方法、研究样本以及研究思路存在的不足，对所得出的结论给予约束性条件，避免以偏概全的主观结论。

第二节　理论基础

传统"士人"大致相当于今天所谓的"知识分子"，作为总人口中的一个特殊群体，因其社会身份之重要，所以一直是历史学家与社会学家关注的焦点之一。下面就家族人口和士人研究的相关文献述评及理论进行梳理，进而为本书的研究做一理论支撑。

一　文献述评

已有的文献成果主要包括家族人口研究和士人研究两大类，下面就此分别做一梳理。

（一）家族人口研究

最早利用家谱资料进行人口统计学研究的为袁贻瑾。其在 1931 年就利用广东中山李氏族谱的记录，对该家族在 1365—1849 年的 3748 名男性和 3752 名女性的寿命进行了计算。刘翠溶自 20 世纪 70 年代末开始，利用 50 种家谱对明清时期的中国人口进行了历史人口学研究，对族谱的相关人口资料等进行了探讨。研究涉及河北、河南、江西、湖北、湖南、广东、福建及台湾地区共计 23 个家族，147956 名男性和 13464 名女性。作者在定量分析的基础上对家族人口的相关指标做出了开创性的探索，该研究成果《明清时期家族人口与社会经济变迁》① 成为公认的使用历史人口学方法研究中国族谱人口的奠基之作。

李中清、康文林、王丰、郭松义、赖忠文等人，在近 20 年的清史人口研究历程中，从区域的历史人口研究进入微观的族谱人口研究，把清代人口状况置于世界范围内进行比较考察，其辽东道义屯人口、清代皇室人口等方面研究成果，成为学者区域人口研究难以回避的参考对比标本。

彭希哲、侯杨方以《澄江范氏家谱》为基本研究资料，对明清时期江南范氏家族人口的出生、死亡、增长波动等人口现象进行了时间序列的分析②，初步总结出了范氏家族的人口发展规律。他们认为，中国明清时期自然生育率状态下江南地区家庭生育子女数在 5—6 个，除少数特殊年份外，人口出生率和死亡率在长时期内保持稳定，人口变动主要受外部社会政治、经济环境的影响，而不是根据外部环境对自身的人口发展进行主动调节。③ 其后，侯杨方对上述看法提出了修正，认为在人口压力较为严重的时期，不同阶层的中国人口通过推迟男子的婚龄、保持独身以及婚内节育来应付环境的挑战；同时，他还对家族人口的死亡模式与时代背景间的相互关系进行了重点考察。此外，侯杨方的博士论文也是基于历史人口学的方法，对明清时期江南地区的人口及社会变迁进行了深入的考察。

余新忠就明清时期苏州彭氏家族人口的育龄、人口增长率、人才状况、生子状况、寿命、纳妾状况及战争中彭氏死难人数进行了统计分析。

① 李宏利：《明清上海士人家庭生育情况探析——以明清墓志为中心的考察》，《社会科学》2017 年第 5 期，转引自刘翠溶《明清时期家族人口与社会经济变迁》，"中研院"经济研究所，1992 年。

② 郭玉峰：《历史人口学：近年来中国微观人口史研究述评》，《历史教学》（高校版）2007 年第 10 期。

③ 李宏利：《明清上海士人家庭生育情况探析——以明清墓志为中心的考察》，《社会科学》2017 年第 5 期。

洪璞则从汾湖柳氏家谱入手，就其出生率、死亡率、自然增长率、年龄结构、妇女生育率、男女寿命以及婚姻关系的地域、身份、年龄等进行了统计。① 赖惠敏在《明清浙西士绅家族的研究》②《明清海宁查陈两家族人口的研究》③《明清浙西士绅家族婚姻的研究——以海宁陈氏为例》④ 中，以浙西的家族为例对明清时期家族的婚姻、人口进行了探讨。

美籍华人学者何炳棣从研究官方的人口记录入手，通过分析明代官方较为可信的人口记录和各地方志资料，包括明代的"黄册"和"鱼鳞图册"，统计和研究了该时期的中国人口诸问题。⑤

以上研究对历史上保存下来的人口资料如族谱、户口册进行了细致的分析，运用数据统计分析方法对历史人口问题进行了细致的探讨。但以家谱为主的人口资料存在着诸多缺陷，如统计指标少、地域口径不一致和样本容量过小等。⑥ 此外，以历史人口学研究而著称的成果大多注重统计图表，对统计结果的原因缺乏深入的探讨。有学者曾指出，在人口史研究中，非历史专业的研究者往往有过分倚重人口统计学方法、执着量化分析的倾向。此说虽有偏颇之嫌，但也说明了这样一个事实：建立在人口统计学、量化研究基础之上的历史人口学研究，主要是由非历史学专业学者完成的，这或许可以部分地解释上述现象出现的原因，但这一状况的出现可能主要是因资料本身的限制。⑦

鉴于这种研究的局限性，笔者以为可从研究资料、研究思路两方面去寻求突破。一方面，从事历史人口学研究必须要另辟蹊径，充分挖掘其他类型的资料以弥补族谱、户口册等资料的不足。另一方面，从事历史人口学研究需要在重视人口统计、量化分析的同时，将人口问题放到"历史

---

① 郭玉峰：《历史人口学：近年来中国微观人口史研究述评》，《历史教学》（高校版）2007 年第 10 期。

② 赖惠敏：《明清浙西士绅家族的研究》，博士学位论文，台北"国立"大学历史研究所，1988 年。

③ 赖惠敏：《明清海宁查陈两家族人口的研究》，转引郭玉峰《历史人口学：近年来中国微观人口史研究述评》，《历史教学》（高校版）2007 年第 10 期。

④ 赖惠敏：《明清浙西士绅家族婚姻的研究——以海宁陈氏为例》，转引郭玉峰《历史人口学：近年来中国微观人口史研究述评》，《历史教学》（高校版）2007 年第 10 期。

⑤ 何炳棣：《1368—1953 年中国人口研究》，上海古籍出版社 1959 年版。

⑥ 李宏利：《明清上海士人家庭生育情况探析——以明清墓志为中心的考察》，《社会科学》2017 年第 5 期。

⑦ 郭玉峰：《历史人口学：近年来中国微观人口史研究述评》，《历史教学》（高校版）2007 年第 10 期。

现场"中进行全面的考察，从而使历史人口学从"数字"的窠臼中走出来，使历史人口学成为真正的"社会人口史"①。

已有学者尝试了人口与社会史的结合性研究，如吴建华《明清江南人口社会史研究》，依据现代系统科学理论，立足社会史，提出区域人口社会史的学科新概念，原创性地将明清江南人口社会视作一个系统，考察其自平衡的运行和发展，认为人口内部的数量和质量的变化所产生的人口力，影响着社会的发展和变化，而社会对人口的制约又影响人口的发展和变化，这是互动的过程。

在资料挖掘方面，也有学者将墓志、家传、行状等内容引入人口研究中，如马学强的《16 至 20 世纪中叶民间文献中有关家族婚姻状况的研究》、郑丽萍的《从墓志看宋代士人家庭的择偶行为》以及张葳的《唐中晚期北方士人主动移居江南现象探析——以唐代墓志材料为中心》。②

（二）士人研究

张仲礼的《中国绅士——关于其在 19 世纪中国社会中的作用的研究》和《中国绅士的收入》（《中国绅士》续篇）两本书是较早且系统的研究专著，其中"绅士"概念对后人研究具有借鉴作用。③ 余英时的《士与中国文化》、费孝通和吴晗的《皇权与绅权》、周荣德的《中国社会的阶层与流动：一个社区中士绅身份的研究》、何炳棣的《中国帝国的成功之梯：1368—1911》等成果主要集中在士人与国家关系、社会地位、社会流动及社会结构演变等方面。

随着有关社会学、社会史学等学科的理论和方法的应用，士人研究呈现出一派欣欣向荣的景象。其中以王先明、马敏、贺跃夫等学者为代表。④ 另有学者从士人社会功能、士绅与文化权力、知识分子与公开空间等方面进行研究，譬如章开沅的《中国近代史上的官绅商学》、徐茂明的

---

① 郭玉峰：《历史人口学：近年来中国微观人口史研究述评》，《历史教学》（高校版）2007 年第 10 期。

② 李宏利：《明清上海士人家庭生育情况探析——以明清墓志为中心的考察》，《社会科学》2017 年第 5 期。

③ 陈媛媛：《功名士人与清末民初的上海社会》，硕士学位论文，上海师范大学，2010 年。

④ 王先明：《绅士阶层与近代社团》，《天津社会科学》1994 年第 4 期；王先明：《晚清士绅基层社会地位的历史变动》，《探索与争鸣》1997 年第 4 期；王先明：《近代绅士——一个封建阶层的历史命运》，天津人民出版社 1997 年版；马敏：《官商之间——社会巨变中的近代绅商》，天津人民出版社 1995 年版；贺跃夫：《晚清士绅与中国的近代化》，《中山大学学报》1993 年第 3 期。

《江南士绅与江南社会（1368—1911 年）》、许纪霖的《公共空间中的知识分子》，等等。① 还有学者对士人的某一阶层例如上层士人进士、状元或下层士人生员等进行研究，如范金民、李琳琦、吴建华等撰写的进士、状元研究等②、陈宝良的明代生员研究等。③ 赵园的《明清之际士大夫研究》从明清易代切入，从钱谦益、王夫之、吴伟业、陈维崧等人的思想行动中概括这一时代士人的群体性格。④ 杨念群的《儒学地域化的近代形态》将湖湘、岭南、江浙三大知识群体置于"儒学地域化"的理论模型中，指出三大知识群体具有高密度性，在思维和行为模式方面有着强烈的地域传承性。⑤

明清江南地区的家族发展具有一定的典型性，出现了许多著姓望族，这一特征引起了学术界的关注，有学者对这一时期的江南望族进行了专门研究。潘光旦的《明清两代嘉兴的望族》通过对方志、家谱的梳理解释了浙江嘉兴人才辈出的望族出现的原因与背景。吴仁安的《明清时期上海地区的著姓望族》一书通过对大量家乘、年谱、族谱的研究，以明清上海著姓望族 300 余家门祚为对象，详细阐释了这些望族的生成条件、发展变化、盛衰兴替及社会影响。对一些代表性家族，诸如潘恩、徐阶、董其昌、徐光启、王鸿绪、张照、钱大昕等更做出世系图表，使人一目了然。该书指出上海地区望族的出现是与这一地区经济发展同步的，同时通过家族间的联姻以及文化交流保证家族的繁荣。⑥ 宋路霞女士在其专著

① 章开沅：《中国近代史上的官绅商学》，湖北人民出版社 2000 年版；徐茂明：《江南士绅与江南社会（1368—1911 年）》，商务印书馆 2004 年版；许纪霖：《公共空间中的知识分子》，江苏人民出版社 2007 年版，转引自陈媛媛《功名士人与清末民初的上海社会》，硕士学位论文，上海师范大学，2010 年。

② 范金民：《明清江南进士数量、地域分布及其特色分析》，《南京大学学报》1997 年第 2 期；夏维中、范金民：《明清江南进士研究之二——人数众多的原因分析》，《历史档案》1997 年第 4 期；李琳琦：《明清徽州进士数量、分布特点及其原因分析》，《安徽师范大学学报》2001 年第 1 期；吴建华：《科举制下进士的社会结构与社会流动》，《苏州大学学报》1994 年第 1 期；《科举制下进士的社会功能》，《苏州大学学报》1995 年第 1 期。陈媛媛：《功名士人与清末民初的上海社会》，硕士学位论文，上海师范大学，2010 年。

③ 陈宝良：《明代儒学生员与地方社会》，中国社会科学出版社 2005 年版。

④ 谢羽：《晚明江南士人群体研究——以陈子龙交游文中心的考察》，硕士学位论文，华中师范大学，2006 年。

⑤ 同上。

⑥ 同上。

《上海望族》中，则通过对李鸿章、聂云台、荣宗敬、周湘云、席正甫、张石铭、刘晦之、朱志尧八个故家旧族在上海的百年写真，揭示了开埠以来，上海滩上流社会的种种生活场景，生动地诠释了从晚清到民国，上海豪门望族的形成和盛衰过程以及这些家族对上海现代经济和海派文化的深远影响。① 江庆柏的《明清苏南望族文化研究》提出明清苏南望族是一种文化型家族的观点，并着重分析了其作为文化型家族的基本特征。在这些家族中，出现了大批文化型人才，显示了人才密集的绝对优势，进而形成了区域文化中心。宫崎市定的《明代苏松地方的士大夫与民众》以苏松地区为对象，提出明代士大夫与其乡里的关系非常密切，即便是在朝为官者，也并未因此而成为"京城里人"，其根据地仍在乡里。②

这些成果主要是从社会生活史的角度对江南望族做了分析研究，对我们认识士人家族人口状况具有重要的意义。

有关明清士人身份认同的成果多围绕"明清易代"之际面对"异族"与"异质文化"，入仕为清，成为清初士人普遍的焦虑。这种焦虑不仅存在于遗民之中，也存在于清入仕之士之中。清初松江士人利用咏史诗《五君咏》这一体裁，吟咏本郡名士，将晚明地方乡贤与易代之际的名士一起吟咏，以"文人"身份认同来逃避易代所带来的政治上的偏见、道德上的臧否③，以此消解自身对易代问题的焦虑。也有学者通过对钱谦益《列朝诗集小传》和纪昀《四库总目提要》的对比研究，勾勒明末清初时期，钱谦益对当世士人认同的转变之功和纪昀对明代以来士人认同的重塑之力，以及由士人认同的转变与重塑带来的文学、学术、思潮的转向和现代、后现代明末清初叙事话语的解构与重构。④ 还有通过分析知识分子的文化趣味来揭示其自我身份的想象与建构。李昌舒则通过雅集的例子勾勒出文—官的二重性身份，指出，对于中国古代士人而言，在雅集中不仅能通过游心文艺确认文人身份，更能在与同类的应和中，树立群体意识，相互认同。⑤

---

①　宋路霞：《上海望族》，文汇出版社 2008 年版。

②　谢羽：《晚明江南士人群体研究——以陈子龙交游文中心的考察》，硕士学位论文，华中师范大学，2006 年。

③　冯玉荣：《消解易代：从〈同郡五君咏〉看清初士人的身份认同》，《华中师范大学学报》（人文社会科学版）2011 年 3 月。

④　骆耀军：《明清之际士人认同的转变与重塑——从〈列朝诗集小传〉到〈四库总目提要〉》，硕士学位论文，华中师范大学，2014 年。

⑤　李昌舒：《文—官与雅集：士人身份及其审美趣味之考察》，《文艺研究》2014 年第 9 期。

二 相关理论

本书是将墓志作为家族人口历史叙述的"史书"进行文本解构，除了微观历史人口学的理论方法外，又辅之以后现代的解构主义方法，在实践层面作特定时期、特定人口的拓展研究。需要特别注意的是，在这种新的、尝试性研究理路中，墓志从历史研究对象的资料辅助地位上升到了实施研究的中心位置，由于墓志本身所蕴含的人口学信息，这种具体而微的分析不仅可以深化墓志研究中所形成的对墓志性质和功能的一般性认识，也可在某种程度上沟通人口学与社会学的内在联系，特别是墓志书写俨然成为士人家族身份认同的永久特征，这方面还未引起学者们的注意，很少有人作具体的研究。笔者也将在这方面做一探索性的尝试。

徐崇温的《结构主义与后结构主义》一书是国内首部系统介绍结构主义与后结构主义理论的著作，该书对结构主义所产生的社会背景及其向后结构主义演变的历程进行了"知识学考古"，重点介绍了阿尔杜塞的结构主义的马克思主义、淮兰查斯的结构主义国家理论、德里达的消解哲学和福柯的权力理论。季桂保据此指出，"后结构主义"与"解构主义"并不是两个完全等义的概念，前者不仅有着年表学上的蕴涵，即表明后结构主义是结构主义式微之后定霸文坛的一种思想，而且后者有着更大的外延。比如，人们往往称德里达和"耶鲁四人帮"为解构主义者，而把后期罗兰·巴特、拉康、福柯等人的思想统括于"后结构主义"的范畴。①

根据解构主义理论，阅读者通过对文本的阅读活动建立一种动态建构关系，"我"与"文本"都是以既定社会符码的身份进入这一建构关系的，因此阅读活动促进了意义的生成。② 文本不是固定的、僵化的既成事实，而是在阅读中不断生成，其意义通过阅读呈现为星裂，呈现为撒播。③ 在德里达看来，"一切都始于复制。它总是已经：一个永不在场的意义储藏库，其意指当下总是以延缓、追加、事后、替补的方式被重建的：追加指的也是替补性的"④。墓志即是这种典型的文本，后人对墓主

---

① 刘小莉：《后结构主义——解构主义语境中的新叙事学》"导言"，硕士学位论文，陕西师范大学，2005 年。

② 陈厚诚、王宁：《西方当代文学批评在中国》，百花文艺出版社 2000 年版，第 69 页。

③ 同上书，第 85 页。

④ ［法］雅克·德里达：《书写与差异》，张宇译，生活·读书·新知三联书店 2001 年版，第 382 页。

的认识以及墓主与后人之间的互动都是基于这样一种文本，这种关系不是固定僵化的，而是总处于一种重新构建的状态中。正如福柯在《知识考古学》的引言中写道："无疑，像我这样，通过写作来摆脱自我面孔的，远不止我一个。敬请你们不要问我是谁，更不要希求我保持不变、从一而终：因为这是一种身份的道义，它支配我们的身份证件。但愿它能在我们写作时给我们以自由。"①

认同（identity）或社会认同（social identity）最先在弗洛伊德的理论中出现，是指"个人与他人，群体或模仿人物在感情、心理上趋同的过程"②，然后这一概念被广泛运用到了社会学、心理学和文艺批评领域，由"认同理论"发展而来的"身份认同理论"和"社会认同理论"已成为现代社会学、社会心理学和文艺理论中最为重要的理论之一，并衍生了民族认同、文化认同、政治认同和他者理论等概念。各种认同理论使用"认同"的重点不同，学科跨界也很大，但其核心观念是一致或相似的，"都强调作为社会建构的自我的社会属性，并且都回避将自我视为独立于或前在于社会的观点。它们都认为这个自我分成了属于特定实践活动（如规范或角色）的多重认同，并且它们使用相似的术语和相似的语言，尽管这些术语或语言常常具有不同的含义（如认同、认同凸显、承诺等）。……这些理论都意识到，要了解人的社会行为，就必须了解人们是如何建构自己和他人的认同的"③。社会学、心理学领域的学者如费斯廷格（Leon Festinger）、泰弗尔（Henri Taifel）、莫斯科维奇（Serge Moscovici）和特纳（Turner）等人对"认同理论""身份认同理论"或"社会认同理论"的内涵和外延都有所发展。④

① ［法］米歇尔·福柯：《知识考古学》，谢强、马月译，生活·读书·新知三联书店2007年版，第19页。
② 车文博（辑）：《弗洛伊德主义原著选辑》，辽宁人民出版社1988年版，第375页，转引自骆耀军《明清之际士人认同的转变与重塑——从〈列朝诗集小传〉到〈四库总目提要〉》，硕士学位论文，华中师范大学，2014年。
③ 周晓虹：《认同理论：社会学与心理学的分析路径》，《社会科学》2008年第4期。
④ ［澳］迈克尔·A.豪格、［英］多米尼克·阿布拉姆斯：《社会认同过程》，高明华译，中国人民大学出版社2011年版；［法］阿尔弗雷德·格罗塞：《身份认同的困境》，王鲲译，社会科学文献出版社2010年版；崔新建：《文化认同及其根源》，《北京师范大学学报》（社会科学版）2004年第4期；张瑞莹、左斌：《社会认同理论及其发展》，《心理科学进展》2006年第3期；张淑华、李海莹、刘芳：《身份认同研究综述》，《心理研究》2012年第1期，转引自骆耀军《明清之际士人认同的转变与重塑——从〈列朝诗集小传〉到〈四库总目提要〉》，硕士学位论文，华中师范大学，2014年。

本书对于士人家族人口的"身份认同",概而言之,即是士人家族人口中的个体和家族整体在身份、心理、情感、文化等方面的认同过程和认同感。

第三节　研究特色与创新

一　研究特色

从士人群体研究现状来看,江南地区的士人和著姓望族研究吸引了大批学者的关注。这些研究主要是从士人社会功能、士绅与地方社会、士人与文化权力、知识分子与公开空间等方面进行研究。[①] 受传统历史研究的影响,研究视野更多关注上层士人,即著姓望族群体。社会生活史强调眼光向下,应该关注普通士人群体,这样才能了解较为完整的士人阶层。而这方面的研究成果尚显不足,对明清上海士人家族群体专门做人口学研究的就更少之又少。本书在研究中涉及了一般士人家族群体的人口史与社会史,不仅可以弥补明清上海士人家族人口研究的不足,还可以丰富江南地区士人的综合研究。这是本书的主要研究特色。具体而言有以下几点。

其一,上海作为明清时期的江南重镇,出现了大批文化型人才,并进而形成了苏松区域文化中心,这使该地区的士人家族研究具有典型性。

其二,明清士人群体虽然一直受到学界的关注,其研究成果也较为丰硕。但这些研究多将士人纳入政治史、经济史的脉络中,侧重其与科举制度或土地制度相关联的身份问题考察;对士人群体本身的研究,也主要是从文化史的角度对其精神气质进行分析。对明清上海士人群体尚缺乏专门的人口学研究。

其三,由于明清上海士人群体留下来的常规性文献资料较少,所以相关研究也较少,特别是普通士人群体难得立传入史,研究起来就更有难度。本研究从墓志这一非常规文献入手,补充了士人群体研究资料的不足,墓志家史记录更为微观人口学研究提供了条件。

其四,上海作为当今世界重要的国际城市之一,其发展与繁荣有其历史底蕴与人文基础,人口不仅是传承历史文化的主要载体,也是发展上海的主要力量。从目前学界来看,上海人口学研究主要集中于当代。限于人

---

① 陈媛媛:《功名士人与清末民初的上海社会》,硕士学位论文,上海师范大学,2010年。

口学研究资料，对传统社会中的上海人口史研究还显单薄。① 为此，本书主要以上海墓志为对象，就上海明清士人家族人口学问题做一专门研究，以期补充对该领域研究的不足。

其五，墓志文化作为一种重要的民俗文化，直接根植于传统社会的士人群体。因士人群体具有地方引领作用，其墓志中揭示的人口观念、习俗、行为不仅反映了士人家族的人口学特征，甚至在一定程度上，也是当时当地大众群体所崇尚追求的观念与行为。

总体来说，墓志的家史功能为我们研究人口史提供了难得的资料，其中墓主世系、生卒、婚配、生育、丧葬等记录为我们进行人口学的微观研究提供了可能；墓志作为士人家族必备的丧礼之一也成为士人家族身份认同的重要体现与标志；墓志反映的人口观念和人口行为为我们了解上海人口发展的前生往事提供了依据，特别是这些观念与行为所折射出的身份认同问题，为我们正确认识传统士人家族的身份提供了实证依据。

二　创新研究

如前所述，本书的研究建立在一种新拓展的微观历史人口资料——墓志文献的基础上，在此研究中，墓志也并非仅仅作为简单的辅助资料，而是跃升到实施研究的中心位置。因此，研究的创新之处在于，以明清上海士人家族墓志为样本，从实践层面运用历史人口学和后现代史学中的文本解构方法进行墓志人口研究，一方面获取明清时期上海士人家族的基本人口信息；另一方面也力图通过相关人口学指标及墓志文本揭示士人家族身份认同的特征。

首先，本书将人口研究与墓志研究有机地结合起来，探索了一条新的人口研究路径。墓志不仅可以作为继家谱、户口册后的微观历史人口资料，拓展了历史人口学的研究对象，而且通过深化对墓志的认识，将其作为一种人口行为置于研究的中心，而通过墓志文本的多角度解读可以避免解释的“贫乏”②。特别是墓志作为一种特殊的文本，对我们认识死亡文化具有重要的启示价值，这也是其他资料无法做到的。

对墓志的解读不仅是还原过去发生的客观事实，还需揭示其身后的身份认同与构建意图。刘志伟先生指出，任何历史文献，都有两方面的意

---

① 李宏利：《明清上海士人家庭生育情况探析——以明清墓志为中心的考察》，《社会科学》2017 年第 5 期。

② 同上。

义："一是作为历史著作，是对过去发生的历史过程的叙述，另一是作为史料，是我们赖以了解过去的资料来源。然而，从研究者的角度看，如果把史籍当作史书来读，要了解的是史书撰写人的价值观，他的政治立场，他对世界的看法，以及他通过历史叙述所表达的政治议程的话，那么，我们已经是在把史书当作史料来研究了。"① 本书就是将明清上海墓志视为包含士人家族历史叙述的"家史"，通过解读撰文者撰写墓志的来龙去脉，解构墓志所包含的人口学观念、意义，以及士人家族身份的认同与构建过程。

墓志自魏晋南北朝成熟定型后，一直保持相对稳定的体例，并成为士人身份的标志。从传世文献来看，墓志往往是古人文集中收录最多的一体；就出土文献而言，墓志更是考古发现中数量最大的文献种类，② 可见其在古代社会的重要。墓志对家族人口的记录折射出该群体对士人家族身份认同的重视与构建。通过解构的方式，对撰文、书写、刊刻进行"历史的对话"时，可以捕捉到渗透在墓志之上的文化表达。古代有"三绝"碑的说法，即请最高明的撰文大师、顶级的书法大家、最精湛的镌刻巨匠合作而成的墓碑，这充分表达了古人对身份认同与构建的重视，因为这样的墓志可以强化墓主家族士人的身份，同时还可借名人的撰、书、刻构建家族身份并流传不朽。

本书总体上以明清上海士人家族墓志为基本数据基础。一方面，通过统计分析，得出士人家族人口的平均死亡年龄、生育子女数、初婚年龄、葬期以及籍贯分布等相关人口学指标。从目前相关研究来看，还没有明清时期上海士人家族人口研究的专门成果，本研究也算有所创新，弥补了该领域研究的不足。另一方面，通过平均死亡年龄、生育子女数等相关人口学指标，并结合运用后现代史学中常见的文本解构方法——深入墓志的撰、刻收藏过程中以揭橥士人家族人口的身份认同特征。在墓志研究的相关成果中，墓志基本是充当数据资料，还未有将其作为实施研究的中心，以解构主义解读墓志本身所具有的标识士人家族身份的探索性观点，也可作为一种尝试性的创新之举。

---

① 刘志伟：《历史叙述与社会事实——珠江三角洲族谱的历史解释》，《东吴历史学报》2005 年第 14 期。转引自张爱华《族谱话语与权力表达》，博士学位论文，华东师范大学，2012 年。

② 孟国栋：《墓志的起源与墓志文体的成立》，《浙江大学学报》（人文社会科学版）2013 年第 5 期。

第一章　士人概述

　　"士"或"士人"是对中国古代知识阶层的称谓。士人作为一种社会群体，其组成结构也是多元、复杂，等级悬殊；再加上中国社会的地域性特点，因此，各个区域士人的社会角色和地位不尽相同。① 本书"士人"概念，主要是从知识占有的角度来讲，包括科举功名之士和一般的没有功名的读书人。②

　　周代封建制度中，"士"本是贵族阶级中最低的一层，"士"之上是"大夫"，之下则是所谓的"庶人"。到了春秋战国之际，由于封建秩序的崩坏，士的队伍发生了剧烈的变动，贵族下降和平民上升使"士"的数量激增；另外，由于礼乐的复杂化，贵族多不知周礼，须向"士"人学习，"士"作为古代知识阶层在这一时期开始形成③，孔子便是古代知识阶层的典型代表。

　　从孔子算起，"士"的传统至少已延续了两千五百年，其影响至今未绝。士人作为古代知识阶层，不仅知礼尊礼，并且有能力行礼。众所周知，在中国传统礼仪中，丧礼占有非常重要的地位，"死者为大"成为普遍的民俗观念，后人恐殁亲德，便通过刊刻墓志以表达孝子慈孙之心。不过，制作墓志的费用也很昂贵，不仅需要"币帛乞铭"，石料、书人、刻工等也是不小的开支，因此，制作墓志对于一般平民百姓来说还是难以承担其费用。对于士人群体来说，他们不仅具有一定的经济基础，其本身具备的文化修养以及社会交往所带来的资源基本上能满足对墓志的需求。正如清代钱塘在《练祁先茔表》中所言："古者，墓有志、有碑、有表、有

---

① 谢羽：《晚明江南士人群体研究——以陈子龙交游文中心的考察》，硕士学位论文，华中师范大学，2006年。

② 李宏利：《从墓志资料看明代上海士人及其家族成员的葬期》，《浙江学刊》2017年第5期。

③ 同上。

碣，自卿相以及布衣，并得立。近世惟仕宦家犹碑志，若夫布衣之士，虽修行其笃，其子孙苟不好名，罕复有致士大夫文字刻石于墓者。"从上海地区墓主的传世文献和出土墓志来看，墓主的身份也基本上属于士人阶层和他们的家族成员。①

第一节　士人的组成

秦汉以前，由于上海远离中原，经济落后、民风粗犷、彪悍好勇。宋以后，上海民风完成了由"尚武"向"尚文"的转变，兴学重教为各阶层人士所推崇，成为普遍的社会风气，加上地方官府的重视和提倡，府学、县学、书院、社学、义塾纷纷设立，读书习文渐成风气。同治年间《上海县志》引万历年间《上海县志》云："人皆知教子读书。""迨至化隆，洽人文日朗，家慕章缝，境满弦诵。"从而"名士辈出，博古慕礼。诚东南一名区也"②。至清代，读书风气更甚。康熙年间《松江府志》记："士人帖括外兼娴风雅。凡词赋之业，童而攻之，多有文集表见于世。即六书八法莫不家习而究其奥。"③ 乾隆年间《金山县志》云："田野小民生理裁足，皆知以教子孙读书为事，故士奋于学，民兴于仁。"④ 嘉庆年间《松江府志》记："今文物衣冠蔚为东南之望，经学辞章下至书翰，咸有师法。田野小民，生理裁足，皆知以教子孙读书为事。"⑤

崇文重教的良好环境形成了数量可观的士人群体。如明代苏州王鏊言"苏人才甲天下"，"科第往往取先天下，名臣硕儒亦多发迹于斯"。仅观江南考取的状元人数，就可知此言并非夸大其词。明代全国状元共89人，江南考取20人，占22.5%；清代114名状元，江南籍贯者52人，占45.6%。有明以来，进士数量列居全国前三位的皆是江南的浙江、江苏和江西。据明清进士题名录统计，自明洪武四年首科到清光绪三十年末科，共举行殿试201科，外加博学鸿词科，不计翻绎科、满洲进士科，共录取进士51681人，其中明代为24866人，清代为26815人。江南共考取进士

---

① 李宏利：《从墓志资料看明代上海士人及其家族成员的葬期》，《浙江学刊》2017年第5期。

② （清）同治年间《上海县志·风俗》。

③ （清）康熙年间《松江府志·风俗》。

④ （清）乾隆年间《金山县志·风俗》。

⑤ （清）嘉庆年间《松江府志·疆域志·风俗》。

7877 人，占全国的 15.24%。① 我们知道，进士是科举考试中的最高功名，其人数与举人、生员相比是极少的。仅对清代苏州府长洲、元和、吴县统计，共有进士 526 人，举人 1536 人，生员 10388 人，其中进士占举人的34.2%，举人占生员的 14.8%，进士占生员的 5.1%。② 由此可以推断，江南士人数量相对于其他地区而言，是占据优势的。根据样本墓志资料可得，上海士人群体也具有一定的规模。

科举取士的政策引领出大量士人。明代中期以后，天下各级学校中的生员数量日众，仕途维艰，下层儒士的经济状况每况愈下，导致大量生员放弃进士学业，或"训蒙处馆"，或"游幕天下"，或"儒而医"，或"包揽词讼"，或"弃巾成为山人"。③ 无缘仕途的儒士滞留社会，并逐渐沉淀堆积，形成具有时代和地域特色的士人群体。尽管士人不一定能够出仕为官，但在传统社会中，士为四民之首，与庶民相比，他们享有政府赋予的各种特权，比如礼仪上有与现任县官平起平坐之权；司法上有特别保障权；经济上有徭役优免权；等等。④ 所以，进入士人阶层不仅是出仕为官的重要条件，其本身所拥有的特权和地位也是为人渴慕的。下面就明清时期士人身份的获得、称谓以及所包括的其他知识群体做一简述。

一　士人身份的获得

传统士人身份的获得一般需要通过科举考试，只有拥有学品或学衔的人才称得上严格意义上的"士人"。士人阶层最大的群体是由生员组成，即童试合格者，这些考生都为应考做了多年的准备，通常要经过多次尝试才能成功。即使考中生员，成为士人的一员后，科举生涯也并未结束，还须努力应考乡试、会试、殿试等，继续攀登，进入士人的高级阶层。当然，也有许多人通过捐纳而成为士人的一员，即他们不需通过科举考试，这些士人常被称为"异途"，但他们也是有文化或受过若干教育的。除考

---

① 范金民：《明清江南进士数量、地域分布及其特色分析》，《南京大学学报》1997 年第2 期。

② 钱国祥编：《国朝三邑诸生谱》，光绪三十二年刻本。转引自刘铁军《明清江南士绅话语研究》，硕士学位论文，南京师范大学，2005 年。

③ 陈宝良：《明代生员层的社会职业流动及其影响》，《明清论丛》第三辑，紫禁城出版社 2002 年版。

④ 刘铁军：《明清江南士绅话语研究》，硕士学位论文，南京师范大学，2005 年。

试和捐纳外，还有恩监生、荫生等少数途径进入士人阶层。①

科举考试是一般庶人（不包括女性）上升为士人的主要途径。科举允许士子自由报考，士子只需带上身份证明材料，主要包括籍贯、父祖、年龄、相貌、三代履历等，即可在府州县衙报考。为了保证考生身份的真实性，科举报考采用结保措施。首先是互结，即考生需互相担保。报考者除如实填写父祖三代姓名、籍贯、年龄等信息之外，五个同时报考者应相互担保，保证均无冒籍、匿丧、顶替、身家不清等违反科举报考规定的情况。除互结外，应考者还需有廪生（廪膳生员的简称，他们是可以在官学领取月米的生员）、邻、里和族人担保。每位担保者均需在官方提供的文书上签字，以保证担保的有效性，这种结保的文书称为"结状"。自唐代开始，科举不仅向本国的士子开放，也允许外国人报考，有多位朝鲜、日本、越南、波斯等国读书人在中国考取功名，并担任官职。直至清代，朝廷闭关锁国，才禁止外国人应试科举。科举虽然允许考生自由报考，但历代统治者要求考生身世清白，明清时期规定娼、优、隶、皂的子孙，身体残疾者以及剃头匠、轿夫等无应试资格。但这些规定至晚清已经有所放松，身体残疾者亦有应考之例。

士子报考之后，其身份就从白丁变为童生。童生不是年龄称谓，童生可以是儿童，可以是青壮年，也可以是白发苍苍的老人。明朝士大夫称秀才为"老友"，称童生则为"小友"。童生首先要参加知县主持的县试，合格者有资格参加知府主持的府试，合格者有资格参加学政主持的院试。院试录取者称"秀才"。根据明清时期来中国的西方传教士的说法，秀才相当于西方的学士学位。县试、府试和院试合称童试。士子考取秀才，即成为府州县学的学生，即所谓的"生员"，因此童试是官学的入学考试，并不是正式的科举考试。秀才要参加正式的科举考试——乡试，必须先参加学政主持的科试，科试排名前列者才有资格参见乡试。②

在墓志中，常见"太学生"和"国学生"两种称谓，其实，这两者均属于高级生员。太学生是指在太学读书的生员。明清时期，太学即国子监的俗称。国子监是古代最高学府与教育行政管理机构。内设绳衍、博士、典簿、典籍和掌馔等厅，以分理各项具体事务；设率性、修道、诚心、正义、崇志、广业六堂，以供生徒听课、自修及习所。设祭酒、司业

---

①　李宏利：《从墓志资料看明代上海士人及其家族成员的葬期》，《浙江学刊》2017年第5期。

②　李兵：《古代选拔人才的考试制度》，《湖南日报》2016年6月3日。

各一人为正副长官，其属有监丞、五经博士、六堂助教、学正、学录、典簿、典籍等学官掌教务。学生多由省、府、州、县学生员中选拔，亦有由捐纳而得者，入监就学者有贡生、监生之分，然通谓之国子监生。监生肄业后经见习可得补官，后科目盛行，出路日塞。捐例一行，挂名监生日多，赴京就学者日少，作用反不及府、州、县学。国学生又称国子生，亦是指在国子监肄业的学生，国学生即太学生，但一般为官员子弟。

明清乡试在京城和各省会城市的贡院举行，由朝廷钦派京官担任主考官。考试每三年举行一次，通常在子、卯、午、酉年举行。乡试的录取者称"举人"，又称"孝廉""登贤书""领乡荐""乡进士"等。明初科举分五经取士，在乡试中每经选第一名，称为"经魁"，这样每科乡试的第一名至第五名是每经的第一名，因此又称"五经魁"。清代乡试第一名为"解元"，第二名称"亚元"，第三名至第五名沿用明代经魁的称呼，解元和经魁简称为"经解"。因前五名称"经魁"，故第六名称"亚魁"。第六名至第十名称"乡魁"。第六名之外通称"文魁"。西方传教士将举人视为硕士，举人已有任官的资格。

新科举人和历科举人都有资格参加次年在京城举行的会试。会试即是集中至京城考试的意思。由皇帝任命的主考官负责命题、阅卷与录取。明清会试是由礼部主持的全国性考试，因此又称为"礼部试""礼闱"。会试的考试内容、形式与乡试基本相同。会试的录取者称为"贡士"，会试的第一名称"贡元""会元"。

贡士有资格参加殿试。殿试仅为排名考试，新科进士分为三甲，一甲三名，为状元、榜眼、探花，赐进士及第；二甲若干人，第一名称传胪，赐进士出身；三甲若干人，赐同进士出身，一、二、三甲统称进士。明清状元授翰林院修撰，榜眼、探花授翰林院编修；二甲、三甲进士优秀者选翰林院庶吉士，其余的新科进士则授予主事、中书、行人、评事、博士、推官、知州、知县等职。西方传教士将进士视为博士。考中进士之后，各代士子的读书应试生涯也就结束了。[①] 明清设有武举法，规定了武举考试的内容、及第后授官的程序。武举乡试中式者称武举人，会试中式者称武进士，第一名称武会元。[②] 具有武学功名的人也因此获得士人身份。人们将经过科举考试而成为士人的人称为"正途"。

功名还可以通过捐纳而获得，这种功名就是"监生"（即国子监的学

---

① 李兵：《古代选拔人才的考试制度》，《湖南日报》2016 年 6 月 3 日。

② 李兵、林介宇：《科举旧影录》，湖南大学出版社 2011 年版，第 115 页。

生），这些士人常被称为"异途"。"异途"出身只能出任较低的官职，捐得功名的人可再捐官职。对于捐功名的人，也可以参加"乡试"或"会试"等级更高的考试，如果他们考试中式，即被认为"正途"士人。有的考生捐监生衔只是为了尽早获得参加高级考试的资格。受武学教育的人也可捐监生的功名，并由此步入军界。

二　士人特定的称谓

士人阶层的内部组成非常复杂，从生员、举人到进士，从普通士人到入仕担任不同级别的命官，从"异途"到"正途"，都形成了一个由低到高的阶梯序列。因此，对于士人阶层就有了不同等级的称谓。根据明清时期的封赠制度，士人的配偶、父祖等也会因其所担任的官职而得到不同的封赠，特别是女性所获得的封赠为不同等级的命妇称谓。这样，士人及其家族成员就有了属于一定阶层的特定称谓，这些称谓对于我们现代的人来讲还是非常陌生。根据士人群体的主要类别，在称谓上主要分为官品称谓、科名称谓以及命妇称谓等。从上海地区明清墓志墓主的身份来看，上至府宰，下至州县、卫所官员以及散官，直至各类学生、处士都有涉及。① 下面就通过五例墓志加以简要说明（有关称谓文字部分用黑体标识）。

如例1《明故**文林郎云南道监察御史**南湖徐公（宗鲁）墓志铭》②所载：

> 公徐姓，……为**博士弟子员**，以公贵，赠**峡江令**。配吴氏，赠**孺人**，……**太学生**，……继娶**建阳令**云间□公女。次光训，**云南景东府通判**，娶**太学生**坦斋陆君女。次彝训，太学生，娶**廉州守**云亭李公女。俱叶孺人出；次敷训，**邑庠生**，……**府庠生**，侧室张氏出，娶乡**进士**象岳陈君女。……长适**大理寺评事**，……次适**太学生**吴景元，……次适今**乡进士**冯时可，**大理丞**南江公之子，张氏出。……娶**鸿胪**凤郊莫君女。次允中，娶兰溪**教谕**古滨刘君女。次允迪，娶**鸿胪**奇峰褚君孙女。

---

① 李宏利：《从墓志资料看明代上海士人及其家族成员的葬期》，《浙江学刊》2017 年第 5 期。

② 见中国文化遗产研究院、上海博物馆、天津文化遗产保护中心编《新中国出土墓志》（上海、天津卷），文物出版社，2009 年 6 月。

如例2《明吴淞江**守御**所千户施武略室**宜人**钟氏之墓志》[①] 所载：

未笄，**明州卫百户**施承信为长男求聘焉，……夫升**吴松江千户**。……诰命封**宜人**。

如例3《清诰授**朝议大夫浙江杭州府知府**柳泉张君（允垂）墓志铭》[②] 所载：

君姓张氏，……乾隆六十年**举人**，官青阳县**教谕**，封朝议大夫；妣陈**恭人**，……有子四人：尔绳，**附生**，先一年卒；尔耆，**附生**……

如例4《清诰授中宪大夫湖北宜昌府知府冶山王君（春煦）墓志铭》[③] 所载：

君姓王氏，……候选**教谕**。……累赠**朝议大夫**。夫人顾氏，**府学生**大润女，诰封**恭人**。子二人：九韶，**太学生**；垣玉，候补**主事**。女二人，壻候补**兵马司副指挥**杨绍文、太学生陈阶。孙男女各一人。

如例5《陆雪香先生墓志铭》[④] 所载：

先生讳应梅，……子三，炳麟，**岁贡生**。椿元，早世。炳溉，**禀膳生**。女一人，适**国学生**姚家驹。……钊眨培荣为**县学生**。

例1、例2为明代墓志，例3、例4、例5为清代墓志。无论是官品称谓、科名称谓还是命妇称谓，清代一般沿袭明制而略有损益。因此，明清两代墓志中的士人群体称谓基本可以统一起来。

在以上例子中，官职称谓有“文林郎云南道监察御史”“朝议大夫浙江杭州府知府”“峡江令”“建阳令”“云南景东府通判”“廉州守”“大

---

① 见中国文化遗产研究院、上海博物馆、天津文化遗产保护中心编《新中国出土墓志》（上海、天津卷），文物出版社，2009年6月。

② 同上。

③ 同上。

④ 见《浦东碑刻资料选辑》。

理寺评事""大理丞""教谕""鸿胪""吴淞江守御所千户""明州卫百户""兵马司副指挥""主事"等。命妇称谓有"孺人""宜人""恭人"等。有关明清时期的官品称谓和命妇称谓将在第三章第二节做具体介绍，这里暂不赘述。

科名称谓有"博士弟子员""太学生""邑庠生""府庠生""乡进士""附生""府学生""岁贡生""廪膳生""国学生""县学生"等。对于科名称谓，在本章第一节中已基本上做较为完整的介绍，这里不再重述。在此仅结合墓志举例中的具体称谓对有关内容做一补充。

如"博士弟子员"在上一节中未做说明，其实这就是俗称的"秀才"，即院试录取者，这是士人阶层最低的一级，被称为"生员"。这一身份还可以称作"庠生""茂才""诸生""文生""相公"等，这些"别称"在其他墓志中即指代"生员"；"邑庠生"即在县学读书的生员；"府庠生"即在府学读书的生员。生员是组成士人阶层最庞大的队伍，其本身也有不同的称谓以做不同类别的区分。明洪武初，朝廷对生员是有一定限额的，但不久即增广，不拘额数。至宣德时，以初设食廪者为廪膳生员，他们是可以在官学领取月米的生员；增广者称"增广生员"，各有一定额数。到正统元年，额外增取，附于诸生之末，则称"附学生员"，简称"附生"。明清时，每年或两三年从各府、州、县学中选送生员升入国子监就读，成为岁贡。即学政于"生员"中，选拔上报朝廷者，谓之"贡生"。清有"五贡"，即①岁贡，由十年以上之廪生中挨次升贡者，大体府学每年贡一人，县学两年贡一人；②恩贡，为遇朝廷大典时以贡者；③拔贡，十二年（酉年）选拔一次，在五贡中最难；④优贡，三年选拔一次。在五贡中仅次于拔贡；⑤副贡，为乡试之副榜（即备取榜）。在墓志文中，有关生员的称谓最为复杂多样。关于"举人"的另一种称谓叫"乡进士"，这也是上文中未提及的。

三 其他知识群体

明清学子要想跨入士人阶层，不仅需要寒窗苦读，还需一定的经济实力为支撑。康熙十六年（1677年），江西道监察御史何风歧的一份奏折，让我们可以初步了解一个士子参加初级科举考试——童试所需要的费用：

> 县考有交卷桌凳之费，县至府城，近者二三百里，远者四五百里，各童既苦跋涉，又费资斧。目前军需繁浩，若停止府县两考，令每童纳银十两，该县收库给以收票汇解布政，其童生年貌、籍贯、保

禀、甘结，该县造册申府，府缴学道，该道将童生姓名移咨布政与县批查对，年终报部，则有童千名，可助饷万两。

根据这份奏折，一个童生仅参加县府两试的费用就要 10 两银子。何风歧曾担任过知县，故他的说法有很大的权威性。10 两银子只是一个童生参加县府两次考试的费用。在清初，10 两银子通常可以买到 10 石粮食，相当于一个三口之家农民的全年口粮，甚至是全部家产。因此参加科举考试的费用，贫苦农民一般是负担不起的。① 这些还不包括延请私人老师或在私塾准备应付考试的费用，参加高一级科举考试的费用更是高得吓人，江南名士王世贞曾深有感触地说："余举进士不能攻苦食俭，初岁费将三百金，同年中有费不能百金者。今遂六七百金，无不取贷于人。"如此高的费用对于一般的贫民来说是难以承担的，而这又是他们参加考试所必需的。好在江南发达的农业生产和繁荣的商业经济，为江南普通人家致富提供了条件和机会，与其他地区相比，江南子弟读书的机会更多一些，这也是造成江南士人群体壮大的部分原因。② 高昂的学费也促使许多读书人弃儒从商，或通过其他方式治业，为兄弟辈或下一代人的举业积累经济基础。

明清之际，中国传统社会经历着一个从农业社会向商业社会过渡的社会转型时期。一方面士人获得功名的机会越来越小；另一方面逐利与治生的思想对士人的影响也不断加深。③ "士农工商"的传统秩序渐渐变为"士商农工"的新秩序。就"学者以治生为本"，明代遗民陈确的说法最有意义，他说："学问之道，无他奇异，有国者守其国，有家者守其家，士守其身，如是而已。所谓身，非一身也。凡父母兄弟妻子之事，皆身以内事。仰事俯育，决不可责之他人，则勤俭治生洵是学人本事。……确尝以读书、治生为对，谓二者真学人之本事，而治生尤切于读书。……唯真志于学者，则必能读书，必能治生。天下岂有白丁圣贤、败子圣贤哉！岂有学为圣贤之人而父母妻子之弗能养，而待养于人者哉！"④ 明清以来，

---

① 张杰：《清代科举家族》，社会科学文献出版社 2003 年版，第 69 页。转引自刘铁军《明清江南士绅话语研究》，硕士学位论文，南京师范大学，2005 年。

② 范金民：《明清江南商业的发展》，南京大学出版社 1998 年版，第 342 页。转引自刘铁军《明清江南士绅话语研究》，硕士学位论文，南京师范大学，2005 年。

③ 李宏利：《从墓志资料看明代上海士人及其家族成员的葬期》，《浙江学刊》2017 年第5 期。

④ 余英时：《士与中国文化》，上海人民出版社 1987 年版，第 523 页。

"弃儒就贾"的普遍趋势造成了大批士人沉滞在商人阶层。黄省曾在《吴风录》中说"至今吴中缙绅士夫多以货殖为急",正反映了江南儒贾群体的融合。另外,商业本身要求商贾要具备一定程度的文化知识,商业经营的规模越大则要求知识水平越高。① 士人如何运用他们从儒家教育中得来的知识治理国家,商人便运用同样的知识来经营他们的商业。② 吴伟业在《卓海幢墓表》记:"公讳禺,姓卓氏……居京师五载,屡试于锁院,辄不利,归而读书武康山中,益探究为性命之学。……公之为学,从本达用,多所通涉。诗词书法,无不精诣。即治生之术亦能尽其所长。精强有心计,课役僮隶,各得其宜。岁所入数倍,以高赀称里中。"(《梅村家藏稿》卷五十)卓禺显然也是一个弃儒就贾的人,他以儒学为经营商业之用,获得成功。

至清代,商品经济进一步发展。更多的士人加入了商人的行列。然而,传统的价值观依然根深蒂固,业儒入仕、光耀门庭仍是他们的终极关怀和最终的追求目标。

明清江南人口的绝对压力迫使许多读书人为农为商,为幕为官,或者行医从戎,当教书先生,"改行"散布于各业。江阴澄江镇袁氏族范认为:"士农工商,所业不同,生理则一。"即认为士农工商四业,从谋生的道理,也就是"生理"上讲,都是为了谋生,相互之间是平等的。镇江吴氏家训第三条是"务本业:士农工商,各有当尽之分。为士则必思始于事亲,中于事君,终于立身,显亲扬名,光大前业!不然读书何事?至为农工商贾,亦是一理"。可见,明清江南家族告诫子孙要有本业,才能安定生活,并且十分强调四业都是平等的治生本业。③

人们也逐步认识到,读书并非只为科举,也为了明理达义,立身处世。"人生惟有读书好。盖读书所以明理,非为功名起见。然当科举时代,舍此无以为进身之阶。"(平湖《当湖张氏家乘》,民国3年刊本)读书与功名本非一物,是科举制度使它们因果紧密相连的。

"读书明理达义,求其所谓天爵者而已。至于功名,乃人爵也,是有命焉,岂求之而可得耶?"(武进《毗陵庄氏族谱》,民国24年铅印本。)

---

① 周智生、缪坤和:《多元文化传播与西南边疆民族地区商品经济成长——以明清时期的滇西北地区为例》,《中南民族大学学报》(人文社会科学版)2006年第1期。

② 王明道:《儒家文化和市民文化的冲突与融合——解读〈聊斋志异·黄英〉》,《宝鸡文理学院学报》(社会科学版)2004年第4期。

③ 吴建华:《清代江南人口职业观念》,《安徽史学》2003年第4期。

读书≠功名，天爵≠人爵，而读书，天爵可求，功名、人爵由命不可求得，人为力量无法求得世人即皇帝、科考官员掌握的命。嵊县屠方黉涉猎经史，有人劝他赴试，慨然答道："人生引重，须在天爵；科第求荣，抑末也。"并且，屠氏家规立有"择良师而遵礼之嘱，其讲明大道，切近五伦为要务。至于取科第，弋功名，其余事矣"（《嵊县鹿山屠氏宗谱》，光绪 23 年刊本）。杭州汪祯远应试不中，郁郁不舒，患上肋痛症，还强欲再试，其父慰之云："功名身外物，宜养身以有待。即俟来科，未晚也。""自是稍宽举业"（汪）。以上例子，出自以仕宦居多的庄氏、业农为主的屠氏、经商占多数的汪氏三个类型的家族，可是，对读书和功名的看法却不谋而合，反映明清江南人家普遍流行这种观念。由此可见，人们对读书与功名、文化教育的功能的认识有了深化，将"明理达义"作为读书的重要目的，甚至高于对"身外物"的功名仕宦的追求。①

　　鉴于以上多种原因，除了儒商之外，在明清上海墓志的记录中，还有行医、教学、占卜等人员，而这些职业人士需要具备一定的文化修养和专门知识，尽管有些人并没有生员以上科品的身份，但从占有知识的角度来看，也属于知识分子，所以，本研究也将其归入士人群体。另外，墓志资料中还有个别僧人、道士、山人、基督徒等的记录，从志文内容看，其也具备一定的文化修养，个别人还掌握一些专门的技能②，因此，也将其纳入本研究的士人范围。

第二节　上海士人家族来源

　　上海地区，春秋属吴，战国先后属越、楚。唐初，上海地区人口尚少，整个苏州管区，仅有 11857 户。③唐天宝十年（751 年）吴郡太守赵居贞奏请朝廷，割本郡昆山县南境、嘉兴县东境、海盐县北境之地，立为华亭县④，自此，上海有了自己独立的行政区划。宋太平兴国三年（978年）吴越忠懿王钱俶纳土归宋。华亭经吴越 80 余年的安定生活，人口繁

---

① 吴建华：《明清江南人口社会史研究》，群言出版社 2005 年版，第 327—328 页。
② 李宏利：《从墓志资料看明代上海士人及其家族成员的葬期》，《浙江学刊》2017 年第 5 期。
③ 见《旧唐书·地理志》，中华书局标点本，1998 年。
④ （唐）李吉甫：《元和郡县志》，中华书局出版 1983 年版。

聚，达唐代初建时的四倍有余。靖康之难，宋室南迁，大批北方人士随高宗南渡，华亭县籍户增加到 97000 户有奇①，较北宋又增加近一倍。建炎年间金兵过江，胡马所过，燔灭一空，唯独华亭偏居海隅，得以保持安宁。建炎四年（1130 年）为解决高宗行在众多扈从官员的吃饭问题，诏令浙西以银 10 万两、钱 10 万缗，籴粮备用，储放于华亭，华亭一时成为后方供应基地。这时的华亭已经成为吴会诸邑中较大的城镇，人烟稠密，里闾日辟。明初，江南因张士诚之乱，战火频频，许多人避居海隅，上海县人口大增，洪武初全县户籍达 114300 户有奇，人口 532800 余人。在当时，这已属江南人户最多的县份之一。朝廷因为上海民众事繁，于洪武九年（1376 年）特增加华亭、上海二县县丞、主簿各一人。海上贸易与转口贸易的发展加快了上海通商城市的形成。从康熙中叶到道光初期的二百年间，上海港已经成为东南沿海数一数二的重要港口，上海县也成了江南最繁荣富庶的县份。时人曹晟在《觉梦录》中说："海禁既开，民生日盛，生计日繁，区区草县，名震天下。"② 上海城市的繁荣，又带动周围乡镇的发展，四郊市镇也已星罗棋布。明末上海地区有名的市镇总数不过 60 个，到清代，在雍、乾、嘉、道四代新兴的市镇增加了 80 多个，总数达到 151 个。由于外地人口的大量流入，上海县户籍明显增加。如果再加上水上流动人口，总数已超过 60 万人。有 60 万人口的县份，当时在江南算得上是人口众多的大县，在全国也居人口最多县份之列。

从上海历史人口的变化不难看出，古代上海也具有移民社会的特征。特别是永嘉、安史、靖康之乱造成大批中原士人南迁于上海地区，成为明清上海士人家族的来源之一。下面就以样本墓志为依据，对墓志记录的籍贯进行统计分析，由此了解他们的历史来源，并对其始迁祖迁入原因进行分析说明。

一　样本人口籍贯分析

籍贯即祖居地或原籍。在对上海士人家族的籍贯进行统计分析之前，先对上海地区做一界定，以明确上海士人家族所在的范围。

（一）上海地区的界定

据《上海地方志》，吴淞江以南于唐朝天宝十年（751 年）析嘉兴东

---

① 见《云间志·版籍》影印本，方志出版社 2008 年版。

② 张晓东：《明清时期的上海地区与海上丝绸之路贸易活动——兼论丝路贸易和殖民贸易的兴替》，《史林》2016 年第 2 期。

境、海盐北境、昆山南境之地置华亭县。①《元和郡县图志》记载:"华亭谷,在县西南三十五里。陆逊、陆抗宅在其侧,逊封华亭侯。陆机云'华亭鹤唳',此地是也。"唐代,华亭县隶属吴郡,后改为苏州府。宋代,华亭县属秀州府,后又称嘉兴府。元代实行行省制,省下设路、府、州、县。元初,华亭县属嘉兴路。至元十四年(1277年)升华亭县为华亭府,第二年改为松江府,华亭县成为松江府属县,归江浙行省管辖。由于华亭地域宽阔,襟江带海,经过长期发展后人口日渐增多。② 南宋咸淳年间(1265—1274年)建上海镇,镇因黄浦江西的上海浦得名。上海镇在松江府中的经济地位日渐重要。因此,至元二十七年(1290年),当时的松江知府提议另置上海县。至元二十九年(1292年),上海县正式设立,与华亭县并立,辖华亭县东北、黄浦江东西两岸的高昌、长人、北亭、海隅、新江5乡为松江府属县。至清代,松江府辖有华亭、娄、上海、青浦、金山、奉贤、南汇七县和川沙厅。吴淞江以北于南宋嘉定十年(1218年)设嘉定县,后又析出宝山县。长江口的沙洲于五代初(907年左右)置崇明镇,1277年升为崇明州,明洪武二年(1396年)改为崇明县。上海市区原是吴淞江下游的一个渔村,至唐宋逐渐成为繁荣的港口。1927年设为上海特别市,1930年改称上海市。本书所指的上海地区是以今天上海市所辖区县为基础,兼及清代太仓直隶州所属的崇明、嘉定、宝山以及松江府所属的上海、青浦、奉贤、金山、南汇、川沙、华亭、娄县等地,大致相当于今天上海市区及郊区。③ 虽然以今天的上海辖区界定明清的空间范围不甚妥当,但出于对当下上海历史人口的研究需要,权且以此为界定范围。

在墓志文献中,凡居住、安葬于该地区的,或者以该地区为家族籍贯的,笔者都将其归入上海士人家族,作为研究对象。

(二)士人家族人口籍贯分布统计分析

根据样本墓志所记载的士人家族人口籍贯,按明清两代进行籍贯分布统计。具体分析如下。

1. 明代士人家族人口的籍贯

现以所搜集到的385篇明代墓志为统计样本,该样本共涉及886人。

① 程洁:《上海竹枝词研究》,博士学位论文,华东师范大学,2010年。

② 陈杰:《实证上海史——考古学视野下的古代上海》,上海古籍出版社2010年版,第176页。

③ 程洁:《上海竹枝词研究》,博士学位论文,华东师范大学,2010年。

其中男性共计 313 人，上海本地人数为 220，占比为 70.29%，籍贯不是上海地区的人数为 93 人，占 29.71%；女性共计 573 人，墓志对女性的籍贯不太关注，在样本墓志中，仅对 15 位非上海籍贯的女性做了记载。非上海籍贯分布人数具体如表 1-1 所示。

表 1-1 明代士人家族人口非上海籍贯分布 单位：人，%

籍贯	男性		女性		合计	
	人数	占比	人数	占比	人数	占比
河南	36	38.71	3	20.00	39	36.11
江苏	15	16.11	2	13.33	17	15.74
浙江	13	13.98	4	26.67	17	15.74
安徽	13	13.98	2	13.33	15	13.88
江西	4	4.30	2	13.33	6	5.56
山西	3	3.23	1	6.67	4	3.70
河北	2	2.15			2	1.85
四川	2	2.15			2	1.85
新疆	2	2.15			2	1.85
福建	1	1.08			1	0.93
湖北	1	1.08			1	0.93
陕西	1	1.08			1	0.93
山东			1	6.67	1	0.93
总计	93		15		108	

墓志所录世系一般会比较清楚地交代男性墓主的籍贯，因本研究以上海士人家族为对象，故籍贯为上海而迁居于外地的人员记录比较少，但也有这样的人口记载，根据明代墓志，有一位男性由崇明迁至太仓，有两位男性由嘉定迁至昆山，有两位男性由嘉定迁至河南，还有一位男性由松江迁至北京。

2. 清代士人家族人口的籍贯

在清代的 159 篇墓志样本中，共涉及 330 人。其中男性 144 人，籍贯为上海的有 94 人，占比为 65.28%，其中有一位男性由嘉定迁居于浙江。籍贯不是上海的有 50 人，占比为 34.72%；女性共计 186 人，其中 4 名女性为非上海籍贯。非上海籍贯人口分布具体如表 1-2 所示。

表1-2　　　　　　　　清代士人家族人口非上海籍贯分布　　　　单位：人,%

籍贯	男性		女性		合计	
	人数	占比	人数	占比	人数	占比
河南	13	26.00	1	25.00	14	25.92
浙江	13	26.00	2	50.00	15	27.78
江苏	9	18.00	1	25.00	10	18.52
安徽	8	16.00			8	14.82
福建	4	8.00			4	7.41
江西	1	2.00			1	1.85
山西	1	2.00			1	1.85
广西	1	2.00			1	1.85
总计	50		4		54	

3. 明清士人家族人口的籍贯

根据明清代两代544篇墓志,共涉及人口1216人,其中男性457人,女性759人。依据以上明清非上海籍贯人口统计,汇总情况如表1-3所示。

表1-3　　　　　　　　明清士人家族人口非上海籍贯分布　　　　单位：人,%

籍贯	男性		女性		合计	
	人数	占比	人数	占比	人数	占比
河南	49	34.25	4	21.05	53	32.68
江苏	24	16.78	3	15.79	27	16.67
浙江	26	18.18	6	31.58	32	19.75
安徽	21	14.69	2	10.53	23	14.20
江西	5	3.50	2	10.53	7	4.32
山西	4	2.80	1	5.26	5	3.09
河北	2	1.40			2	1.24
四川	2	1.40			2	1.24
新疆	2	1.40			2	1.24
福建	5	3.50			5	3.09
湖北	1	0.70			1	0.62
陕西	1	0.70			1	0.62
山东			1	5.26	1	0.62

续表

籍贯	男性		女性		合计	
	人数	占比	人数	占比	人数	占比
广西	1	0.70			1	0.62
总计	143		19		162	

4. 籍贯分布分析

综合明清两际墓志所涉人口，共计 1216 人，籍贯不属上海地区的人士有 162 人，占总数的 13.32%。笔者以为，由于墓志一般很少记录女性的籍贯，而女性总人数又多，若仅按照墓志统计，则肯定存在很大的误差。所以，应该按男性的比例测算，根据统计，在男性总人数 457 人中，非上海籍贯的男性共有 143 人，占比为 31.29%。由此可知，上海士人家族人口还是以本地人为主，约占总人数的 68.71%，而迁入比例也很高，占到三成多。

从性别方面来看，在非上海籍贯的人数统计中，女性只有 19 人，仅占总人数的 11.73%，男性人数占到总人数的 88.27%。笔者以为这一数据不能真实地反映非上海籍贯男女人数所占的比例。一方面，女性墓志少，即使有关于女性的记录，因传统文化对男女的不同定位，对其世系反映也不多，这就造成女性人数的减少；另一方面，明清时期，一般的迁徙都是家族迁徙，除了一些官员在外独自做官外，应该说，迁徙女性不一定比男性少。鉴于此，我们仅将此数据作为迁居男女比例的参考，同时这也反映墓志文化对男女性别的不同侧重与认同。

就籍贯地域分布来看，唐末安史之乱，北方遭受严重战乱破坏，而南方相对安定，社会经济发展水平逐渐接近北方，至宋代取代北方领先的地位，全国经济重心南移大体完成。[①] 上海地处江南腹地，伴随经济的繁荣、文化的发展，各地士人不断迁居至此，到明清时期，已成为典型的人文荟萃之地。从墓志统计来看，迁居上海地区的士人来源涉及 14 个省份，有河南、江苏、浙江、安徽、江西、山西、河北、四川、新疆、山东、福建、湖北、陕西、广西。

从非上海籍贯地域分布占比来看，由河南迁居的人数最多，占迁居总

[①]　宁可主编：《中国经济通史·隋唐五代卷》，经济日报出版社 2000 年版，第 641 页，转引自魏峰《宋代迁徙官僚家族研究——以两浙路为中心》，博士学位论文，浙江大学，2007 年。

人数的 32.68%，其他占比在 10% 以上的地区分别为浙江、江苏和安徽，其占比分别为 19.75%、16.67% 和 14.2%。其余十个省份迁居人数占比均在 5% 以下，其中江西为 4.32%，山西和福建占比均为 3.09%。各省迁居人数占比见图 1-1。

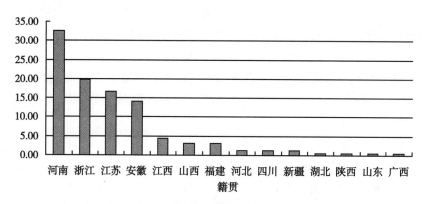

图 1-1 非上海籍贯地域分布占比（%）

　　根据墓志记载，明清许多上海士人家族的始迁祖是随康王南渡而定居于上海的，这也是籍贯多为河南的主要原因。吴松弟在其博士学位论文《北方移民与南宋社会变迁》中全面阐述了靖康之变后自北方迁入江南地区的移民状况，指出靖康之乱后的北方移民活动前后持续长达 60 年，移民规模远远超过西晋永嘉之乱、唐安史之乱后的移民。南渡的北方家族主要来自今天的开封地区。据其《移民档案》统计的北方移民，有 70% 自开封地区迁入，其中很多都是宗室人员。① 浙江、江苏、安徽与上海同属江南地区，区域内的人口流动相对频繁，这在统计数据中也得到了反映。江西部分地区也属江南，其迁入上海人数仅排在安徽之后，这也反映了江南文化圈内部的人口流动相对较多。从地域人口流动来讲，福建与上海的关系比之山西更为紧密，而统计数据则显示，山西与福建迁入上海人数比例持平，这反映了明代山西移民政策对人口分布的影响。

二　移居上海原因分析

　　传统中国以定居的农业社会为主体，安土重迁的观念根植于士民心中。一个人或一个家族除非面临生死存亡，否则不会背井离乡、徙居他

---

① 魏峰：《宋代迁徙官僚家族研究——以两浙路为中心》，博士学位论文，浙江大学，2007 年。

处。东汉崔寔以为："小人之情，安土重迁，宁就饥饿，无适乐土之虑。"① 乡里不但是安身立命之地，更是祖先魂魄归息之处。离弃祖先坟茔，有亏孝行。即使战乱期间，士民求生于锋镝之下，被迫迁居他处，但只要可能，都希望重返故土。②

上海地区的发展伴随着人口的集聚，特别是士人群体的壮大更是推动当地经济社会发展的重要动力。上海能够吸引不同地区的人们来此定居，有其一定的地缘与经济优势。从具体的情况来看，多为墓主祖上移居上海，其中有靖康南渡的、有避乱求安的、有因官移家的、有乐此地风土的等，不一而足。当然也有少数由于婚姻、生存等原因造成墓主本人移居上海的情况。

（一）靖康南渡

靖康南渡人口是迁入上海地区士人群体的重要组成部分。战乱中的人们以生存为主要目的，多选择荒僻之处迁居，"争具舟车，徙避深山大泽，旷绝无人处"③，许多人因此迁到上海地区，以避兵祸。

在明代墓志中，如《明故迪功郎顺德府知事潘公（誉）墓志铭》［见《新中国出土墓志（上海、天津）》］的墓主潘誉，"……世居河南，随宋南迁，遂占籍于苏之嘉定焉"；《奉贤明儒学生王廷璧墓志铭》（见《浦东碑刻资料选辑》）的墓主王廷璧，"……其先汴人宋王晋公之裔，八世祖始迁于松江之华亭"；《明故唐硕人朱氏墓志此》［见《新中国出土墓志（上海、天津）》］中的墓主唐氏，"德辉之先蜀人，宋太髻提奉十世祖以道随高宗南渡，始徙绍典。元瞥季教授八世祖永卿再徙平江，遂占籍嘉定"；《前明锦衣卫左所千户屯田都司王翁子万墓志铭》（见《朴村文集》卷十四）的墓主王氏，"……翁十七世祖某，其谱称富一公，为宋崇政殿说书，南渡家于松江之上海，遂着籍焉，世为衣冠之族"；《明故文林郎署兵部车驾司郎中事行人司司正前四川道监察御史韦室唐公（自化）墓志铭》［见《新中国出土墓志（上海、天津）》］中的墓主唐自化，"……宋建炎中，始祖将士郎贵一，扈宋高宗南渡，卜居华亭之白砂里"。

清代墓志中，如《充甫公暨徐孺人合葬墓志铭》（见《嘉定碑刻

---

① （唐）杜佑：《通典》卷一《食货典一·田制上》，中华书局 1988 年版。转引自魏峰《宋代迁徙官僚家族研究——以两浙路为中心》，博士学位论文，浙江大学，2007 年。

② 魏峰：《宋代迁徙官僚家族研究——以两浙路为中心》，博士学位论文，浙江大学，2007 年。

③ 孙觌：《宋故武功大夫李公墓志铭》，《鸿庆居士集》（卷三九）。

集》）记"……钱氏厥初，本出钱镠，迨宋吴越王而代兴庐陵，所谓洛阳忠孝家也。南渡扈驾，迁于芦墟。由元迄明，世居华亭之章练塘，称湖滨钱氏。乃祖近湖公，再迁嘉定之安亭江上"；《施维翰墓志铭》（见《浦东碑刻资料选辑》）录"……先世居汴梁，靖康末，南渡居松江，遂为上海人"；《左都御史朱椿墓记碑》（见《浦东碑刻资料选辑》）记"……其先故洋人，从宋高宗南渡入淛，徙居松江之上海，再徙沈庄，其卜宅娄西门而为其县人者，自公机考始"；《广西巡抚李公神道碑》（见《嘉定碑刻集》）录"……公讳锡秦，字瞻仲，号砚农，江苏直隶太仓州宝山县人。其先世系出庄渠公，自宋南渡后，世居胡家庄"。

从以上墓志举例中不难看出，在明清上海士人家族中，其先世因靖康南渡迁居到此的较为普遍，这种普遍性也是士人籍贯多为河南的主要原因。

（二）避乱求安

上海偏居海隅，并远离政治中心，因而成为避乱求安之地。西晋永嘉之乱、唐安史之乱、宋靖康之乱以及元末战乱都使一些外来人口为求生存来到这里，因样本为明清时期的士人家族，对战乱的记载多为元末时期。

如明代《孙承恩墓志铭》（见《松江文物志》）记载"……其先在南宋除自河南开封迁居杭州，元末避乱迁居华亭"；《永嘉张氏世墓表》（见《东江家藏集》卷二十九）录"……张氏其先永嘉人，先生曾祖讳斌，元末避乱携其室陈氏渡浙江，居华亭之南桥镇"；《友竹处士胡君墓志铭》《东江家藏集卷二十九》（中集二十五）记："处士讳清，字景濂，姓胡氏，别号友竹，人因以称之。其先家平湖，元季兵乱，自戈溪徙华亭界泾南，遂为华亭人。"

清代墓志中，如《清修孔宅衣冠墓碑记》[《新中国出土墓志（上海、天津）》]录："接青邑令李若元牒及《云间志》：郡北六十里，地名孔宅，……考其故，盖自至圣二十二代孙、后汉太子少傅讳潜，避地会稽，遂为郡人。嗣后，若梁则有海监令讳滔，若隋则有吴郡主簿讳嗣哲；迨大业二年，三十四代孙讳祯，为苏州刺史，奉至圣之衣冠环壁葬于此地，因以墓名。"该墓碑记录了孔子后代的迁居情况，早在后汉时期，就有第二十二代孙名孔潜的为避祸来到会稽地区，至隋炀帝大业二年（606），第三十四代孙名孔祯的官任苏州刺史，在云间建了孔子的衣冠冢，流传至今。

当然，上海地区也会遭遇兵乱，促使一些本地人外出避难。如《赠奉政大夫诸生夏锦书墓志铭》（见《嘉定碑刻集》）中的夏锦书"时粤逆渐逼三吴，既葬，贼蜂拥至，遂奉先大母举家渡江，避通州，再迁如皋之岔河市。邑里故旧，多横罹贼锋者，吾家以早徙免。比寇退，归圩，莱其田、榛砾其宅，生计至拮据"。这里的粤逆是指太平天国军队，从志文中可知其活动对普通民众还是造成了一定的伤害。墓主夏锦书为避兵乱，不得已由嘉定迁通州，再迁如皋等地。

（三）乐吴会风土

上海地区有较为优越的自然地理环境，气候温和、土地肥沃、水网密布、环境优美，是典型的江南水乡。明清期间，许多人就是由于喜爱吴会风土而迁居上海，如《处士南溪朱公墓志铭》所录"叅官饶州教授，又为饶州人，自饶州又传五世，讳素者，仕元，为松江府推官，乃乐华亭风土居之，故今为华亭人"，朱南溪即因其祖上乐华亭风土居之而成为华亭人（陆深：《俨山集》）。又如《故处士陈汝敬墓志铭》所载"处士讳钦，字汝敬，号持谨，晚号敬庵。其先世居庐陵。自曾祖茂林，喜嘉定川流如练而萦回，林壑尤美，乃择守信乡居焉"［《新中国出土墓志（上海、天津）》］。嘉定人陈汝敬籍贯为江西，其先世喜爱嘉定川流林壑而徙居练川（嘉定又名）。再如《例授昭勇将军成山指挥使李君墓志铭》记载："……君固乐南翔风土，而其为人有惠爱，虽南翔亦惟恐其不留也。嘉靖某年月日葬于嘉定。"（归有光《震川先生集》）。

古代上海不仅有水，而且有山。"松郡九峰"便是长江三角洲冲积平原上难得的奇山胜景。"九峰"并非实数，它实际上是上海境内十几座小山丘的总称，一般来说，九峰指崀山、天马山、横山、小昆山、凤凰山、厍公山、辰山、薛山和机山9座山峰，此外还有钟贾山、北竿山、卢山等。明《嘉庆松江府志》载"府境诸山自杭天目而来，累累然隐起平畴间。长谷以东，通波以西，望之如列宿。排障东南，涵浸沧海，烟涛空翠，亦各极其趣焉。而九峰之名特著"①。

虽然，这些山丘海拔较低，但在冲积平原的上海，这些平地隆起的山丘，却不失玲珑、秀丽，格外引人注目。清代黄素《九峰歌》赞道："云间之胜数九峰，峰峰秀削青芙蓉。含苍翳碧无定容，风云回薄奇无穷。"旧府、县志所载每座山峰均有"八景""十景"等，总计100余景。这些名胜与历史上著名人物陆机、陆云、陶宗仪、杨维桢、陈继儒等的联系，更为九峰增添了光彩，也成为古代文人雅士怀念凭吊、休闲远足的理想境

---

① 陈杰：《实证上海史——考古学视野下的古代上海》，上海古籍出版社2010年版，第11—12页。

地。清人诸联的《明斋小识》记载："九峰为云间胜地，春秋佳日，足供
眺赏，而三峰（畲山）七峰（横云山）独擅其胜。畲山自二月初八至四
月初八止，游人不绝，四八两期，喧阗尤甚，画船箫鼓，填溢中流，绣帷
细叉，纷纷满道……"①

"松郡九峰"历经沧桑，于今大多已湮没，仅剩天马山护珠塔、畲山
秀道者塔等寥寥数处，可资凭吊。②

（四）因官移家

官宦属较高层级的士人群体，其作为封建国家运作的重要力量，是要
根据国家的需要而到不同地方任职的，因此，官宦家族迁移成为明清时期
的一种社会现象。许多人就是由于在上海地区担任官职而将整个家族迁居
到此的。

明代墓志中，如《故泾府右长史致仕任先生墓志铭》（见《东江家藏
集》卷三十一）所载"先生讳顺，字孝友，姓任氏，别号怡庵一号，养
拙子晚，更号乐全翁，其先四明人，宋少师希夷之后，元安定书院山长松
乡先生士林七世孙，明福建参政薇庵先生勉之之孙，而执庵处士弘之子
也，松乡子耜为两浙盐运照磨分司松江，因家焉，故今为华亭人"；《副
千户唐公墓志铭》（见《俨山集》卷六十四）所录"唐氏着上海，上海
之唐寔出子方，晋阳灵石人也。吴元年，有讳英者，官乌泥泾税课局大
使，因家焉"；《廷评姜君墓志铭》（见《文简集》卷五十）所记"君姓
姜氏，讳岐，字希文，号桂楼，先世汴人，远祖伯宁仕宋阶武署将军，十
世祖文辅元时为溧阳州经历改松江府知事，遂占籍华亭县"。

清代墓志中，如《华卿公墓志铭》（见《嘉定廖氏宗谱》）的华文
耀，"君姓廖氏，讳文耀，字画庭。华卿，其号也。先世福建永定人。曾
祖讳冀亨，官江苏吴县，以清介忤噶礼，罢职。祖讳鸿章，乾隆丁巳进
士，官翰林，掌教紫阳书院。考讳守谦，寄居嘉定，遂家焉"。华氏本为
福建永定人，因其曾祖父在江苏吴县任官、祖父掌教紫阳书院，最后在嘉
定安家定居。

也有上海本土籍的士人迁居到外地的，如《奉训大夫宁海州知州沈
君墓志铭》（见《俨山集》卷七十二）中的沈君，"沈出松江之上海永
乐，初有讳良者，君之曾祖也，随驾来京，占匠籍，今为顺天之宛平

---

①　陈杰：《实证上海史——考古学视野下的古代上海》，上海古籍出版社 2010 年版，第
　　12 页。

②　同上书，第 13 页。

人"。

可见，因官移家也是士人家族流动的一个原因。

（五）姻亲安家

在明清士人家族中，有一些是因为婚姻关系或者投靠亲戚而迁居到上海的。

如《明吴淞江守御所千户施武略室宜人钟氏之墓志》〔见《新中国出土墓志（上海、天津）》〕记："钟氏者，温州府永嘉县中界山元朝元帅钟择美之女也。未筓，明州卫百户施承信为长男求聘焉，亲迎过门，既长毕姻。洪武二十八年，夫升吴松江千户。"钟氏即是通过婚姻关系，随其夫而安家于松江。

因婚姻而造成的男性迁居者，一般是以"入赘"的方式迁入上海。如《明故江西按察司副使致仕过公墓表》（见《东江家藏集》卷二十九）录："……靖康中，有为郡守者，避地江南，子孙散居无锡、海盐间。公，海盐族也。海盐后析置平湖县，故为平湖人。曾祖焕，祖迪，皆乐善好施，不显于时。迪始迁松江之横泖，考仍，字志得，为赘壻于华亭顾知县孟寅公生于顾氏，故遂为松江人。"再如《太学生芦江姚君墓志铭》（见《文简集》卷五十三）的姚筹，"君讳筹，字运之，别号芦江，先世居浙之海盐，宣德间高祖秀一徙广陈宗宪徙黄圩，始占籍平湖，曾祖奇，祖璋，娶华亭张氏，张本着姓，遂因家焉"。

投亲也是迁居异乡的一种原因，如《外舅光禄寺典簿魏公墓志铭》（见《震川先生集》卷十八）记载："公讳庠，字子秀，其先李翁居吴葑门之庄渠，依其姨母，因从其夫姓为魏氏而居昆山之真义。"可见，为了生存，即使投靠姨母，也要随从姨夫而改姓。

（六）其他原因

除上述几种主要原因外，移居上海还有一些其他原因。

如《诰封太恭人顾氏墓志铭》（见《俨山集》卷七十）记"……太恭人系出浙之鄞，以有戎籍于松江所，故今为华亭人"，显然，这是因为从军而落户松江。

再如《䌹庵姚先生墓志铭》（见《东江家藏集》卷四十二）记载："先生讳鹏，字程夫，别号䌹庵。其先故汴人，有讳世荣者，以武干，仕宋为将军，职环卫，从高宗南渡，家临安，病告寻医，遂精于其术，姚氏江南之始祖也。世荣之后皆以善医名，有桂发者，尝起安定郡王伯梂奇疾，授御医局副使于先生，为七世祖，子㞷，号朴翁，以名医被荐赐冠带，由临安徙华亭，居修竹里，子文彬，号恒斋，元惠民局生，累官医学教授，与铁崖杨先生为诗友，其葬也，铁崖志之。"该志文对墓主世系做了较为详细的记录，尤其是对迁徙的原因都做了交代，从中可知，姚氏江南始祖是从高宗南渡由汴而家临安的，其七世祖因为医术高明而被荐赐冠带，由临安迁居华亭。

还有一些墓志并未明确交代迁徙的原因，如《明封承德郎礼部祠祭署郎中东娄徐公暨配陈安人合葬墓志铭》[见（明）王世贞《弇州四部稿卷》]所载："吾宗自柏翳而后，支于彭城，播于江，曰练祁，为昆山，再隶为嘉定，盖世亡显者。"《施孟达墓志铭》（见《三鱼堂文集》卷十）所录："……施氏之先自浙江之秀州迁于苏，又自苏迁崇明洲之西沙，代有贤者，是皆在宋、元以前。其自崇明迁疁之大场，则君之高祖讳秩。又自大场迁今所居之罗店，则又君之曾祖讳鈇。鈇生勋，勋生三子：其长讳宿则，故进士兵部主事讳凤仪字孟翔之祖、诰封文林郎讳三益之父；其季讳宰则，则君之父也。"墓志虽然交代了墓主先世是由外地迁入，但对具体迁徙的原因却没有记载说明。

小结 士人家族身份的终极标志——墓志

因本书以上海士人家族为研究对象，故第一章首先就士人的组成以及上海士人家族的来源这两方面内容做了基本概述。

综前所述，"士"的概念已延续了两千五百多年，其影响至今未绝。从这一概念的出现到成为某一社会群体的专门称谓，直至近现代的演变，其内涵也经历了多种变化，"士"的特征由"掌握礼乐知识"到"为官或具备为官的资格"，再到"知识阶层"的泛称，虽然各个历史时期的"士"具有不同的要求和内容，但其拥有知识这一核心内容没有改变。本书也据此将"士人"界定为知识分子。明清主流社会对知识分子也有一定的门槛要求，即通过官府组织的考试获得"生员"的身份。若想获得做官的资格则需要通过更高级的科举考试，也正是我们所理解的"学而优则仕"，官肯定为士，而士不一定为官。所以说，传统的"官本位"思想是建立在精英治国的基础上，具有一定的必然性。

明清的江南注重文化教育，这就提升了人口文化素质，产生了较多的知识分子。读书受教育，最为理想的是十年寒窗，金榜题名，出仕为官，振兴门户。但是，由于人口的增多，竞争的激烈，能通过科举考试获得功名利禄的毕竟是少数。退而求其次，能做到"治生立业""延续宗嗣"也不错了。通过读书最起码可以使人懂得人伦之理，平安度过一生，避免浑浑噩噩成为社会的负担，给家族抹黑。囿于科举竞争的激烈，只有读书人中的优秀分子才可能获得成功。当然,读书子弟多了,就有可能增加子弟成功的概率。正是由于对读书的重视,才使明清上海产生了一定量的士人家族。

根据男性墓主统计,明清上海士人家族中有 31.29% 的墓主籍贯为非上海地区。籍贯为河南的人数最多,占迁入总人数的 32.68%,其中以宋室南渡时开封地区的人员迁入最多,很多都是宗室人员,这些人的迁入无疑将中原士人文化带入上海,并构成明清江南文化的底色。其他占比在10% 以上的地区分别为浙江、江苏和安徽。可见,古代上海也具有移民社会的特点。

士人是中国古代文化、政治中极其重要的一个阶层。阎步克在《士大夫政治演生史稿》中指出:"在中华帝国的漫长历史之中,'士'或'士大夫'这一群体具有特别重要的地位,当我们着重去观察那些政治—文化性事象之时,就尤其如此。从战国时期'士'阶层的诞生,此后有两汉之儒生、中古之士族,直到唐、宋、明、清由科举入仕的文人官僚,尽管其面貌因时代而不断发生着变异,但这一阶层的基本特征,却保持了可观的连续性。就其社会地位和政治功能而言,我们有理由认为他们构成了中华帝国的统治阶级;中国古代社会的独特政治形态,自汉代以启,也可以说特别地表现为一种'士大夫政治'。"① 可见,无论是政治还是文化,都与士人密切相关。由此,也给士人赋予了文人或者文人与官员双重身份的认同标记。"文"是指文化、学术,也包括文学;"官"是指出仕为官,即担任朝廷机构的某一行政职务。

从前文士人身份的获得以及特定的称谓可以知道,在明清社会,若想成为一名为主流社会所认可的"士人",起码要成为一名秀才,这是对士人在"文"上的最低要求与认同。而要通过正途出仕为官,则一般要成为进士,这对"文"的要求更高。自韦伯以来的社会学传统,就认为经济情况并不只是社会分层化的唯一衡量标准,而通过教育或文化建立起威望的群体往往有自身的文化认同,这种身份认同也是一种社会分层的标志。在墓志中,凡是家族成员中获得过官职或学品的,都会一一列出,绝不漏缺。特别是官职,一般会将初任官职到最后最高级别的官职全部记载下来。这种对"学"与"官"的记录正是士人身份认同的标志。

早在周代产生的"明旌"就是标识墓主的丧具之一,二字急读称

① 阎步克:《士大夫政治演生史稿》,北京大学出版社 1996 年版,第 1 页。转引自李昌舒《文—官与雅集:士人身份及其审美趣味之考察》,《文艺研究》2014 年第 9 期。

"铭"。《礼记·丧服小记》云："复与书铭，自天子达于士，其辞一也。"可见，由铭旌衍生出的墓志是士人阶层直至天子的身份标志。墓志是对士人一生的"盖棺定论"，是士人的终极标志。传统士人不惧"死亡"，只怕一生未得任何功名令誉，从而消失殆尽。所以，士人极其重视墓志，墓志固有的对"学"与"官"的记述正是士人身份认同的终极标志。

正如《练祁先茔表》（见《嘉定碑刻集》）中所言："古者，墓有志、有碑、有表、有碣，自卿相以及布衣，并得立。近世惟仕宦家犹碑志，若夫布衣之士，虽修行其笃，其子孙苟不好名，罕复有致士大夫文字刻石于墓者。是以，我家自始祖以来，四者俱阙。族父竹汀先生始表始祖之墓，所谓盛泾先茔者也。我五世祖守郊公雅有盛德，而尚无表章之者，我安可弗述。"从中不难看出，墓志对士人家族身份认同的重要性。

从墓志本身来看，其所涉人口具有较强的选择性偏差，基本上为士人阶层或该阶层的家族人口。撰写、制作墓志本身就是士人家族身份的一种认同，而墓志所录内容则是这种认同的具体化，按照传统中国社会的文化理念，具体表现在生死、婚配、丧葬以及功名令誉等方面。本书的第二章至第四章就将士人家族的有关人口学指标及其具体身份认同内容进行较为详细的阐释。

第二章　士人家族人口

　　家族文化是中国传统文化的核心，它可以帮助家族成员摆脱孤独与困境，是家庭组织结构中的精神纽带，在其基础上产生的身份认同是家族稳定的文化内核。士人作为知识阶层，是传统中国社会的主导群体之一，其文化认同、行为特征更为集中、典型地代表着时代精神的内核与本质。因此，对士人及其家族成员的人口研究，不仅可以了解当时该群体的人口学基本形态，还可以通过相关的数据指标揭示其身份认同特征，特别是结合墓志文本的多视角解读更可以深入了解明清社会的社会文化风貌。

第一节　墓志与家族人口记录

　　刘勰在论述墓志体例中指出："其序则'传'，其文则'铭'。""序"即志，叙墓主身世，包括墓主世系、岁月、名字、爵里等；"文"即铭，赞墓主为人，一般以铭文表达，也可在序中就墓主的德善功烈详尽记录。可以说，墓志是历史人物传记的精缩版，是研究我国社会生活史的百科全书。香港中文大学著名教授饶宗颐在其《法国远东学院藏唐宋墓志拓本图录引言》一文中指出："向来谈文献学（philology）者，辄举甲骨、简牍、敦煌写卷、档案四者，为新出史料之渊薮。余谓宜增入碑志为五大类。碑志之文，所与史传相表里，阐幽表微，补阙正误，前贤论之详矣。"饶先生非常敏锐，抓住了墓志这一文化实物所承载历史信息特征，呼吁要重视对墓志资料的研究。特别是对于研究明清社会人口问题，在缺乏历史人口研究资料的实际情况下，墓志资料更显珍贵。从墓志体例不难看出，"志"文主要是墓主的身世，其中记录墓主的世系、生卒、婚配、生养、丧葬等都为研究人口问题提供了详细的资料，这些家庭生活记录占据了墓志的主要篇幅。当然，对于墓主是官员的，会记录其为官期间的政绩功德，但仍少不了对其家庭生活的记录，家庭生活记录无疑是我们研究的重点。

本书重点是针对明清上海士人家族墓志进行梳理、统计、分析，下面就上海地区墓志特征及墓志中的人口资料及其对人口研究的重要性做一说明。

一 上海地区墓志特征

就本书所搜集的墓志资料，最早的为嘉定博物馆藏北魏神宗五年（432 年）《故归太原郡李氏（卢子真夫人）墓志石》，但该墓志没有确切的出土地点，志文记墓主李氏为太原人，又"葬在城东岷山之阳"，显然不是上海本地所有。另外一篇较早的墓志是《南北朝吴郡征北将军海盐侯陆府君之碑》（见《松江文物志》），从志文记载来看，可算作上海地区最早的墓志。除此两篇南北朝时期的墓志外，唐代墓志有 14 篇，宋代墓志有 25 篇，元代墓志有 11 篇，明代墓志有 385 篇，清代墓志有 159 篇。除出土墓志外，传世文集是墓志资料的重要来源，尤其是在明清时期，包括上海在内的江南地区涌现出一大批文人名士，在他们的传世文集中收藏了许多墓志文。笔者通过对四库别集、文总集的查阅，觅得 222 篇明清上海人士的墓志①，可见明清墓志文化的繁荣。根据文献记载以及出土墓志资料，上海墓志的总体特征如所述。

南北朝为墓志的定型期。当时的上海偏居海隅，远离文化中心，留存于世的墓志自然很少。唯一的《南北朝吴郡征北将军海盐侯陆府君之碑》也只有墓志文，难以窥其形制，但其文字体例却极具代表性。据史料记载，南朝梁武帝萧衍时期，为稳固政权的需要，在现今的上海及周边地区新增设许多郡县，安排地方士族人物出来做官。天监六年（507 年）分吴郡的娄、海盐、海虞三县地，另设信义郡，郡治设在南沙城，不久改南沙为常熟。从碑文的内容可知，墓主"南北朝吴郡征北将军海盐侯陆府君"为"吴郡吴人"，"显考吴故左丞相，声闻于海内"，"封海盐侯，加裨将军，行左丞相、镇西大将军事"。根据志文所录及地域辖治，墓主活动主要在现今的上海地区。因其身居高官，刊刻墓志也是非常合情合理的了。碑文的行文风格也符合南北朝时期的墓志特点，由赵超的《汉魏南北朝墓志汇编》可知，南北朝时期的墓志用词高古、多赖喻代、表意委婉、庄重典雅、尊卑有别、注重礼制。该碑文也体现了这种特点，如"君系

---

① 李宏利：《明清上海士人家庭生育情况探析——以明清墓志为中心的考察》，《社会科学》2017 年第 5 期。

远祖之懿绪，承洪族之清口，嵩岳降其神，渊渎协其气，是以景灵咸赞，奇姿挺杰"，"庶同辉于日月，垂永熙于罔极也"，等等。

天宝十年（751年）吴郡太守赵居贞奏请朝廷，割本郡昆山县南境、嘉兴县东境、海盐县北境之地，立为华亭县。因华亭县既是江淮漕粮的重要供给地，也是两浙食盐的主要产区，加之北方的战乱，使其经济地位日渐上升。其墓志文化也开始兴起。上海出土的唐代墓志以砖质为主，大部分制作较粗糙，字体稚拙，因字的笔画多少、繁简，或大或小而不规范，以致满行字数不能统一。行文简率、短促，一般皆在一百字左右，仅记述死者姓名、籍贯、世系、生卒年月、葬地，还有的刻有四字韵文。① 从14篇的墓志内容来看，普通士民的墓志占多数，其中有一位僧人的墓志，也有一般官吏的，当然官职都不很高，如《大唐故朝议大夫护军行黄州司马陆府君墓志铭》《唐故右内率府兵曹郑君墓志铭》《唐故朝散郎贝州宗城县令顾府君墓志》（见《松江文物志》）等。官吏的墓志一般有序有铭，序文多述世系渊源及其出仕先祖，文辞方面也较普通士人的优美。铭文也多用四字骈文，有汉魏遗风。

宋代华亭的经济发展大大超过前代。靖康之难，宋室南迁，许多人随高宗南渡，华亭县籍户大增，较北宋又增加近一倍。建炎年间金兵过江，胡马所过，燔灭一空，唯独华亭偏居海隅，得以保持安宁。这都促进了上海各方面的发展，包括墓志文化。宋代墓志自称墓碑或墓碣、墓铭，大部分使用石质材料制作，其主要形制为竖长方形，高大于宽。文字多为正楷，工整、规范，笔力遒劲，结体严谨，排列整齐，舒张有法。铭文篇幅一般较唐代长，铭文中包括死者姓名、籍贯、世系、职官、生卒年月、葬地，还记述了死者的生平事迹，文末大多有歌颂韵文。② 就搜集的25篇墓志来看，以普通士民为多，也有部分官吏，其职位也较低，如《南宋故吉州吉水县主簿杨昕墓志》《南宋故封保义郎周知柔墓志》《南宋故秉义郎御前军器所监造官周公墓志》［见《新中国出土墓志（上海卷）》］等。

元代延续重儒政策，但并未像前朝那样对儒学予以独尊，儒生仕途狭窄。一些亡宋遗民和不愿为元朝高压政策服务的文人，以及赋性恬淡、不想出仕的布衣，多选定上海为退身隐居之地。所以，墓志文化并未随蒙古族的统治而断裂。就出土墓志而言，元朝仍以石质高大于宽的长方体为

---

① 周丽娟：《整理新中国上海出土墓志的几点心得》，《上海博物馆集刊》2002年12月。
② 同上。

主，但顶端两角往往斜向截去，墓铭大都是楷体。由搜集的 11 篇元代墓志可知，墓主多为有官职的，如《两浙都转盐运使瞿霆发墓志铭》（见《浦东碑刻资料选辑》）、《元故中顺大夫浙东宣慰副使任公（仁发）墓志》、《元故中议大夫同知赣州路总管府事陈公（明）墓志铭》等。一些蒙古族人受儒家文化的影响，也撰写墓志，如《元故孺人钦察台氏之墓志》［以上三篇墓志见《新中国出土墓志（上海卷）》］，志文体例与一般墓志体例无二。

至明代，上海地区经济的发展、社会的繁荣以及优良的人文环境促使人们非常注重文化教育，整体文化素质大幅提升，墓志这一丧礼也越来越受到人们的青睐。在墓志撰写、书刻方面高度发展，形状为正方形体，青石为主要材质，由盖和底组成一盒，志盖多以篆书镌刻，底则是正楷或行楷书丹，字体优美。有些官位高的墓主人，其墓志铭文四周还镌刻云朵、花卉等纹样。墓主很多是当时上海地区的达官显贵，或著姓望族，以及具有一定社会名望的文人，代表着当时当地的上层社会，故不少志铭出自有名望的大家之手。铭文的末尾多有颂辞。[①] 墓志形式也逐步多样化，除了传统的墓志，还有世系志、权厝志、寿藏铭等其他形式。从搜集的墓志数量（385 篇）即可感受到墓志文化的繁盛。从墓主的身份来看，出仕的与布衣士民基本上各占一半的比例。

明代是上海墓志文化的极盛时期，不仅数量多、质量高，而且在种类方面也独树一帜。例如世系志就是非常典型的例证。明代嘉定四先生之一的唐时升，虽为布衣之士，但其家族非常重视墓志之礼，除了一般家族成员的墓志刊刻外，其高祖唐椿还刊刻了家族世系志《唐氏世系》（见《上海明墓》），志文刊录了其祖上原籍四川成都，为医学世家，在宋代曾为太医提举，扈从高宗南渡，先在绍兴定居。至元元贞年间，唐中和授嘉定州医学学录，遂在嘉定安家，即为始迁祖。该墓志记载了十多代的世系家族成员，俨然是一部石刻的家谱。除此之外还有《唐氏第墓》（见《上海明墓》），该志文对祖第（生者居所）、祖墓（逝者葬所）都做了详细的说明与记载，如同房契、地契般刊刻于墓石之上，希望能存至永久。

贸易的发展加快了上海通商城市的形成。从康熙中叶至道光初期的二百年间，上海港已成为东南沿海数一数二的重要港口[②]，上海县也成了江

---

① 周丽娟：《整理新中国上海出土墓志的几点心得》，《上海博物馆集刊》2002 年 12 月。

② 张晓东：《明清时期的上海地区与海上丝绸之路贸易活动——兼论丝路贸易和殖民贸易的兴替》，《史林》2016 年第 2 期。

南最繁荣富庶的县，文教事业空前兴盛。清代墓志虽然在数量方面不及明代，但在形制方面也获得了进一步的发展。形制变化可划分为两个阶段：前段包括清早中期，此时的墓志铭出现正、副本。按当时葬制惯例，当下葬时正本墓志与棺木同时置于墓穴中，副本制作、镌刻的目的是传给子孙，故而一般藏于家中或嵌于家族祠堂的墙壁。所以我们见到同一个人的墓志铭往往有两种，一种是有盖有底相合为一盒的正方形正本志石，另一种则是宽大于高、呈长方形的副本志石，无志盖、志底之分，志首用篆书或隶书撰写，志文用楷体书丹。正副本内容基本相同，偶尔也有些出入。如青浦博物馆收藏的乾隆四十四年（1779 年）《皇清诰赠资政大夫大理寺卿王公墓志铭》就有正、副两本之区别。正本为正方体，边长各 61 厘米；副本则是长方体，高 31 厘米，宽 84 厘米，铭文的撰写者、书丹者与正本相同，不同的是镌刻者。后段为清末民初，墓志走向衰落，数量锐减，无正、副本之分，正文的书体以隶书为主，偶见楷体。① 就搜集的159 篇清代墓志而言，有官职的只占少数。

综上所述，墓志自南北朝定型以来就在上海地区出现。随着上海经济文化的发展以及礼法对墓碑的限制，墓志因其所具有的丧礼功能以及私密的特征越来越被世人所青睐。明清以来，上海经济发达、社会昌盛，墓志成为重要的丧礼之一，也得益于人文荟萃的江南文化，同其他历史阶段相比，墓志不仅数量多，而且质量高，墓志种类甚至超越了中原地区。就墓志体例而言，因丧礼的特殊要求，一千多年来，没有太大的变化，保持着序文与铭文的固定格式。就墓志内容而言，功德善烈虽为主体，由于后世民间文化的加入，敦亲睦族等日常生活记录也占据了一定的篇幅。在等级分明的古代社会，墓志成为民间表达慎终追远、孝敬祖先的重要渠道，同时也成为极其重要的民间家族生活记录。

二　墓志人口资料及其对人口研究的重要性

墓志是精缩的历史人物传记，是研究我国社会生活史的百科全书。特别是对于明清社会人口问题，在缺乏历史人口研究资料的实际情况下，墓志资料更显珍贵。

（一）基本情况

本书所搜集的 544 篇墓志，其墓主所居之地基本覆盖了今天上海市所辖的区县，包括崇明、嘉定、宝山、松江、青浦、奉贤、金山、浦东、川

---

①　周丽娟：《整理新中国上海出土墓志的几点心得》，《上海博物馆集刊》2002 年 12 月。

沙、南汇等地。样本墓志数量虽然有一定局限，但因其代表不同的家族，避免了某一族谱资料的单一性，在样本墓志中除了少部分属于同一家族不同成员的墓志外，绝大部分为不同的士人家族成员，这种广泛性有利于从整体上认识士人家族人口的特征。另外，士人家族作为掌握知识和各种礼仪的社会阶层，其观念和行为领一地之先。归纳、分析士人家族的人口观念及其行为可窥其一斑而知社会之全貌。

本书所分析资料的完整性简略说明如下。

1. 样本总数：1216 人，其中男性 457 人，占 37.58%，女性 759 人，占 62.42%。①

2. 生卒年记录俱详或有明确死亡年龄记录的男性为 413 人，占男性人口的 90.37%；女性 219 人，占女性人口的 28.85%。墓志记录统计的人口综合平均死亡年龄为 63.33 岁，其中男性平均死亡年龄为 63.63 岁，女性平均死亡年龄为 62.77 岁，男性平均死亡年龄略高于女性。② 鉴于本书以 14 岁以下（包括 14 岁）为殇折率的统计范围，根据相关研究，选取 400‰为 0—14 岁人口早亡率作为修正标准，计算得出的男性平均死亡年龄为 41 岁，女性平均死亡年龄为 40.46 岁。

3. 有生育子女数记录的男性为 400 人，占男性人口的 87.53%；女性 722 人，占女性人口的 95.13%。③ 墓志记录统计的男女综合人口平均生育子女数为 3.3 个，其中男性平均生育子女数为 4.28 个，女性平均生育子女数为 2.75 个。

4. 生育儿子总数 3587 人，女儿总数 2472 人，两者比为 145∶100，这一数字显然说明女儿生育数在墓志记录中存在一定的缺漏，再次证实了传统社会重男轻女的观念与由男子传宗接代的历史反映。

根据墓志记录统计，每个样本女性平均生育 1.60 个儿子，平均生育 1.15 个女儿；每个样本男性平均生育 2.49 个儿子，生育 1.79 个女儿。若按照自然出生性别比（105—106）计算的话，则每位样本女性平均生育 1.52 个女儿，每位样本男性平均生育 2.36 个女儿。这样，我们可以推测出明清时期士人家族中的每位男性平均生育子女数为 4.85 个，每位女

① 李宏利：《明清上海士人家庭生育情况探析——以明清墓志为中心的考察》，《社会科学》2017 年第 5 期。
② 李宏利：《明清上海士人群体寿命探析——以墓志为中心》，《史林》2014 年第 6 期。
③ 李宏利：《明清上海士人家庭生育情况探析——以明清墓志为中心的考察》，《社会科学》2017 年第 5 期。

性平均生育子女数为 3.12 个。①

在 400 位男性生育统计中，有 15 位男性没有生育子女，占总数的 3.75%。在 722 位样本女性中没有生育子女的人数为 78 人，占总数的 10.80%。

5. 在 400 位具有生育记载的男性中，有 177 位或有继配，或有侧室，或有媵妾等，即一夫多妻（妾）的家庭；有 223 位为一夫一妻的家庭男主人。

一夫多妻（妾）的家庭中，按墓志记录计算，男性平均生育子女数为 5.21 个，女性平均生育子女数为 2.11 个；若按自然性别比推算，男性平均生育子女数为 5.76 个，女性生育子女数为 2.33 个。

一夫一妻的家庭中，按墓志记录计算，男性平均生育子女数为 3.59 个，女性平均生育子女数为 3.85 个；若按自然性别比推算，男性平均生育子女数为 4.22 个，女性平均生育子女数为 4.49 个。

在此基础上，依据 283‰ 的婴儿死亡率，测算出的明清上海士人家族男性平均生育子女数为 5.97 个，女性平均生育子女数为 3.83 个；其中，一夫一妻家庭中的男性平均生育子女数为 5.86 个，女性平均生育子女数为 6.27 个。一夫多妻（妾）家庭中的男性平均生育子女数为 8 个，女性平均生育子女数为 3.24 个。②

6. 初婚年龄：73 位女性的平均初婚年龄为 17.01 岁，12 位男性的平均初婚年龄为 20.75 岁。从男女初婚年龄的分布情况看，女性在 15 岁初婚的比例最大，占到总数的 32.88%；男性在 19 岁初婚的比例最大，占到总数的 25.01%。

7. 葬期样本总数 311 人，其中男性 214 人，女性 97 人。所占比例在 20% 以上的葬期分别为 1—6 个月、7—12 个月、1—2 年三段期间。葬期为 2—5 年的所占比例也较高，为 14.79%；葬期在 5 年以上的也要占到 16.08%。

8. 在 544 篇样本墓志中，有 282 篇为普通士人家族墓志，即男性墓主未入仕担任官职的群体，其中还包 4 篇僧人和道士的墓志，因其数量较少，故将其列入普通士人类型中，这一类型占墓志总篇数的 51.84%；有 262 篇的墓主为命官或命妇群体，该类型占总篇数的 48.16%。

---

① 李宏利：《明清上海士人家庭生育情况探析——以明清墓志为中心的考察》，《社会科学》2017 年第 5 期。

② 同上。

（二）墓志对人口研究的重要性

中国是一个有着五千多年悠久历史的文明古国，在不同的历史时期都创造出了不同风格的璀璨文化。我们不仅需要传承优秀历史文化，更应该关注文化背后的创造主体——人，特别是掌握知识的士人阶层。正如前文所述，由于历史人口资料的匮乏，关于明清微观人口史的研究还显薄弱。尽管已有一定的成果，但对于我们全面认识某一时期某一群体的人口状况还有一定的差距。

在研读墓志中，笔者发现每一篇墓志如同每个人的个人档案，它不仅记录了墓主的生卒、世系、生平、婚配、生育等基本的人口学信息，而且还会记录下对生育、死亡、婚配、丧祭等相关状况的价值判断，以及对家族发展的基本看法。概而言之，这就是实实在在的家族文化体现。冯尔康先生将传统家族文化概括为四个方面，即为家族而活的人生观、尊祖敬宗的团体意识、讲求孝道的家族伦理精神和孝与忠的交融性。[①] 这些记载对我们完整解读其人口学信息具有重要的作用，弥补了家谱或户口册资料仅能提供一些数据的不足。由于撰写、刊刻墓志本身就属于一种人口学行为，通过这种行为，我们可以认识到时人对待生死的态度、对人生价值的理解、对政治与文化的认同以及对不朽人生的追求。所以，对墓志文本的解构还可以挖掘人口学研究的深层意义。例如，在墓志的序文中一般会交代撰文的前因后果，这里有逝者的诉求、有生者的态度、有礼仪的要求，也有对死生的理解、对孝道的遵循、对家族发展的期盼等，特别是墓志行为及其终极定论成为士人家族身份认同的不朽标志。

墓志不仅记录了较为详细的家族人口信息，其真实性与有效性也得到一定的保证。因为墓志具有较高的严肃性，其所涉人口的生卒、世系、婚配、生育等记录要经过家人的核实，不能出错，这不但是对逝者的尊重，也是对墓志文化礼仪的要求。墓志文化反对一切的谀墓行为，粉饰墓主家族是对其祖先的玷污与不敬。由于传统墓志是随墓主一同埋葬在墓穴中，所以在墓志中更能真实地记录墓主家族的实际情况。这种真实的历史事实对我们客观准确地把握相关的人口学问题非常重要。

从历史人口学研究来看，运用墓志资料进行微观人口研究是一种方法与资料的突破，墓志所录人口信息自不待言，出土墓志文献以及文集中数量众多的墓志文也保证了进行相关人口学研究的样本数量。这一篇篇墓志就如同一份份人口档案，为历史人口学研究提供了新的空间。

---

① 　冯尔康：《中国传统家族文化的当代意义》，《江海学刊》2003 年第 6 期。

第二节　死亡年龄分析与死亡观念及行为

现代意义上的人口分析，首求人口生卒，而这也是墓志记载的重点，即使部分墓志没有记录具体的生卒日期，但也会交代墓主的死亡年龄。本节将就样本士人家族人口的死亡年龄与死亡观念及行为进行归纳分析。

一　死亡年龄统计与分析

（一）各时期死亡年龄统计

1. 明代墓志死亡年龄统计

在 385 篇明代样本墓志中共涉及 886 人，其中男性 313 人，女性 573 人。死亡年龄不详者计 415 人。剔除早亡者（死亡年龄在 14 岁及以下的），有效男性死亡年龄样本数为 287 人，有效女性死亡年龄样本数为 181 人。[①]

将死亡年龄按每十年间隔做一分期，统计每段年龄内死亡人数所占总死亡人数的比例。具体如表 2-1 所示。

表 2-1　　　　　　　　　明代死亡年龄分段分布　　　　　　单位：人，%

死亡年龄分期	男性人数	女性人数	合计人数	占全部人口比例
15—19 岁	1	2	3	0.60
20—29 岁	5	7	12	2.56
30—39 岁	15	14	29	6.20
40—49 岁	28	13	41	8.76
50—59 岁	56	22	78	16.67
60—69 岁	75	47	122	26.07
70—79 岁	79	50	129	27.56
80—89 岁	23	17	40	8.55
90—99 岁	5	9	14	3.03
合计	287	181	468	
总平均死亡年龄	29680÷468≈63.42			
男性平均死亡年龄	18156÷287≈63.26			
女性平均死亡年龄	11524÷181≈63.67			

---

① 李宏利：《明清上海士人群体寿命探析——以墓志为中心》，《史林》2014 年第 6 期。

2. 清代墓志死亡年龄统计

在 159 篇清代样本墓志中共涉及 330 人，其中男性 144 人，女性 186 人。这其中，死亡年龄不详者计 164 人，其中男性有 17 人，女性有 147 人。剔除早亡者（即死亡年龄在 14 岁及以下的），有效男性死亡年龄样本数为 126 人，有效女性死亡年龄样本数为 38 人。

同样将死亡年龄按每十年间隔做一分期，统计每年龄段内死亡人数所占总死亡人数的比例。具体如表 2-2 所示。

表 2-2 清代死亡年龄分段分布 单位：人，%

死亡年龄分期	男性人数	女性人数	合计人数	占全部人口比例
15—19 岁	0	1	1	0.61
20—29 岁	3	3	6	3.66
30—39 岁	5	8	13	7.93
40—49 岁	10	2	12	7.32
50—59 岁	20	3	23	14.02
60—69 岁	39	6	45	27.44
70—79 岁	35	8	43	26.22
80—89 岁	13	5	18	10.98
90—99 岁	1	2	3	1.82
合计	126	38	164	
总平均死亡年龄	$10346 \div 164 \approx 63.09$			
男性平均死亡年龄	$8123 \div 126 \approx 64.47$			
女性平均死亡年龄	$2223 \div 38 \approx 58.50$			

3. 明清墓志综合死亡年龄统计

综合明清死亡年龄统计，通观明清上海士人家族人口平均死亡年龄的全貌，具体情况如表 2-3 所示。

表 2-3 明清死亡年龄分段分布 单位：人，%

年龄分期	男性人数	女性人数	合计人数	占全部人口比例
15—20 岁	1	3	4	0.63
20—29 岁	8	10	18	2.85
30—39 岁	20	22	42	6.65
40—49 岁	38	15	53	8.39
50—59 岁	76	25	101	15.98
60—69 岁	114	53	167	26.42

年龄分期	男性人数	女性人数	合计人数	占全部人口比例
70—79 岁	114	58	172	27.22
80—89 岁	36	22	58	9.18
90—99 岁	6	11	17	2.68
合计	413	219	632	
总平均死亡年龄	40026÷632≈63.33			
男性平均死亡年龄	26279÷413≈63.63			
女性平均死亡年龄	13747÷219≈62.77			

4. 明代以前墓志所涉死亡年龄统计

现以所收集到的明代以前墓志 52 篇作为统计样本，该样本共涉及 93 人，其中男性 40 人，女性 53 人。这其中，年龄不详者计 44 人，其中男性有 5 人，女性有 39 人。剔除早夭或早亡的，即死亡年龄在 14 岁及以下的，所得有效男性死亡年龄统计样本为 35 人，有效女性死亡年龄统计样本为 14 人。

为认识各死亡年龄段的分布，现将死亡年龄按十年间隔做一必要的分期，并统计出每个分期内死亡人数所占总死亡人数的比例。具体情况如表 2-4 所示。

表 2-4　　　　　　　　明代前死亡年龄分段分布　　　　　单位：人，%

年龄分期	男性人数	女性人数	合计人数	占全部人口比例
15—20 岁	0	0	0	0
20—29 岁	1	0	1	2.04
30—39 岁	0	3	3	6.12
40—49 岁	3	1	4	8.16
50—59 岁	5	3	8	16.34
60—69 岁	14	4	18	36.73
70—79 岁	11	2	13	26.53
80—89 岁	1	0	1	2.04
90—99 岁	0	1	1	2.04
合计	35	14	49	
总平均死亡年龄	3035÷49≈61.94			
男性平均死亡年龄	2232÷35≈63.77			
女性平均死亡年龄	803÷14≈57.36			

（二）死亡年龄相关分析

1. 性别分析

综合明清样本墓志所涉人口，共计 1216 人，其中男性 457 人，占 37.58%，女性 759 人，占 62.42%；有明确死亡年龄记载的男性为 413 人，占男性总人数的 90.37%，有明确死亡年龄记载的女性为 219 人，占女性总人数的 28.85%。[1] 有明确死亡年龄的男女合计 632 人，男性占 65.35%，女性占 34.65%。

根据墓志记载样本女性均为男性的配偶。由于明清社会，男子可置侧室，故女性在墓志所涉人口中占多数，而侧室或媵妾地位比较低，在墓志中主要记载其生育情况，对于女性本身情况则记载从略。从墓志统计来看，男性墓主的墓志有 425 篇，女性墓主的墓志仅有 107 篇。所以，虽然墓志所涉人口多数为女性，但有效的死亡年龄样本还是以男性居多。[2]

2. 平均死亡年龄分析

有效死亡年龄样本总数为 632 人，平均死亡年龄为 63.33 岁，其中男性平均死亡年龄为 63.63 岁，女性平均死亡年龄为 62.77 岁，男性的平均死亡年龄略高于女性。因明清社会年龄计算以虚岁计，这从墓主的生卒年月记录可得到印证，所以，若按现在的实足年龄标准算，则以上统计的所有死亡年龄数值均应减去一岁。[3] 由于本数据是根据墓志记录统计计算的，没有考虑婴幼儿早亡率的因素（该部分内容将于下文关于子女早亡一节具体讨论），在考虑婴幼儿早亡率的条件下，男性平均死亡年龄为 41 岁，女性平均死亡年龄为 40.46 岁。尽管如此，样本平均死亡年龄也较高，特别是男性平均死亡年龄高于女性平均死亡年龄。下面就其具体原因做一分析。

（1）平均死亡年龄的一般分析

由于人口历史资料的缺乏，对中国古代人口寿命一直没有准确的说法。郑正、王兴平在《古代中国人寿命与人均粮食占有量》[4] 一文中，主

---

① 李宏利：《明清上海士人家庭生育情况探析——以明清墓志为中心的考察》，《社会科学》2017 年第 5 期。

② 李宏利：《明清上海士人群体寿命探析——以墓志为中心》，《史林》2014 年第 6 期。

③ 同上。

④ 郑正、王兴平：《古代中国人寿命与人均粮食占有量》，《江苏社会科学》2000 年第 10 期。

要根据《史记》《汉书》等二十四史，辅之以地方志、族谱以及其他如《历代名人年谱》《中国人名大词典》等文献资料，共收集起自秦汉至明清约两千年间五千余人的生存寿命资料，其中，明清两代人均寿命基本在60—70岁。张仲礼先生根据姜亮夫《历代名人年里碑传总表》① 编制了《1731—1880 年间出生的有传记人物的死亡年龄表》②，据该表统计，第一时期（1731—1780 年）样本数为 549 个，平均死亡年龄为 63.6 岁；第二时期（1781—1830 年）样本数为 480 个，平均死亡年龄为 61.1 岁；第三时期（1831—1880 年）样本数为 342 个，平均死亡年龄为 57.8 岁。从这两项研究数据来看，样本人群均为有传记人物，均属于士人阶层，其社会地位较高，生活水平较高，因此寿命要比全社会平均值高一些。特别是张仲礼先生的《1731—1880 年间出生的有传记人物的死亡年龄表》，因其统计样本数和人群更接近本书研究对象，为本研究提供了更好的印证材料。

通过分析比较，总体认为，清明上海士人群体的平均寿命较全社会人口平均寿命值要高，这主要是因为士人群体总体上处于社会中上阶层，生活水平较高，医疗卫生等保障水平也较高，加上他们本身具有一定的知识，注意修养等，所以，他们平均寿命相对较高。另外，该群体同明清时期全国士人群体比较也稍高一些，这从以上研究数据可知。对于这一点，笔者认为主要原因有两点：第一，上海地区有较为优越的自然地理环境。气候温和，土地肥沃，水网密布，环境优美，是典型的江南水乡，这种环境适宜人类居住。明清期间，有许多人就是由于喜爱吴会风土而定居在上海，如"羕官饶州教授，又为饶州人，自饶州又传五世，讳素者，仕元，为松江府推官，乃乐华亭风土居之，故今为华亭人，推官生佑之，武举进士，佑之生信国，朝永乐中仕，至工部营缮郎中，郎中生迪简，迪简生宓，号南庄，有隐操，壻于泗泾之李孺人，寔礼部员外郎宜散公之姑也。生三子，季即处士"，朱南溪即因其祖上乐华亭风土居之而成为华亭人。③ 又如"处士讳钦，字汝敬，号持谨，晚号敬庵。其先世居庐陵。自曾祖

---

① 姜亮夫先生根据各种传记、私人笔记、官修史书、野史稗乘、年谱、报纸、杂志等资料，列出一万二千余名人的生平资料。

② 张仲礼：《中国绅士——关于其在十九世纪中国社会中作用的研究》，李荣昌译，上海社会科学院出版社 1991 年版，第 165 页。

③ 参见（明）陆深《处士南溪朱公墓志铭》，《俨山集》，《四库明人文集丛刊》，上海古籍出版社 1993 年版。

茂林，喜嘉定川流如练而萦回，林壑尤美，乃择守信乡居焉"①。嘉定人陈汝敬祖籍江西，其先世喜爱嘉定川流林壑而徙居练川（嘉定别称）。样本墓志中，这样的例子不胜枚举。可以说，优良的自然环境有助于延长人的寿命。第二，明清时期上海地区经济发达、社会繁荣，形成世所习称的"江海通津，东南都会"。整个社会物质文化条件非常丰富，社会治安情况也较好，为人们的身心都提供了较为健康的社会环境，这也保障了该地区人口寿命的延长。② 当然，战乱、瘟疫、自然灾害的存在会影响到上海地区人口的寿命，但相对于其他地区的影响还是比较小。例如，江南因张士诚之乱，战火频频，许多人避居海隅，上海县人口大增，洪武初全县户籍达 114300 户有奇，人口 532800 余人。③ 上海在开埠之前，相对于苏州、杭州等江南城市还比较偏僻，不仅受战争的影响较小，甚至成为人们的避乱之地。待开埠以后，由于租界地的设立，也使上海成为江南的避乱之所。如 1853 年太平军占领南京，江浙各地遍地烽火，1860 年太平军进攻上海。此时租界独立于交战双方，清军和太平军都无法入内，"为江、浙及长江一带人民聚居上海租界之造因"，于是华人纷纷来此避难，租界内人口剧增。此外，由于士人家族群体的生活、医疗、保健等条件较普通庶民高，受到瘟疫或其他灾害的影响也较小一些。

古今对比，也可见其端倪。根据我国近三次全国人口普查，上海人均预期寿命一直排在第一位。另据《2013 年上海市国民经济和社会发展统计公报》，全市户籍人口平均期望寿命达到 82.47 岁，已超过发达国家水平。现代上海人口平均寿命在全国名列前茅也为明清时期较高的寿命统计做了注脚。④

（2）男性平均死亡年龄略高于女性平均死亡年龄的原因探析

按照一般规律，女性寿命应高于男性寿命，从个体男女寿命的长短来看也符合这一规律，如上文所述，女性最高寿命者为 98 岁，男性最高寿命者为 95 岁。就样本而言，男性平均死亡年龄之所以高于女性平均死亡年龄，笔者认为主要原因有以下两点。

---

① 参见张建华、陶继明主编《嘉定碑刻集》，《故处士陈汝敬墓志铭》，上海古籍出版社 2012 年版，第 1368 页。

② 李宏利：《明清上海士人群体寿命探析——以墓志为中心》，《史林》2014 年第 6 期。

③ 明弘治《上海志·人口》，转引自唐振常主编《上海史》，上海人民出版社 1989 年版，第 56 页。

④ 李宏利：《明清上海士人群体寿命探析——以墓志为中心》，《史林》2014 年第 6 期。

第一，该研究样本为士人群体。传统社会中，"男主外、女主内"的分工原则使一般的体力劳动均为男性承担。而本研究的样本人群为士人群体，其中男性从事的并非重体力劳动，他们的知识资本使其寿命远高于其他农、工阶层，剔除农、工等体力劳动的男性群体，其平均寿命自然会高出许多。由于古代中国没有完整的人口寿命记录，士人群体与普通庶民的平均寿命没有专门的对比数据。可贵的是，20 世纪三四十年代，南京金陵大学的袁贻瑾医师根据广州附近李氏家谱，计算了 1365—1849 年出生的 3784 个男子和 3752 个女子的平均寿命，计算结果为，20 岁时平均期望寿命男子为 37.7 岁，女子为 39.7 岁。[①] 这是我国首次尝试编制的寿命表。据此，成年男子平均寿命为 57.7 岁，成年女子平均寿命为 59.7 岁，该人群以普通平民为主。这一数据对我们认识明清时期人口寿命问题弥足珍贵。尽管该数据人群与本研究的样本人群地域不同，但对本研究还是具有重要的参考价值，两项平均寿命对比相差近 6 岁，该差距说明士人群体的平均寿命比普通庶民要高出 10%以上。由此可判断，本研究中的男性在剔除农、工等重体力劳动者后，其平均寿命自然比一般意义上的男性要高许多；而女性则由于传统社会的自然分工，在这方面差距不明显。这无疑成为本研究中男性平均寿命提高的重要原因。[②]

第二，生育、守节等生理或文化方面的压力是造成女性平均死亡年龄低于男性的重要原因。儒家重孝，认为繁衍子孙、传宗接代是行孝的最基本行为，是奉先思孝的首要前提。孟子以为"不孝有三，无后为大"。在这种思想的影响下，多子多孙、重男轻女、延续子嗣的观念在中国民众心理文化上已成为一种道德规范。因此，婚姻的目的就在于繁衍子孙、承接宗祧。传统社会中，女子因不能生育可作为被休弃的理由。无论是从伦理道德上，还是从本人的家庭甚至社会地位上。女子不育，特别是不能生养儿子就对其本身造成极大的压力。[③]

明前墓志所涉人口死亡年龄样本为 49 个，人口平均死亡年龄为 61.94 岁，其中男性平均死亡年龄为 63.77 岁，女性平均死亡年龄为 57.36 岁。该样本数量不多，代表性不大，但其平均死亡年龄与明清时期较为接近，现用图 2-1 展示不同时期男女性以及综合平均死亡年龄的对比情况。

---

① 陈达：《现代中国人口》，天津人民出版社 1981 年版，第 53 页。

② 李宏利：《明清上海士人群体寿命探析——以墓志为中心》，《史林》2014 年第 6 期。

③ 同上。

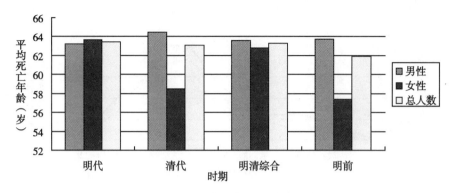

图 2-1 不同时期平均死亡年龄比较

3. 死亡年龄分段数量分析

根据各时期死亡年龄统计可知，死亡年龄多集中于 50—70 岁。下面通过死亡年龄段数量分布图做一直观反映。图 2-2 至图 2-5 中 X 轴的每一单位代表 10 岁，Y 轴为每一年龄段的死亡数量。

根据统计，嘉定人翟顺之（据《翟允高墓志铭》，顺之 94 岁依然康强无恙，保守计其死亡年龄为 94 岁）为明代男性年龄最高者。华亭人俞孺人（据《蒋母俞孺人墓志铭》）98 岁，为明代女性死亡年龄最高者。

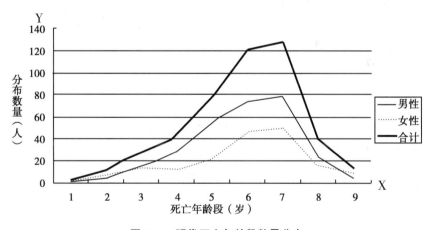

图 2-2 明代死亡年龄段数量分布

清代男性年龄最高的为 95 岁，为嘉定人（据《文学曾祁川先生墓志铭》）。女性年龄最高的为 98 岁，黄渡镇人（据《嘉定夏君琅云墓志铭》，为墓主的祖母）。

由于明清两代的样本数较多，因此，各年龄段死亡数量分布比较平

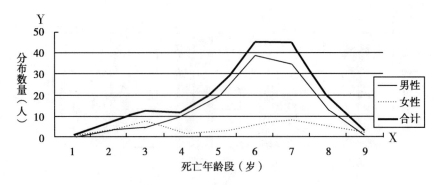

图 2-3　清代死亡年龄段数量分布

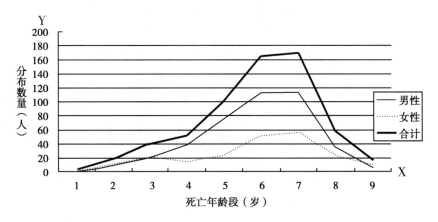

图 2-4　明清死亡年龄段数量分布

缓，并符合人的寿命分布规律。

　　明代以前，男性最高年龄 78 岁者为"南宋故封保义郎周知柔"，最小年龄 22 岁者为"南宋故承信郎于之英"。女性最高年龄 76 岁者为"南宋故孺人赐冠披杨氏（周知柔妻）"，最小年龄 31 岁者为"南宋故孺人郑氏"。

　　4. 子女早亡分析

　　从墓志中的生育记载可知，有一些小孩还未长成就早亡了，即所谓的"殇"。殇的本义为"未成年而死"，亦称"殇折""殇夭"。《仪礼·丧服传》认为"年十九至十六为长殇，十五至十二为中殇，十一至八岁为下殇，不满八岁以下为无服之殇"。根据墓志统计，明清两际殇夭人数为 70 个，其中男孩 58 个，女孩 12 个，占总生育人数的 1.68%。具体如表 2-5 所示。

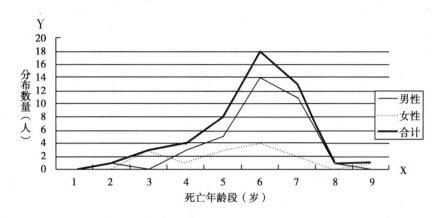

图2-5 明前死亡年龄段数量分布

表2-5　　　　　　　　明清男女出生人数及夭折人数统计　　　　　　　单位：人，%

时期	生育数			殇折人数			殇折率		
	男性	女性	总数	男性	女性	总数	男性	女性	总数
明代	1861	1322	3183	45	10	55	2.42	0.76	1.73
清代	623	361	984	13	2	15	2.09	0.55	1.52
合计	2484	1683	4167	58	12	70	2.37	0.75	1.68

样本墓志中专有为殇折子女撰写的墓志。统计如表2-6所示。

表2-6　　　　　　　　　　　明清早亡子女墓志

序号	墓志题目	早亡年龄（岁）	来源
1	京女志铭	3	（明）陆深《俨山集》
2	清女权厝志	13	（明）陆深《俨山集》
3	不成殇女权厝志铭	4	（明）陆深《俨山集》
4	不成殇儿子志	不详	（明）陆深《俨山集》
5	六岁儿五岁女圹志	6、5	（明）徐学谟《徐氏海隅集》
6	下殇女子墓志	7	（清）张云章《朴村文集》
7	下殇男子阿述墓铭	不详	（清）张云章《朴村文集》
8	儿昕殡志	14	（清）张云章《朴村文集》

有些夭折子女虽没有专门墓志，但在其父母墓志中一般会有记录。如《明故（徐博）妻张氏（贞）墓志铭》载："山西太原令澹庵先生葵之女。先生端重方正，与先君松石翁交念，因缔婚焉。母夫人董氏，有贤

行。年廿三，乃归徐氏。生七子，皆夭殇。"《明故处士宣君汝旸（升）合葬墓志铭》载："姜氏孺人，生子女虽多，而子皆夭殇。遂为君添侧室陆氏。"①

就专为早夭子女撰写的墓志而言，兹以陆深所撰《不成殇儿子志》为例介绍如下：

> 呜呼！吾年二十有七始生汝，父母赖以有子，祖赖以有孙，汝之生在南雍，吾驰书归报吾之故人，慰之曰有子，内外族人贺汝之。祖曰：有孙，呜呼！今复何望耶！汝生两月，遭汝季姊之殇，吾恃汝而哭之不尽哀，今汝之死也，吾何恃而不哀耶！又二月，汝之祖母、母相对病甚，汝呱呱啼乳，吾持汝哭而祷曰：汝福德当重。庆已而皆愈，吾甚喜，岂汝能庆及其亲而不能自庇其身耶！甫半周，汝祖来视，祖母于南雍怀汝而喜曰：貌类我，貌类我。回顾乳者属曰：避风，节食，无厚温也。别又牵汝曰：归见汝学步也。今吾归，将何以慰汝之祖耶！汝好眉目，丰肌肉，白如瓠，早善盼笑，见者莫不欢喜，提携之汝亦不惊不惧，其亲父母尤不同常儿，故凡余出也，目光射户外悬悬不见则号泣，入则翼而附之，如有知然。弘治甲子三月一日，夜梦儿病痢甚苦，求医不来，怪而觉之，不敢发，明日而疾作，果先腹泻，发疹不可药，九日死矣。呜呼！能不悲哉！能不悲哉！余将瘗汝郊之外，自此去家甚迩且不忍也。汝尚未成殇，不敢曰殡，乃薄衾就木，置诸寓舍之外门之内，俟返葬焉。儿陆姓，继恩，其乳名也，是为志。

根据明清士人家族人口的墓志统计，综合平均死亡年龄为 63.33 岁，其中男性平均死亡年龄为 63.63 岁，女性平均死亡年龄为 62.77 岁。② 而按照人口学研究的要求，平均死亡年龄也包括早亡或其他特殊死亡等各种情况，但由于墓志中对夭亡的子女一般没有具体年龄的记录，故难以统计。为客观反映样本墓志中明清士人家族人口的平均死亡年龄，早亡年龄取 0—14 岁的中间数 7 岁，根据 1.68% 的殇折率，可推算男性夭折人数为 7 人，女性夭折人数为 4 人。这样，测算结果为：420 位男性的平均死亡

---

① 中国文化遗产研究院、上海博物馆、天津文化遗产保护中心编：《新中国出土墓志（上海、天津）》，文物出版社 2009 年版。

② 李宏利：《明清上海士人群体寿命探析——以墓志为中心》，《史林》2014 年第 6 期。

年龄为 62.69 岁；223 位女性的平均死亡年龄为 61.78 岁；男女综合平均死亡年龄为 62.37 岁。尽管考虑了早亡的因素，其平均死亡年龄仍处于 60 岁以上，依据人口学的一般常识分析，该数字依然偏高了许多。造成这一问题的主要因素在于早亡人数的漏报，因为 1.68% 的殇折率在明清社会显然太低，不符合历史实情。

根据已有的研究，中国古代社会人口一直呈现比较稳定的高死亡率特征。比如葛剑雄先生依据 20 世纪 30 年代上半期个别地方的死亡率情况，推测中国在过去的两千多年里死亡率一般都很高，古代婴儿死亡率高于 250‰，在某些时期或地区可能高于 500‰。[①] 侯杨方先生通过个案研究也证实了中国历史上有很高的死亡率，他从明清时期的两个江南家族的家族资料中发现，上海曹氏家族的婴儿死亡率高达 283‰，男子仅有 55% 的能够活到 15 岁，仅有不到一半的男子能够活到该家族男子的普遍初婚年龄（22 岁），该家族男子出生时的平均预期寿命只有 26.74 岁。另一家族江阴范氏的婴儿死亡率也有 225‰，能活到 15 岁的男子仅为 57%，能活到 22 岁的男子只有一半，范氏男子出生时的预期寿命为 27.61 岁。[②] 李中清和王丰先生的研究也基本确认中国历史上的高死亡率且趋势平稳的状况。[③] 郭松义先生对清代 146 个士人家庭生育子女和子女早亡人数（指 10 岁以前死亡者）做了统计，他们生子数 582 人，早亡 205 人；生女 498 人，早亡 167 人。早亡率男孩 35.22%，女孩 33.53%，男女总早亡率 34.41%。[④]

鉴于本书以 14 岁及以下为殇折率的统计范围，充分考虑以上早亡率的有关研究成果和明清江南上海士人家族的人口生育特征，特别是侯杨方先生对上海曹氏家族的研究成果，因其士人家族的性质与所处明清时期的阶段，与本书研究对象比较吻合，故选取 40% 作为早亡率修正标准。根据墓志统计的明清上海士人家族男性平均死亡年龄（26279÷413＝63.63）和女性平均死亡年龄（13747÷219＝62.77），我们可以测算出男性早亡人数为 275 人、女性早亡人数为 146 人。同样，早亡年龄取 0—14 岁的中间

① 葛剑雄：《中国人口发展史》，福建人民出版社 1991 年版，第 313—318 页。
② 侯杨方：《中国人口的传统死亡模式——以明清江南地区两个家族为个案的历史人口学研究》，载李中清等编《婚姻家庭与人口行为》，北京大学出版社 2000 年版，第 220—232 页。
③ 李中清、王丰：《人类的四分之一：马尔萨斯的神话与中国的现实（1700—2000）》，三联哈佛燕京学术丛书，生活·读书·新知三联书店 2000 年版，第 48—50 页。
④ 郭松义：《清代男女生育行为的考察》，《中国史研究》2006 年第 2 期。

数 7 岁，这样计算出的男性平均死亡年龄为 41 岁，女性平均死亡年龄为 40.46 岁。

1933 年，肖浮德（H. E. Seifer）等根据南京金陵大学的 17 省 101 个区域的农业人口调查资料。对 2817 名男性死亡人口和 2682 名女性死亡人口计算平均寿命，出生时期望寿命（即普通所说的寿命）男子为 34.85 岁，女子为 34.63 岁。① 1935 年，南京市也计算过人口寿命，男子为 29.82 岁，女子为 38.22 岁。② 根据统计，1952 年，上海全市人口平均预期寿命男、女分别为 52.4 岁、55.5 岁。③ 平均寿命虽然与平均死亡年龄存在一定区别，但也有一定的联系，通过与相关数据的比较，笔者以为通过 40% 的早亡率所测算的明清上海士人家族男性平均死亡年龄和女性平均死亡年龄更加接近真实情况。由此可见，早亡率是影响平均死亡年龄的重要原因，使男性、女性平均死亡年龄分别降低 22 岁左右。即使这样，也比旧中国有关统计的平均死亡年龄要高，这也说明了明清上海士人家族的寿命相对较高。新中国上海全市人口的预期寿命之所以高，主要是医疗卫生等条件的改善、死亡率的降低而造成的。就年龄在 15 岁以上的人口而言，其平均死亡年龄相差不是太大。

可见，墓志的有关人口信息具有一定的人文色彩。结合士人群体的认同问题和墓志功能，则可以发现该数据恰恰揭示出了士人群体的身份认同特征。墓志传名，士人家族希望能传美名，因此撰写墓志也有一定的选择对象，为了家族的荣誉，只能进行选择性的叙述，"仁者寿"的观念可能使短寿者不立墓志，从而造成死亡年龄较低者的漏缺。所以，笔者认为墓志的人口学相关信息应该称作"人文数据"，该数据对于我们认识士人家族人口及其认同特征具有极其重要的价值。当然，在充分考虑各种因素的情况下，还是可以窥得历史人口实际生命周期的一斑。

二　死亡观念及行为

通过上文，我们对明清士人家族人口的死亡年龄有了一个基本的了解。那么，他们是如何看待死亡的，他们具有怎样的死亡观？面临难以逃

---

① 陈达：《现代中国人口》，天津人民出版社 1981 年版，第 54 页。

② 《实验卫生》杂志 2 卷 4 期，1944 年。转引自王维志《中国人口寿命问题研究》，《中国人口科学》1987 年第 1 期。

③ 见《上海通志》第一册，世纪出版集团、上海人民出版社、上海社会科学院出版社 2005 年版，第 661 页。

避的死亡，他们会有怎样的行为？这里将就这一群体的死亡观念及其行为做一相关阐述。

在儒家看来，生与死看似截然相反，实则和通为一，"死"被包容在"生生不息"之中。"未知生，焉知死"的深意在于：如果真正认识了生命，也就自然懂得了死亡。"仁"就是儒家沟通生死的桥梁媒介，思仁、践仁，合于生生之道，就能获得生命的本质和存在，解决了生之问，也回答了死之疑。

宋代朱熹认为："人受天所赋许多道理，自然完具无阙，须尽得这道理无欠阙，到那死时，乃是生理已尽，安于死而无愧。"① 就人的肉体而言，是会腐朽归于虚无的，但人可以通过生前的立德、立功、立言，传于后世，实现生命对死亡的跨越。明代儒士罗伦曰："生而必死，圣贤无异于众人也。死而不亡，与天地并久，日月并明，其惟圣贤乎！"② 圣者，人伦之至也；贤者，亦为道德境界极高也。圣贤之能"死而不亡"，就在于他们的人品、道德、事迹传颂于世，达到了死而不朽。儒者认为，经由"仁"的"生生"弥补了生死之间的鸿沟，即用不朽的声名激励生者，用"仁"的践行超越死亡，从而达到生死合一。

儒家以"仁"为核心的死亡观为生者树立了人生目标与行为规则，"亲亲而仁民，仁民而爱物"，修身、齐家、治国、平天下的人生教理是基于不朽的死亡观。这在明清上海士人家族的墓志中也得到充分的体现。士人家族成员都希望自己能死后留名不朽。在他们看来，文不仅可以载道，也可以传名不朽。如《户部侍郎署翰林院掌院学士梦公神道碑》载："先时公病，谓昶曰：'我生平取士多矣，惟子古体文最善，且知我之深。今我不幸，将以病疾终，其为我撰墓道之文，庶几犹不死也。'呜呼！昶其忍辞？"《兵部尚书都察院右都御史湖广总督赠太子太保毕公神道碑》记："既请少詹事钱君大昕志于幽□，复属昶以隧道之文。……从长洲沈宗伯德潜、惠徵君栋游，学业益深邃。"③ 所以，当他们面对死亡的时候，就转化为对生时的仁义孝悌、功德善烈、处世举止方面的伦理讲求。

除儒家外，佛道的死亡观对士人家族也具有一定的影响。道家认为，人应该随顺自然大化平静地"活"，也应该随顺自然大化坦然地"死"，

---

① 彭鸿雁：《中国传统生死观探析》，《湖北广播电视大学学报》2007 年第 4 期。

② 转引自门里牟《中国古代"修身"思想分类研究》，《内蒙古师范大学学报》（哲学社会科学版）2011 年第 40 卷第 2 期。

③ （清）王昶：《春融堂集》，上海文化出版社 2013 年版。

生与死都是大道演化的阶段。道家提倡"贵生"，但更高的目标是要获得世界之外的一种永恒之"道"，只有在精神上与"道"合一，方能齐同生死，"死而不亡"。可见，"不朽"是儒道共同的目的。不过，儒家是从理性主义出发，通过修炼个人的道德品格、建功立业而达到"不朽"；道家则从非理性主义出发，认为只能通过"心齐"，在精神上摒弃生与死的区分，与大道合一，达到"死而不亡"。与道家相似，佛教在死亡观上也走非理性的道路，认为"死"是人在"天、人、阿修罗、地狱、畜生、饿鬼"这"六趣"间轮回的中介。每个人决不仅有一"生"一"死"，而是有无数次的生与死。① 无穷尽的生死轮回陷入于茫茫苦海之中，永受苦难。一个人若渴求摆脱生死轮回，趋向无死无生的"涅槃"境界，就必须通过"守戒"来窒灭和放弃人的一切欲望、一切行为、一切可称为"生"的活动，通过皈依佛门、最终由死之"涅槃"来成就永恒的佛果②。随着佛道教的发展，佛道两家生死观也以"鬼神"观念融入了人们的日常生活，影响着人们对待死亡的态度和行为。

儒家的"死而不朽"重生前的功德善烈，墓志文中的人物品评就是对其一生的总结与价值实现。志文中有关丧葬习俗以及个人的事迹与思想也反映出他们的"鬼神"观念与事死行为。

(一) 人物品评

人物品评自古有之，如《论语·述而》曰："子温而厉，威而不猛，恭而安。"品评亦称清议，"是东汉以来乡里中形成的关于某个人的舆论。魏晋实行九品官人之法，中正就根据清议或乡里的舆论，开厘定、提升或贬降某人的乡品，从而向吏部提供给予或升降他的官位的依据"③。品评与察举制度相互配合，成为一种重要的政治手段。为适应这种政治和社会需要，人物品评成为专门之学，出现了人物品评的专家和专门著作，如曹魏时期刘劭《人物志》、南朝宋时刘义庆《世说新语》等即是这方面的代表作。人物品评从标榜德行到唯才是举，注重人物风韵神态、仪容气质、才性器识，即人物个性的把握和概括，如《后汉书》记章帝窦皇后："进止有序，风容甚盛。"《三国志》载："太祖少机警，有权术，而任侠放荡，不治行业，故时人未之奇也。"《晋书》载嵇康"有奇才"，"美词

---

① 彭鸿雁：《中国传统生死观探析》，《湖北广播电视大学学报》2007 年第 4 期。

② 郑晓江：《善死与善终——中国人的死亡观》，云南人民出版社 1999 年版，第 49 页。

③ 周一良：《两晋南朝的清议》，引自《魏晋南北朝史论集》，北京大学出版社 1997 年版，第 436 页。

气，有风仪，而土木形骸，不自藻饰，人以为龙章凤姿，天质自然"。李泽厚先生认为人物品评表现在对人物的贵贱、贫富、祸福、寿夭，德行与才能，道德境界，仪容这四个方面。① 明清上海墓志中关于墓主身世、德善、功烈、仪容等诸多内容的记述评论，明显受到前人人物品评之学的影响。男女性不同的品评标准，反映出明清社会对两性的不同文化认同和道德要求。

1. 男性品评

一般士人皆习举子业，而科举是以儒家经典为主要考试内容的，这就使士人群体积淀了深厚的儒家文化涵养。千余年来，科举不仅成为知识分子实现"治国""平天下"理想的最佳途径，其"修身""齐家"的伦理道德也直接塑造了知识分子的精神面貌和处世方式。明清上海墓志对士人的品评体现了儒家伦理美德的价值取向和审美情操。从品评内容来讲，主要表现为孝友仁义、禀气仪容以及才学和处世等方面的内容。

（1）孝友仁义

"百善孝为先"，孝道是传统社会最为看重的美德，孝堪比于功，甚至超越功，有许多庶人因遵循孝道而被树碑立传，流芳千古。因此，孝友仁义是士人家族最为认同的好评。在样本墓志中，一般在对墓主品评时，都会提及孝友仁义的品行。兹举例如下。

如《明故芸轩处士刘公（宗湜）墓志铭》〔见《新中国出土墓志（上海、天津）》〕言："处士秉性忠厚，意度澹如。平居善于事亲，友于兄弟。……处宗族以和悦，理家事以勤俭。于义也，众违之我遵之，毅然以自信；于利也，众趋之我避之，怯然以自处。乡人有困乏者，辄周给而不责其报。邻里有争讼者，即解纷而谕之以理。"

《勅赠儒林郎钱起蛟墓志铭》（见《嘉定碑刻集》）载："综翁生平，孝友之行根于性天，至朋友、亲戚间，宜力则力，宜财则施，无不各致其诚。……若翁之为子孝，为弟恭，为友信，通经术，学古训，其为乡邦所称道，至今勿置，有以也夫！"

再如《明故处士陈汝敬（钦）墓志铭》云"处士性温良，好儒术，不尚浮靡。其事亲也孝，其事长也弟，其治己也敬，其待人也恕"；《明故处士陈公（昭）墓志铭》〔以上两篇墓志见《新中国出土墓志（上海、天津）》〕记"事父母极致其孝，处昆弟克尽其和，齐辈恒敬惮，弗敢

---

① 赵海丽：《北朝墓志文献研究》，博士学位论文，山东大学，2007年。

与狎";《施孟达墓志铭》(见《嘉定碑刻集》)曰"君讳于德,生而孝友";《明故乐闲处士刘公(宗海)墓志铭》(见《新中国出土墓志·上海,天津》)言"尤能敦睦于宗族,笃信义于朋友,贤者事之,困者苏宾周之,少者慈之,具各适其可,略无骄吝之态";《国子监生陈启贤墓》(见《嘉定碑刻集》)言"兄弟间友爱深至,弟早世,过时犹悲;事伯兄如父,年逾艾,兄呼名,应唯惟谨,事无大小,咸咨禀焉"。

正是由于传统社会对"孝友仁义"美德的认同,士人家族才非常注重这方面的修行,通过日常生活对这种美德的践行,获得身后的美名,以求精神不死。

(2) 禀气仪容

墓志人物品评受到专门品评之学的影响,也注重人物的风韵神态、仪容气质、才性器识,等等。

有关禀性气质的品评如《明故宝桂处士方公(浩)墓志铭》载"沈静寡言,性至缓";《明故芸轩处士刘公(宗湜)墓志铭》言"处士秉性忠厚,意度澹如";《明故处士陈公(昭)墓志铭》言"资廪端重,不苟言笑,重然诺";《明故刑部郎中奚君(昊)墓志铭》云"君和厚且直,重恩义";《明封承德郎礼部祠祭署郎中东娄徐公(甫)暨配陈安人合葬墓志铭》言"公性坦洞,不为城府,而特好施予";《明故资德大夫正治上卿太子少保南京兵部尚书致仕张公(悦)墓志铭》云"公生禀纯粹,志行端庄";《明先考州判侯府君(爵)墓志》言"自幼不凡……府君天性刚直,浑是一团天理。见人之善,爱而成之;见人之恶,疾而戒之";《明故修职佐郎光禄寺掌醢署监事文台潘公(允征)墓志铭》言"君为人豪有气,喜施,重然诺";《明故鸿胪序班东湖何公(文瑞)墓志铭》记载"公生有奇气,自幼即革童心……天性勤朴"。

有关仪容姿貌的品评如《明从仕郎直内阁诰敕房中书舍人潘君(云骥)墓志铭》记"君貌美而□□日益秀□□朗□从车骑都翩翩然,有司马长卿之风";《明通议大夫詹事府詹事兼翰林院学士赠礼部右侍郎谥文裕陆公(深)墓志铭》言"公姿度英廷,器量渊邃";《明故通议大夫工部右侍郎谈公(伦)墓志铭》云"公长身丰颐,仪观莹然,见者奇之"。[以上墓志均见《新中国出土墓志(上海、天津)》]

从禀性气质来看,多为沉静、忠厚、澹如、端重、坦荡、豪气等,尽管特征不同,但都浸透着传统文化中庸、谦和、坦荡等美德。士人家族也非常注重仪容,在他们看来,所谓"品貌"就意味着品行与容貌的相配,好的品行必与好的容貌相配。赞其容貌其实就是颂其品德。品德成就其功名令誉，得以善终。

（3）才学造诣

士人群体重才学，因此，在墓志中关于才学的品评也占一定比例。

如《明通议大夫詹事府詹事兼翰林院学士赠礼部右侍郎谥文裕陆公（深）墓志铭》〔见《新中国出土墓志（上海、天津）》〕记载："于书无所不读，非疾病甚急，未尝手释卷。是以造诣精深，发为文章，成一家言。作诗直写性情，得风人之旨。书法妙逼钟、王，比于赵松雪，而遒劲过之。平生慕李邺侯、韩魏公、程伯子、邵康节之为人，其气味特似。自翰林出，场历中外，多所谙练，文章、礼乐之外，如刑名、钱穀、甲兵之事，咸精其能。平生砥节砺行，直道正辞，不于利害有所迎避，视干进苟容一切时能尤所深耻。喜谈国朝典故及前辈风烈，至商榷事理，品骘古今，谈锋丽然，听者倾服。不録人细过，有片善必极口称扬之，故贤不肖咸乐亲就公，以是得公教者多成材。平生无他嗜好，惟古书名画、商彝周鼎，则时取鉴赏，为博古之助。馆阁先辈目公才识性度类东坡，天下士大夫称公文章节概为今之欧阳子，非谀言也。"墓主陆深在《明史》中有传。他一生仕途顺利，1505年中进士，担任过四川布政使及詹事府詹事等职。陆深文采出众，被誉为当时词臣之冠。他还是有名的书法家，他的书法遒劲有法，如铁画银钩，现藏于故宫博物院的《瑞麦赋》是陆深的代表作之一。

再如《（清）詹事府正詹张鹏翀墓》（见《嘉定碑刻集》）录："君少时即倜傥英奇，才识贯串今古。为诗文，洒洒千言立就，宗老匠门（张大受）、朴邨（张云章）咸异之。……乾隆丁巳，御试乾清宫，日未停午，翰苑诸公方握管构思，君即投卷。上以其捷也，首额之。曾一日间迭和御制梅花诗百首，已进呈矣，是夕复和百首，明晨缴进，敏赡隽逸，以次益当上心。又于内廷侍直，时同僚喝韵以试其才，顷刻得数十韵。虽古之击钵吟成，无以过之。乾隆壬戌十月，紫光阁阅武试，侍班毕，宣上御舟，赐坐，命和望云思雪意诗，随辇入朝，并示诗二首，即挥毫恭和。自后凡御制诗，上俱命赓和。生平好画山水，晚入神品。尝屡进画，自题诗于旁，上即依韵赐和，有云'大痴（元画家黄公望）更擅坡仙（苏轼）笔，劲敌江山两不惭'，盖定评也。前后所赐御书画及貂裘、文绮珍异之物，不可胜纪。'双清阁'匾额，亦特书以赐。至于题画及赐诗，上每俯和原韵，尤从古所未有。词臣荣遇，至于斯而已极矣……"墓主张鹏翀（1688—1745），雍正五年（1727）进士，官至詹事府詹事，清代画家。崇明人，幼年多病，资性滞钝。17岁时开悟，遍读经史，精通诗文绘画，才思敏捷，命题咏，可应声立就，时人比之为古代东方朔、苏轼。作画亦顷刻能尽数纸。曾以所作《经史法戒诗》《万寿圣德诗》《十慎箴》《春林淡霭图》《日长山静》画扇进献乾隆帝。帝亦曾以御画《松竹图》、御书"双清阁"匾额，以及笔砚、纱缎、绒貂之类赐之。

《明义官承事郎李朝章（缙）墓志铭》［见《新中国出土墓志（上海、天津）》］记载："自幼两目不见物，无用于世，然而机警有智略，能殖货，厚其家业，盖独盲于目，其心则能辨别是非，其口固能言也。于稠人广坐中聆其谈吐，便便言，非庸众人所能及也。人有逋欠，持镪物布帛来偿者，入手即知真伪高下，人莫能欺。或以生年、月、日、时为问者，乃于袖中轮其五星躔度，言其寿夭、富贵、贫贱，百不失一，皆其所能也。故虽盲，心灵如此。"墓主自幼双目失明，但机警有智略，能殖货厚其家业。志文对其才能给予颂赞，称其"独盲于目，其心则能辨别是非"。

其他如《（清）翰林院修撰王敬铭墓志铭》言："自幼具宿慧，博通群籍，生平未尝以第二人自许。其文章淳雅洒脱，尤长于诗，始学义山（李商隐），后仿东坡，新丽中具流转之致。善书法，精画理，骨秀神清，直入宋元名家之室。又以其闲穷究释氏旨，虽老禅和，逊其深透。"《（清）翰林院庶吉士王晖墓志铭》载："公天禀明敏，才性警绝。数岁，握笔辄洒洒不休，为陆征君翼王（陆元辅）高弟子。年十六，补诸生，寻食饩。于书无所不读，为文辞，体裁悉备，尤公俪体。其于诗，出入唐宋，兼有金元。晚年尤好眉山（苏轼），口诵手批，生面独开，当代名流咸推许之，以为不减香山（白居易）、剑南（陆游）。生平诗文不下数千首，手自删定，共二十卷，藏于家。"（以上两篇均见《嘉定碑刻集》）

在墓志品评中还有对一地风气的评述。如《李子化室陈孺人墓志铭》（见唐时升《三易集》）记："吾邑当成、弘、正、嘉之世，号为殷富矣。闾阎之间，多贤豪长者，居则以孝弟力田为乡人倡，出则佐县大夫经营四境之事，雕甍刻桷，往往相望，岁时问遗往来之礼不绝也。"该志文反映了嘉定优良的乡风，裁量人物不以家境贫富，不以科第显微，不以地位尊卑，而重道德、学问、文章、才艺、个人长处和社会贡献。[①]

（4）处世行为

对人物处世行为的描述其实就是一种品评。因传统伦理讲究睦亲合

---

① （明）李流芳撰：《李流芳集》，李柯纂辑点校，浙江人民美术出版社 2012 年版，"序"第 1 页。

族，所以在墓志中多记录墓主的处世行为及其与亲朋好友、邻里乡亲的关系。

如《国子监生陈启贤墓》记载："君尤宽厚和易，不立崖岸，不设城府，人多乐亲之，而中怀刚正，卒不可干以私。……君以一介之士，能爱重前贤如此，而今之士夫，财雄力厚，知纵耳目之欲，乌识所为名迹而表彰哉？由此论之，君之贤于人远矣。"《金伯醇墓志铭》录："君为人心慈而气和，口不谈人之过，胸不留人之忤，即行辈不相及，未尝以稚齿易之，或臭味不相投，未尝不敛容接之。"《施孟达墓志铭》言："余独喜其宽厚能容人，有古人风。"（以上三篇墓志均见《嘉定碑刻集》）

再如《明故修职佐郎光禄寺掌醢署监事文台潘公（允征）墓志铭》载："见贵人子偃仰门第，都袤马休休自恣，则益逡巡，退让明礼，身以半粟尺帛自享也。临事，度不可，守不发，发即百夫挽强不可制。内行驯谨，事亲孝，训二子以严。居官风裁凛凛，而人或微文□误，则多阴覆翼之。处寮党泛爱熏然，厚酬恩而寡报怨，士以此益归焉。"《明故处士黄孟瑄墓志铭》言"其为人克孝于亲，诚实谨悫，言行未尝有或欺。于乡党宗族，有乏者，则弗计其有无以周给，里人咸羡之"；《明海宁少尹王公（瑞）合葬墓志铭》云："公为人谦密，未尝口道人过。"［以上三篇均见《新中国出土墓志（上海、天津）》］

以上所举处世行为多体现为一种儒家的伦理美德。

2. 女性品评

传统社会的女性讲究三从四德，因此，对女性的品评也基本围绕"于归前后的妇德、妇言、妇容、妇功"展开评述。社会称颂那些孝敬、贤淑、柔顺、端静、守贞节的女子。志文多用兰、蕙、玉、金等物来比喻女性之秀；以和、洁、柔、范、淑等词来描绘女性之美。

（1）气质言行

对女性的品评一般都会涉及其仪容气质、言行举止。传统女性讲究阴柔之美，因此女德多表现为柔顺、端静，在言行举止上要符合儒家孝道、礼仪，等等。

女子在婚前一般赞颂其孝顺、端静、聪慧以及善女工。

如《明故颜（钛）母唐孺人（玉英）墓志铭》载："孺人生而秀颖，举止不凡，德性明敏，优于女工。自幼沐家训，即善书，如《孝经》之属，亦克识诵，父母甚钟爱。"《明故（徐博）妻张氏（贞）墓志铭》录："君少聪慧，温柔庄静。读《孝经》《论语》，潜识义理。善剪制缕结事。性至孝，父母钟爱。"《明故范（时彦）孺人俞氏（秀英）墓志铭》

言："孺人生而端静淑顺。"《明故唐（侃）孺人左氏（懿正）墓志铭》载："孺人自幼贞淑勤慎，平居言动举止，皆有规矩"；《明故橘逸吴公（惟学）妻苏氏（妙贞）墓志铭》录："幼性聪慧，不喜华靡，习女事甚闲。"《明故先姚夏孺人（妙玄）墓志铭》载："自幼纯孝，外祖父母钟爱。"《明故大理寺少卿董公（恬）继室唐夫人墓志铭》载："夫人娟好静慧，幼以孝闻。"《明徐（旎）母王孺人（素宁）墓志铭》载："自少以孝谨和顺称……性尤好施，虽过厚不责其报。"〔以上七篇墓志均见《新中国出土墓志（上海、天津）》〕

对婚后女子言行气质的品评则多为"柔顺为美"。

如《沈见吾先生继室周氏墓志铭》（见娄坚《学古绪言》）录："孺人性柔和整肃，终日温温然，造次未尝失其常度。子化入中门，则起立，如见尊行，敛容而坐，怡色而言。"志文中"子化"为墓主丈夫，对夫"起立、敛容、怡色"生动地表现了女性阴柔之美。《明故宋谏妻范氏（秀清）墓志铭》言："简静柔和，事上敬，处下宽，不擅为，不躁怒，宗族乡党咸称焉。"志文除颂其"简静柔和"的气质外，重在表现其侍奉长辈，对待晚辈、下人的处事方式，并以宗族乡党之口赞其美德。婚后的女性要承担主内的责任，因此在管理家庭内部事务时也需要耿直的品行。如《明（陈所蕴）先室敕封安人诰赠淑人王氏墓志铭》所录："淑人性耿介，义不为苟取。"〔以上两篇墓志均见《新中国出土墓志（上海、天津）》〕这也表现了女性的另一种"阳刚"之美。

（2）妇道、女德

对婚后女子的评述多以守妇道、重女德为主。对于理想的妇人，《昏义》称曰"妇顺"，"妇顺者顺于舅姑，和于家人，而后当于夫，以成丝麻布帛之事。……是以古者妇人先嫁三月，……教以妇德、妇言、妇容、妇功，……所以成妇顺也"。婚后，若生育子女，还要有为母、课子之道。

女主内的一项主要任务就是"主中馈"，这也是墓志文中对女性品评的主要内容。《孔子家语本命解》云："教令不出闺门，事在共酒食而已，无阃外之仪。其次则织纴组紃之属而已！盖主中馈，乃妇人之专责。"《诗小雅斯干》章亦曰："无非无仪，唯酒食是议"，言其主务在此。《颜氏家训》曰："妇主中馈，惟事酒食衣服之礼耳，国不可使预政，家不可使干蛊，如有聪明才智，识达古今，正当辅佐君子，助其不足，必无牝鸡晨鸣以致祸也。"

样本墓主中，有关这方面的女性品评举例如下。

《明故颜（鈇）母唐孺人（玉英）墓志铭》记载："既笄，归廷贵，是为教官芸轩翁之冢妇也。凡中馈裳衣，靡不精致。……妇道秩如，闺门雍肃。事舅姑甚得其欢心，相夫子卒成其德业。奉蒸尝必躬必亲，处姒娣以谦以和。夙兴夜寐，躬勤织纴之劳，无间寒暑。量入为出，未尝妄费。雅不喜罗绮之侈，恒以织布自衣。教子姓必以义方，待宗渊不踰礼度。……若孺人这，可谓无愧于子道、妇道、母道者矣，亦可谓颜氏内壸之仪范矣。"《明故范（时彦）孺人俞氏（秀英）墓志铭》记载："孺人入门，恪守妇道，孝事舅姑。舅没，而奉姑安人，委曲承顺，恭谨愈至。"《明故橘逸吴公（惟学）妻苏氏（妙贞）墓志铭》记载："自归吴为妇，而宜礼无违。为妻而随事无嚬，为母而慈教无戏。门内长幼，门外戚疏，远而宾旅，近而使令，待之无不中则。"［以上三篇墓志均见《新中国出土墓志（上海、天津）》］

《沈见吾先生继室周氏墓志铭》（见娄坚《学古绪言》）记录："奴婢常百人，皆善遇之，课其作业，即不称指，终无恶声。一宫之内，雍雍肃肃。酒食之类，皆有法度。为干肉、濡肉、藿叶切之报，切之必均，葱薤之不调，醶醢之不和，不敢以留宾客。"

"守贞节"也是女性品评的重点。如《旌表节妇庄氏墓志铭》（见《嘉定碑刻集》）载："自古女子立节闺阃之中者，或大义所激，慷慨引决于须臾；或以室家绸缪之爱，不可解于心；亦有襁褓遗孤实其一体，保抱提携，如农人之望岁，庶几一稔焉，故悯悯然不知岁月之遥。孺人十七而归，十九而寡，无所恃于前，无所冀于后，独立不惧，以终其身，列于士林，可谓独行君子矣。"《明故唐（侃）孺人左氏（懿正）墓志铭》录："时孺人未笄，独曰：守节，妇道之当然。舍此，非人焉，用生为？"明清社会对贞妇都给予很高的评价。

关于女德，《明（陈所蕴）先室敕封安人诰赠淑人王氏墓志铭》做了非常精彩的描述，其志文为："称女德，则以为木兰、黄崇嘏之流亚；语妇顺，则以为德曜、桓少君之俦匹；述母仪，则以为络秀、杜泰姬之等俦。指未必拈咸，而以为薛夜来复生；目未必识丁，而以为曹大家再世。言者无怍色，当者无赧容，而见者亦目为固然，恬不知怪。可叹亦可哀矣！予于先室之葬，不敢乞铭当世立言君子，恐诸君子不察，猥随俗好，溢语相加，非惟亡者汗背地下，亦且存者赧泚地上，甚无谓也。是用忘其固陋，据生平耳目所睹记，稍加诠次，勒之片石，用纳玄堂。庶几地下地上两俱无愧云尔。先室敕封安人，诰赠淑人，姓王氏，上海鹤沙里人也。"［以上两篇墓志均见《新中国出土墓志（上海、天津）》］

墓志中的人物品评，是对逝者一生的总结，其功名德善不仅是其精神永存的凭籍，更是启迪子孙智慧、构建家族文化的重要资源。传统士人家族所追求的"善终"就是一种不朽，一种抗拒死亡的途径。

（二）鬼神观念及行为

中国传统鬼神观的基础和方向在先秦时代已经确立下来。《礼记·郊特牲》曰："魂气归于天，形魄归于地。"意思是人死后两者分离，形魄骨肉降落于地，魂气、神上升于天。孔子论鬼神，对后世儒者起到了范导性作用。他对鬼神采取了后置的态度，其"未能事人，焉能事鬼"的观点告诉大家人事才是第一位的。后置不代表将鬼神弃之不理，而是敬而远之，虽远而仍敬，最终的落脚点依然是出于人事的考虑。汉代以降，随着佛教、道教的传播，各种鬼神观念混杂在一起，最终形成因果不昧、报应昭彰的思想，进而成为传统文化心理的重要组成部分。① 孔子作为儒家的创立者，其鬼神观念对后来的士人群体有着重要的影响。他持有的对待鬼神的后置态度，使传统士人比较注重理性的思考，但在具体的生活实践中又表现出对鬼神的信仰和尊重。堪舆、占卜、祭祀等传统民俗就是在实践中对鬼神信仰的具体表现。这些活动讲究礼仪、易数、推算，表现出一定的理性色彩，但其背后则是对神、鬼的敬畏，借此类仪式希望能获得鬼神的旨意，避祸求福。样本墓志中，有关这方面的内容非常多，充分反映了士人家族对儒家鬼神的信仰及其所采取的相应行为。

堪舆也就是俗称的"风水"，即阳宅（居所）及阴宅（墓地）周围的风向水流等形势，对住者或葬者一家祸福的影响。"堪舆术"或"看风水"就是指相宅、相墓之法。"风水"一词来源于晋代人郭璞在《葬书》中所言"葬者，乘生气也。气乘风则散，界水则止。古人聚之使不散，行之使有止，故谓之风水"。风水术从古时流传至今，有许多别称。譬如形法、堪舆、青囊、青乌、青鸟、地理等。郭璞精通儒、道及易学理论，创立了"阴阳望气说"，被尊为堪舆鼻祖。其堪舆理论主要包括气论、水论和山论，强调人与自然的和谐。

从墓志内容来看，墓主无论是选择居所还是墓地，多有堪舆的做法。包括时间的选择都需要占卜来确定。如"始祖仕宋，扈从南渡后，卜居嘉定"②、"自君之父鹤号松邻者，始徙嘉定，卜吴淞江上"③、"卜择建文

---

① 王婷婷：《〈红楼梦〉后四十回的鬼神观》，《红楼梦学刊》2005 年第 4 期。

② 见《明故陆处士（纯）墓志铭》，《新中国出土墓志（上海、天津）》，文物出版社 2009 年版。

③ 见《朱隐君（缨）墓志铭》，《嘉定碑刻集》，上海古籍出版社 2012 年版。

四年十一月初三日，于练川吴淞江任所坤隅而葬焉"①、"视兹卜宅兆于昆山之东□十五里惠安乡二十七保字围，南至致和塘四十步，东至太仓城二百一十步。安厝斯茔，使子孙绵延"②、"孤子九韶等卜于嘉庆八年三月八日，葬君于华亭县十保二区十图小云字圩"③、"卜以乙卯岁十月二十五日合葬其考嵩园公、妣钱宜人于本邑崧塘之原"④。

有墓志还详细记录墓地的地形，如《封工部主事富翁墓志铭》（见顾清《东江家藏集》）记载："翁生于景泰乙亥五月二十日，卒嘉靖丙戌二月十六日，享年七十有二。以卒之年月日葬九峰第三畬山之中峰，其地前瞻玉屏，后引细林，凤冈东翔，天马西踞，翁所择也。"墓主深信堪舆之说，生前就自己选好了墓地。

再如《明刑部左侍郎赠都察院右都御史心泉何公（源）暨诰封淑人吴氏（贵弟）合葬内圹志》［见《新中国出土墓志（上海、天津）》］所录："……辛卯年葬先君于监南里姚家坊，十七年不吉。万历癸丑年七月二十八甲申日，奉先君与吴淑人柩，合葬于本县文会里清修土名上白，丁山癸向，兼午子三分，奔江龙形。圹内□以羔砖，筑以灰隔。坟上盖以石条，叠叠五层，护卫坚密。坟前竖造敕谕龙亭，派立文官、武将、虎、羊、马、华表，又建石坊一座，周围砖石垣墙，制作悉遵宪典，崇隆圣恩，表扬先德。"墓主先葬于监南里姚家坊，但葬后十七年于家庭都不吉利。于是择日将墓主夫妇重新合葬于本县文会里，"丁山癸向，兼午子三分，奔江龙形"乃形法术语。因其为正三品的命官，依礼还建有由"文官、武将、虎、羊、马、华表"等构成的神道。

由于堪舆、占卜的普遍应用，卜者就成为一种职业。在墓志中也有所反映。如《陈次公（模）墓志铭》（见《嘉定碑刻集》）记载："因延术者，教之星卜，公辄善星卜。已婚张孺人而析之产半，公让不能应践，更请与伯多而自缩取之，仅仅糊口而已。而公与张孺人第务织啬而拮据其家，复佐以星卜之入。久之，亦稍稍饶给。"从中可知，占卜同其他农事比较，所得收入应该比较高。

---

① 见《明吴淞江守御所千户施武略室宜人钟氏之墓志》，《新中国出土墓志（上海、天津）》，文物出版社 2009 年版。

② 《明故太仓卫指挥王将军（得）圹志铭》，《新中国出土墓志（上海、天津）》，文物出版社 2009 年版。

③ 见《清诰授中宪大夫湖北宜昌府知府冶山王君（春熙）墓志铭》，《新中国出土墓志（上海、天津）》，文物出版社 2009 年版。

④ 见《陆淞园（名时）墓志铭》，《嘉定碑刻集》，上海古籍出版社 2012 年版。

儒家"魂魄"概念其实就是鬼神观念。传统士人普遍认为,人死之后,骨肉归于土,魂气"发扬于上""归于天""无不之"。其中圣人的魂气成为神,贤智者的魂气成为鬼。至于凡庸庶民,他们的魂气也可能不散,有的也可能随气散尽。为了安顿这死后的灵魂,就建立宗庙来祭祀他们。祭祀时,祖先的灵魂会来歆享子孙们的祭祀,这就是儒家所谓的"死后归宿"。对于坟墓是否为魂魄栖息的场所,儒家学者没有明确说明,但从墓祭的实践行为来看,也当是如此认为的。

如《明王公先考淳宇府君(□)先妣张太安人李安人迁墓记》录:"……体魄不安,乃以崇祯十五年腊月八日,迁于四十一保之三里……""体魄不安"就意味着有感觉,而感觉则说明精神的存在。再如《明先考州判侯府君(爵)墓志》载:"初府君病将革,命□曰:祖茔卑湿,我日夕哀痛,欲改葬而未就,今事已在汝矣。若得水深土厚之地立我墓,必迁我父母于尊位,盖我父母之体即我之体,讵可委于卑湿乎?又曰:丧葬称家有无,当一遵家礼。若墓志者,但述世系、生卒年月,不可聘浮以陷温公之诮。□□承遗命,既殡,即择地穆,卜□吉于邑城东杨树浜之南立墓,巽向,谨于闰十一月十一日,奉柩葬于昭一位,并□兄柩葬于穆一位,其迁葬祖考妣如命,又在前月二十二日也。"该志文充分说明了传统士人"事死如事生"的观念及行为,生者以为卑湿之地,对于死者同样如此。墓主希望子孙能迁葬于水深土厚之地。后人尊承遗命,择地卜葬。从志文中也可知,除了堪舆卜葬,还要依照儒家昭穆仪礼的次序。对墓葬的重视,目的就是要保护体魄的安定,造福子孙后代。

祭祀在明清社会中是一件非常普遍的事情,依礼每年都要按时举行。如《明故橘逸吴公(惟学)妻苏氏(妙贞)墓志铭》载:"总理内外,凡春秋祀事、婚姻丧葬、延师教子,条度井井。"《明先考州判侯府君(爵)墓志》录:"每遇圣节庆贺及春秋祭先圣,必预斋戒,至日夙兴,俟主者而行礼。"祭祀中所蕴含的鬼神观念也在日常生活中影响着人们的行为。〔以上四篇墓志均见《新中国出土墓志(上海、天津)》〕

(三) 事死行为

通过以上墓志中关于人物品评以及鬼神观念及其行为的分析,可以发现,明清士人家族不仅重人事,同时也敬重鬼神。功名令誉靠生前人事的修为,鬼神信仰则给予身后不死的保证。传统士人除了确保了生死两端的存在意义外,对待死亡本身也没有回避,而是结合孝道这一最高德行,生发出一系列事死的伦理道德与行为规则。

传统士人都希望长寿，能够寿终正寝。所谓"寿终"，即能活够自然给予的年限，按《尚书》《素问》《养生论》等古文献，自然给予的天年为120岁。所谓"正寝"是指死时安详，死后能得其所，从而瞑目、安心。他们以为"终其天年者德高"，而夭折者则被视为未尽其德，这从伦理的角度对寿命的长短给予了总体的评判。如《明故义官怡晚宣公（孟宗）妻陆孺人（妙安）合葬墓志铭》载："公生永乐丁亥十二月二十日，享年七十有九。孺人生永乐乙酉四月十二日，享年八十有一。……并福齐寿，窀穸同吉，公没应瞑目也。"《明徐（毓）母王孺人（素宁）墓志铭》载："……享寿八十有六……寿母之积，子宁弗敦。永言孝慈，式遗后昆。"这都反映了人们对高寿者的颂美。而对于短寿者则表示出叹息之情，如《明故储（勳）母居氏孺人墓志铭》录："春秋六十有一而考终焉。呜呼！贤若孺人，宜享永年，为乡邦式，胡亦以数而终耶？"《明故范（时彦）孺人俞氏（秀英）墓志铭》录："内与其孝，外与其贤。胡不永年，厥命自天。"《明故义授承事郎宣尧卿（廷政）墓志铭》录："盛德如斯胡不寿，天之命也又谁咎。"这些都反映了"寿不配德"的无奈与对"天命"的不解。

国人希望自己能永远活在子孙心中，并能得到世世代代的祭祀，所以非常注重祀祖敬宗。这样，祀祖敬宗就成为"事死如事生"产生的根本原因。祭祀需要子孙代代有人，子嗣传承上升为天地生生之理。在样本墓志中，多以子孙繁盛为美。如《明故太仓卫指挥王将军（得）圹志铭》所载："千载之余，华裔绳绳……子孙振振，永安永宁。"《明故承事郎大兴县丞致仕韩公（思聪）墓志铭》："公虽殁矣，有子有孙。"有子有孙即是自己生命的延续［以上七篇墓志见《新中国出土墓志（上海、天津）》］。

在传统士人看来，祖为类之本，个人的生命是祖宗赋予的，继承祖志、光宗耀祖是个人生死的基础与大义。"重生"是因为个人生命是家族生命的延续，只有爱惜自己的生命方能保护家族的生命，所以特别强调"传宗接代"。面对死亡，同样以家族生命与家族荣誉为衡量标准，个体的生命完全融入家族的大生命之中。因个体成员的身上承受着"天地生生之理"和"人道终之托"。上要"先意承志，谕父母以道"①，继志述

---

① 见《曾子大孝》，《大戴礼记今注今译》卷四，高明译注，天津古籍出版社1988年版。

事而上述乎祖；下要"其死不为辱，而名永长存。所以盖复其遗胤子若孙"①，"使为之后者更力学以显扬其绪，则死生均可以无憾"②。如此，"且死万一能有知，将不悼其不幸于土中矣！"③ 所以"修身以俟死"就成为传统士人对待死亡的态度。④"修身"作为"俟死"的准备，必须顺乎礼仪才能达到目的。

传统士人讲究"惜死"与"养身"，惜死是为了以身尽孝，养身则是为了惜死而终其身。"修身"作为个体成员面临死亡的思想与情感准备，也是个体与家族群体矛盾关系的一种调谐与均衡。⑤ 凭着这种文化特征，本来是令人恐惧的"死"因此而变为"善"，本来可以给人体及社会带来破坏、断裂作用的"逝世"却被转换成为"续"。传统文化中的不死信仰就这样把逝者与生者连接起来⑥，并且设计出种种的礼仪和制度，将死生续接，成为不朽，从而使其在社会生活中发挥规范行为、维持秩序、终极关怀的重要作用。

在事死行为中，一直贯穿着明尊卑、别亲疏、序人伦的道德要求。因为传统中国讲究宗法，如何区分并定格社会等级、家庭家族的长幼秩序是整个社会的核心问题。⑦

生，事之以礼；死，葬之、祭之以礼。同为死，因士庶分隔，不同等级、不同社会地位的人对于死亡也有不同的称谓与礼仪。"天子死曰崩，诸侯曰薨，大夫曰卒，士曰不禄，庶人曰死。"⑧ 在样本墓志中，士人家族成员一般以"卒""殁"等称呼死亡，如"正德己巳秋八月二十有六日江西按察副使致仕平湖过公卒于松"⑨、"君生康熙丁丑八月二十有一日，卒乾隆戊戌六月二十有三日，年八十有二"⑩、"盖上距其父中宪君之殁十

---

① 见《唐河中府法曹张君墓碑铭》，《韩昌黎文集校注》卷六，马其昶、马茂元译，上海古籍出版社 1998 年版。

② 见《章晦文墓志铭》，《陈亮集》卷二十七，中华书局 1974 年版。

③ 见《唐河中府法曹张君墓碑铭》，《韩昌黎文集校注》卷六，马其昶、马茂元译，上海古籍出版社 1998 年版。

④ 李向平：《修身俟死与尽孝善终——死亡观念与儒学伦理的关系之一》，《探索与争鸣》1991 年第 2 期。

⑤ 同上。

⑥ 张英：《论儒家的死亡超越》，《学术交流》2007 年 2 月。

⑦ 杨永兵：《晋南丧葬锣鼓考述》，《天津音乐学院学报》2007 年第 2 期。

⑧ 见《礼记·曲礼下》，杨天宇：《礼记译注（上下）》，上海古籍出版社 2004 年版。

⑨ 见《明故江西按察司副使致仕过公墓表》，《东江家藏集》。

⑩ 见《广西柳州府通判朱君墓志铭》，《春融堂集》。

有五年"① 等。一些高官则以"薨"谓死，如《明故资德大夫正治上卿太子少保南京兵部尚书致仕张公（悦）墓志铭》载："年七十有七，薨于正寝。"《明故通议大夫工部右侍郎谈公（伦）墓志铭》载："忠肃之薨也，公祀之别室。"［以上两篇均见《新中国出土墓志（上海、天津）》］在丧祭礼仪中，无论是棺椁、坟墓、服饰，还是祭品、场所、仪式，都要严格明确上下尊卑的要求与安排。

"事死如事生"，不仅是指对待死者要像他在生前一样，更为本质的是要做给生者看，让活着的人明确男女之别、长幼之分、尊卑亲疏的不同。因为父母等祖辈的离世是家庭或家族的重大变故，特别是父亲的离去会严重地影响到家庭的稳定，还有财产的分割、家庭的管理权，等等。通过丧祭礼仪的尊卑上下，可以规范秩序，明确人伦礼仪，而这一切对于家庭或家族的稳定与发展非常重要。

第三节　生育状况与生育、性别观念及行为

自古以来，人们就一直非常重视生育问题，尤其是在中国传统社会。明代江南人口经过前中期缓慢速度的增长，在万历年间达到人口数量的高峰，之后遭受损失，有所减少；清代江南人口在明代运行的底子上修养生息，恢复发展起来，在乾隆、嘉庆、道光时期逐级提升人口的绝对数量，在咸丰元年达到顶峰；经过咸同战争的袭击，人口受到重创，人口数量又一次进入自然增殖和机械移入的高峰，在光绪末年、宣统年间得到恢复。根据曹树基先生的研究，清代江南地区的人口年平均增长率是一个相当稳定的值，即 3.4‰。② 即使遭受了太平天国战争的破坏，战后的人口增长仍保持与战前相同的速度。③ 从洪武二十四年（1391 年）到乾隆四十一年（1776 年），常州、镇江两府人口年平均增长率为 3.4‰左右，苏州府为 2.5‰，松江府不足 2‰。因为苏州、松江清初遭受清兵屠城，还受鼠疫袭击，故其人口增速低于常州、镇江。④ 3‰左右的人口年增长速度尽管并不快，但在以农业人口为主的传统社会，因为人口基数大了，即使人

---

① 见《诰封中宪大夫安徽和州州同知王君墓志铭》，《春融堂集》。
② 转引自吴建华《明清江南人口社会史研究》，群言出版社 2005 年版，第 514 页。
③ 曹树基：《中国人口史·明代卷》，复旦大学出版社 2000 年版，第 275 页。
④ 吴建华：《明清江南人口社会史研究》，群言出版社 2005 年版，第 37 页。

口增长速度不快，人口数量的不断增加也会使江南人口的密度不断增大，造成生存压力的增加。可以说，明清江南一直处于人口稳定的低速增长、人口绝对高压力的阴影之中。正是由于生存的压力，促使他们的实际生育行为比较理性。明清江南妇女从事桑蚕养殖、纺纱织布的经济活动也会影响到他们的生育意愿。可见，传统社会家庭也并非完全受"多子多福"观念的影响，无节制地生养。

生育于女子而言，是生命中的大事，对女子的影响重大深远。生育水平是家族能否延续兴旺的关键因素，生育水平主要通过生育率来反映。按照现在的一般定义，生育率仅指女性生育率，也称育龄妇女生育率，是指总出生数与育龄妇女人数之间的比例。笔者在研读墓志中，发现志文记录了有关男性、女性较为详细的生育情况。我们知道，在中国古代社会，为延续家族香火，子孙兴旺，许多元配夫人都会为丈夫置侧室，以求多生育。墓志中就妻妾所生育的子女都分别详细记载，由于是一夫一妻多妾的关系，这就为探求男性、女性生育水平的量化关系提供了极为宝贵的资料。虽然墓志记载的资料难以计算生育率这一现代人口学指标，但通过统计计算男性、女性平均生育子女数，也可对其生育水平，以及男女性生育数进行一定量化的比较。下面就墓志所涉男性、女性生育子女数做一统计分析。①

一　生育数统计与分析

(一) 明代墓志所涉生育子女数统计

现以所搜集到的明代墓志 385 篇作为统计样本，该样本共涉及 886 人，其中男性 313 人，女性 573 人（均为男性配偶）。所得有效女性生育子女数统计样本为 550 人，有效男性生育子女数统计样本为 276 人。② 具体生育情况如表 2-7 所示。

表 2-7　　　　　　　　明代男性女性生育子女数分段统计　　　　　　　　单位：人，%

生育子女数	女性		男性	
	人数	占比	人数	占比
0	56	10.18	10	3.62

---

① 李宏利：《明清上海士人家庭生育情况探析——以明清墓志为中心的考察》，《社会科学》2017 年第 5 期。

② 同上。

续表

生育子女数	女性		男性	
	人数	占比	人数	占比
1	116	21.09	24	8.70
2	132	24.00	44	15.94
3	88	16.00	37	13.41
4	57	10.36	42	15.22
5	51	9.27	43	15.58
6	24	4.36	29	10.51
7	11	2.00	16	5.80
8	6	1.09	12	4.34
9	3	0.56	5	1.81
10	6	1.09	10	3.62
11	0	0.00	3	1.09
12	0	0.00	1	0.36
合计	550	100.00	276	100.00
综合平均生育子女数	2661÷826≈3.22			
女性平均生育子女数	1483÷550≈2.70			
男性平均生育子女数	1178÷276≈4.27			

（二）清代墓志所涉生育子女数统计

现以所搜集到的清代墓志 159 篇作为统计样本，该样本共涉及 330 人，其中男性 144 人，女性 186 人（均为男性配偶）。所得有效女性生育子女数统计样本为 172 人，有效男性生育子女数统计样本为 124 人。[1] 具体生育情况如表 2-8 所示。

表 2-8　　　　　　　清代男性女性生育子女数分段统计　　　　单位：人，%

生育子女数	女性		男性	
	人数	占比	人数	占比
0	22	12.79	5	4.03
1	32	18.60	9	7.26

---

① 李宏利：《明清上海士人家庭生育情况探析——以明清墓志为中心的考察》，《社会科学》2017 年第 5 期。

生育子女数	女性		男性	
	人数	占比	人数	占比
2	33	19.19	19	15.32
3	27	15.70	21	16.93
4	26	15.12	27	21.65
5	9	5.23	9	7.26
6	10	5.81	8	6.45
7	5	2.91	11	9.00
8	2	1.16	4	3.23
9	4	2.33	5	4.03
10	1	0.58	2	1.61
11	0	0.00	3	2.42
16	1	0.58	1	0.81
合计	172	100.00	124	100.00
综合平均生育子女数	1036÷296＝3.5			
女性平均生育子女数	502÷172≈2.92			
男性平均生育子女数	534÷124≈4.31			

（三）明清墓志综合所涉生育子女数统计

综合明清两代生育子女数统计样本，有效样本总数为 1122 人，其中男性 400 人，女性 722 人[1]，生育子女数统计结果如表 2-9 所示。

表 2-9　　　　　明清男性女性生育子女数分段统计　　　　单位：人，%

生育子女数	女性		男性	
	人数	占比	人数	占比
0	78	10.79	15	3.75
1	148	20.50	33	8.25
2	164	22.71	63	15.75
3	115	15.93	58	14.5
4	83	11.50	69	17.25
5	60	8.31	52	13.00

---

[1]　李宏利：《明清上海士人家庭生育情况探析——以明清墓志为中心的考察》，《社会科学》2017 年第 5 期。

生育子女数	女性		男性	
	人数	占比	人数	占比
6	35	4.85	37	9.25
7	16	2.22	27	6.75
8	8	1.11	16	4.00
9	7	0.97	10	2.50
10	7	0.97	12	3.00
11	0	0.00	6	1.50
12	0	0.00	1	0.25
16	1	0.14	1	0.25
合计	722	100.00	400	100.00
综合平均生育子女数	$3697 \div 1122 \approx 3.30$			
女性平均生育子女数	$1985 \div 722 \approx 2.75$			
男性平均生育子女数	$1712 \div 400 = 4.28$			

二　生育数分析

(一) 墓志记录生育数结构分析

1. 性别分析

根据上文统计，明清两代墓志所涉人口共计 1216 人，其中男性 457 人，占 37.58%，女性 759 人，占 62.42%；有明确生育数记载的男性为 400 人，占男性总人数的 87.53%，有明确生育数记载的女性为 722 人，占女性总人数的 95.13%。有明确生育数的男女合计 1122 人，男性占 35.65%，女性占 64.35%。[①]

正如前文介绍，样本女性主要为男性配偶。由于明清时期男子可置侧室，所以女性在墓志所涉人口中占了多数。与死亡年龄统计不同，因传统社会注重宗祧继承，女性生育是家族延续和宗庙祭祀不绝的重要保证。因此，墓志对妻妾的生育情况做了较为详细的记录，生育多寡成为一种功过的表达，无论是正室还是侧室在生育方面都加以记录，特别是生男子者。

---

① 李宏利：《明清上海士人家庭生育情况探析——以明清墓志为中心的考察》，《社会科学》2017 年第 5 期。

2. 平均生育子女数分析

综合明清两际男性、女性生育子女数样本，有效样本总数为1122个，该群体男女总和平均生育子女数为3.3个，其中男性平均生育子女数为4.28个，女性平均生育子女数为2.75个，男性平均生育子女数为女性平均生育子女数的1.56倍。与其对应的生育女性总人数是生育男性总人数的1.81倍。[①]

为直观认识各时期男性、女性的平均生育子女数以及男女综合平均生育子女数水平，综合上文统计数字，采用图2-6反映其对比情况。

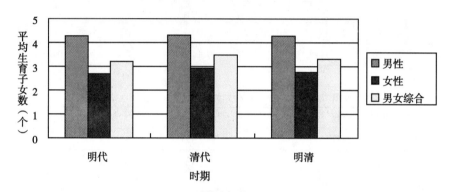

图2-6　明清男性女性平均生育子女数

从图2-6中可以看出，无论是明代还是清代，男女综合平均生育子女数在3.3个左右。女性平均生育子女数仅为2.75个，这一数据显示，明清上海士人家族在生育方面并非人们想象的那样高，纵使为繁宗族可以纳妾，男性的平均生育子女数也只有4.28个。[②]

3. 生育子女数分段数量分析

为直观反映明清士人家族男女性生育水平，根据以上明清各期以及明清综合的男女性生育子女数统计，下面通过生育子女数分段数量分布图做一图示。

从图2-7可知，明代女性生育子女数多集中于1个、2个、3个，其生育女性人数占比分别为21.09%、24%、16%，未生育女性所占比例达10.18%；男性生育子女数分布较为平缓，占比在10%以上的生育子女数分别为2个、3个、4个、5个、6个，其对应的占比分别为15.94%、

---

① 李宏利：《明清上海士人家庭生育情况探析——以明清墓志为中心的考察》，《社会科学》2017年第5期。

② 同上。

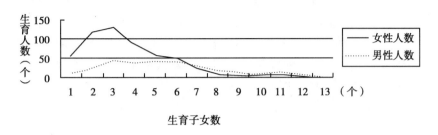

图 2-7 明代男性女性生育子女数分段数量分布

13.41%、15.22%、15.58%、10.51%，生育子女数为 0 的男性人数占比
为 3.62%。女性生育子女数最高值为 10 个，共有 6 人，如《沈母龚孺人
墓志铭》（明陆深《俨山集》卷七十三）记："孺人龚氏以母德冠江东之
沈，有**七丈夫子**，能以科第台谏振，沈氏之宗者寔自孺人始，**孺人故上海
家也**，系出汉胜，从宋南渡，世多隐德……孺人性至孝勤，俭慈惠动有礼
则。**七男三女**皆躬自乳哺，训诲至于成立。"男性生育子女数最高值为 12
个，仅一人，为华亭人任顺，《故泾府右长史致仕任先生墓志铭》（明顾
清《东江家藏集》卷）记："夫人朱氏，元武举进士元佑之后，监察御史
伦之从孙，有贤行；侧室王氏、韩氏，韩本夫人媵也。夫人有子一人，曰
复常，女三曰：闺秀、闺正、闺玉；王氏有子四人：曰复迟、复古、复
嘉、复吉，女一人曰某；韩氏有子二人：曰复明、复美，女一人曰某。"

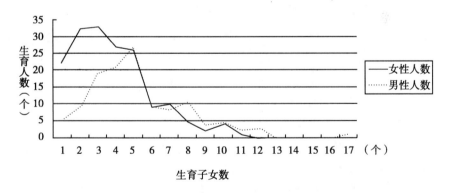

图 2-8 清代男性女性生育子女数分段数量分布

由图 2-8 可知，清代女性生育子女数多集中于 1 个、2 个、3 个、4
个，其生育女性人数占比分别为 18.60%、19.19%、15.70%、15.12%，
未生育女性所占比例达 12.79%；男性生育子女数占比在 10%以上的生育
子女数分别为 2 个、3 个、4 个，其对应的占比分别为 15.32%、16.93%、

21.65%，生育子女数为 0 的男性人数占比为 4.03%。女性生育子女数最高值为 16 个，男性生育子女数最高值也为 16 个，他们为夫妻，在《诰封中宪大夫安徽和州州同知王君墓志铭》（见王昶《春融堂集》）所记："君初封中宪大夫……配陈氏，康熙己卯举人海监工部虞衡司主事邦怀女，先封安人，晋封太恭人……子八：长凤仪，次宣，次宜，次凤翥，次凤超，次宇，次审，次宠。女八，皆适士族。"

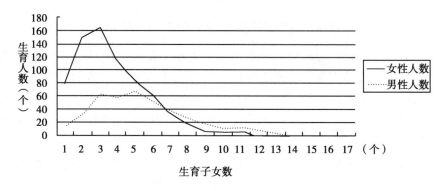

图 2-9　明清男性女性生育子女数分段数量分布

图 2-9 综合了明清时期男性、女性生育子女数的分布特点。女性生育子女数分布主要集中于 1—3 个附近，数量分布起伏较大；而男性生育子女数分布较为平缓，多集中于 2—4 个附近。女性生育子女数占比在 10% 以上的生育子女数分别为 1 个、2 个、3 个、4 个，其占比分别为 20.50%、22.71%、15.93%、11.50%；女性未生育人数占比也高达 10.79%，远高于男性未生人数占比 3.75%；男性生育子女数占比在 10% 以上的分别为 2 个、3 个、4 个、5 个，正好比女性的多一个阶次，其占比分别为 15.75%、14.50%、17.25%、13%。①

（二）生育状况综合简析

明清时期不仅不实行计划生育政策，还因传统人口观念，世人在生育问题上以多多益善为主流看法，认为多子多福，子孙香火旺盛是祖宗积德所致。所以，明清期间人口生育水平较符合人们的自然生殖能力和普遍的社会愿望。但限于人口生育资料的不足，有关明清上海士人家族人口的生育水平研究成果还近乎空白，而墓志所记载的生育情况为我们做该方面的

---

①　李宏利：《明清上海士人家庭生育情况探析——以明清墓志为中心的考察》，《社会科学》2017 年第 5 期。

研究提供了很好的基础资料。根据墓志资料统计，所得有效人口样本数总计为 1216 人，其中男性 457 人，占 37.58%，女性 759 人，占 62.42%；有明确生育子女数记载的男性为 400 人，占男性总人数的 87.53%，有明确生育子女数记载的女性为 722 人，占女性总人数的 95.13%。下面仅就所掌握的数据对这一时期的生育状况做一综合分析。①

1. 平均生育子女数分析

由样本墓志统计可知，明清时期出生男性总数为 3587 人，出生女性总数为 2472 人，出生性别比为 145：100，这一数字无疑说明有许多出生的女孩在墓志中未予记载。因为人口学家及人类学家普遍认为，自然的出生性别比在特定的时期内十分稳定。在正常的社会条件下，大致在一个正常值范围内、围绕某一中心而略有波动。目前国际公认的这一正常值范围是 105±2。② 由明清墓志出生性别比可推测，墓志所记录的平均生育子女数存在一定误差。根据墓志统计，我们可将男性、女性的平均生男数和生女数分别列出，具体可见表 2-10。再根据自然出生性别比的比例计算生育女孩的推测数量，并以此推算明清士人家族人口的男性、女性以及综合平均生育子女数。

根据表 2-10，我们可以知道，明清时期每个样本女性平均生育 1.60 个男孩、1.15 个女孩；每个样本男性平均生育 2.49 个男孩、1.79 个女孩。若按照自然出生性别比（105—106）计算的话，则每位样本女性平均生育 1.52 个女儿，每位样本男性平均生育 2.36 个女儿。这样，我们可以推测出明清时期士人家族中的每位男性平均生育子女数为 4.85 个，每位女性平均生育子女数为 3.12 个。③

表 2-10　　　　　明清男性女性生育男孩、女孩数测算统计

时期	女性（总数 722 人）			男性（总数 400 人）		
明代	生育女性总数 550 人			生育男性总数 276 人		
	生男数	生女数	生育总数	生男数	生女数	生育总数
	868	615	1483	689	489	1178

① 李宏利：《明清上海士人家庭生育情况探析——以明清墓志为中心的考察》，《社会科学》2017 年第 5 期。
② 刘爽：《中国的出生人口性别比失常及其思考》，《甘肃社会科学》2007 年第 6 期。
③ 李宏利：《明清上海士人家庭生育情况探析——以明清墓志为中心的考察》，《社会科学》2017 年第 5 期。

续表

时期	女性（总数 722 人）			男性（总数 400 人）		
清代	生育女性总数 172 人			生育男性总数 124 人		
	生男数	生女数	生育总数	生男数	生女数	生育总数
	289	213	502	307	227	534
合计	1157	828	1985	996	716	1712

注：其中女性生男、生女数是根据墓志实际统计得出，男性生男、生女数是根据女性生育性别比和男性生育总数计算得出。

要探求平均生育子女数，绝不可忽略婴儿死亡率这一指标。正如婴幼儿早亡率对平均死亡年龄的影响一样，婴儿死亡率对墓志统计的平均生育子女数也具有极大的影响。因为古代社会的医疗保健水平比较低，动辄就会出现婴儿死亡。而根据墓志资料，记录婴儿死亡的非常少，通过墓志统计的平均生育子女数只有经过婴儿死亡率的修正才可以探知比较真实的子女生育数水平。这里，我们还可以借助侯杨方先生的研究成果（见本章第二节中有关子女早亡分析），即上海曹氏家族的婴儿死亡率为 283‰，因为曹氏是典型的士人家族，其 1/5 的男子为生员以上的绅士或官员，与本书的研究对象同属士人群体。根据明清上海士人家族女性平均生育子女数（1985÷722≈2.75）和男性平均生育子女数（1712÷400＝4.28），以及283‰的婴儿死亡率，我们可以求知女性生育子女总数为 2768 个，男性生育子女总数为 2388 个，这样修正后的女性平均生育子女数为 3.83 个，男性平均生育子女数为 5.97 个。

2. 男性生育子女数分析

传统社会的家庭以男性为主，为"事宗庙、继后世"，男子可娶妻纳妾以繁宗族。男子生育子女数实际上就是家庭生育子女数。

彭希哲、侯杨方以《澄江范氏家谱》为基本研究资料，结合其他的史料，对明清时期 600 年江南范氏家族的出生、死亡等人口现象进行了分析。研究表明，中国明清时期自然生育率状态下江南地区家庭生育子女数在 5—6 个。[①] 范氏家族绝大多数人口居住在今江苏省江阴市境内，还有少数居住在今江苏省昆山市境内，该地区离上海较近，同属江南地区，其生育情况可为本研究做一重要参考。所不同的是范氏家族从社会阶层上

① 彭希哲、侯杨方：《1370—1900 年江南地区人口变动与社会变迁——以江阴范氏家族为个案的研究》，《中国人口科学》1996 年第 3 期。

讲，基本上是一个普通的家族，在其长达 600 年的历史中，3400 多个男性成员仅在明代出现过一个进士，另外仅有寥寥数人做过中下级官僚，而本研究的样本群体则为社会的中上层人群。① 根据墓志资料统计，家庭子女生育数相当于本研究的男性生育子女数，根据墓志统计以及 283‰ 的婴儿死亡率测算，明清上海士人家族的家庭子女生育数为 5.97 个，这个数字比较接近彭希哲、侯杨方研究结论的上限。由这两项数据对比可知，明清时期，士人家族的家庭生育子女数与普通家族的家庭生育子女数相差不多，其平均生育子女数比普通家族家庭生育子女的中间值略微高一些。其中，士人家族男性可以置侧室、娶小妾是提高家庭生育子女数的主要原因。

在 400 位男性生育统计中，有 15 位男性没有生育子女，占总数的 3.75%（见表 2-11）。

表 2-11　　　　　　　　　明清未生育男性统计

序号	墓志名称	身份	年龄	居住地	来源
1	潜山县学训导沈君墓志铭	墓主	61	嘉定	（明）娄坚《学古绪言》卷十
2	王邦献墓志铭	墓主	68	淀山湖	（明）归有光《震川先生集》
3	明太医院吏目徐公（学礼）暨配李孺人合葬墓志铭	墓主	77	嘉定	《新中国出土墓志（上海、天津）》
4	奉训大夫宁海州知州沈君墓志铭	墓主	56	松江	（明）陆深《俨山集》
5	兄守斋先生墓志铭	墓主	37	华亭	（明）孙承恩《文简集》
6	草堂先生王经墓	墓主	65	安亭	《嘉定碑刻集》
7	沈贞甫墓志铭	墓主	42	安亭	（明）归有光《震川先生集》
8	处士思岩唐君墓志铭	墓主	47	世家上海	（明）陆深《俨山集》
9	沈高士公路墓志铭	墓主	50	嘉定青浦	（明）董其昌《容台文集》
10	海鸥居士卫君生墓志铭	墓主	60	松江	（明）顾清《东江家藏集》

① 李宏利：《明清上海士人家庭生育情况探析——以明清墓志为中心的考察》，《社会科学》2017 年第 5 期。

续表

序号	墓志名称	身份	年龄	居住地	来源
11	皇清诰赠荣禄大夫诰授奉政大夫工部虞卫司郎中刘君墓志铭	墓主	29	上海	童立德、宋路霞《南浔小莲庄刘家》
12	苏州府教授俞昌言墓志铭	墓主	54	嘉定	《嘉定碑刻集》
13	黄损之墓志铭	墓主	70	宝山	《休复居文集》卷五
14	赠奉直大夫国子生金乐墓志铭	墓主	71	嘉定	《嘉定碑刻集》
15	苏州府教授俞君墓志铭	墓主	54	嘉定	王昶《春融堂集》

这部分男性的平均年龄为 56.06 岁，这一生命周期对于生育子女来说应该是足够长的。此外，男性还可以通过纳妾置侧室来保证子嗣的延续，如奉训大夫宁海州知州沈君有元配郑氏、继配潘氏，但她们均未生育；再如海鸥居士卫君虽置侧室，但也同样没有生育子女。因此，我们可以判断，以上男性不育是由于其本身的生理原因造成的。

明清社会，虽然男性有纳妾置侧室的权利，但限于各种原因，多数男性还是维持一夫一妻的家庭结构。根据明清墓志资料统计，共有 177 位男性或有继配，或有侧室，或有媵妾等。而男性样本总数为 464 人（在墓志中有些墓主为女性，未对其丈夫作专门记录，但有其丈夫侧室或媵妾生育的记载，而这部分男性也应该计算在统计总数中，统计共有 7 位这样的男性，原有效男性人口 457 加上这部分人数，男性总数为 464），这样一男配多女的男性样本数占男性总数的 38.15%。这是造成男性生育子女数高于女性生育子女数的主要原因。[1] 具体如表 2-12 所示。

表 2-12　　　　　　　　明清男性继配、纳妾统计　　　　　　单位：人，%

时期	有继配、再娶的男性人数		有侧室或媵妾的男性人数		有效男性人数	一男配多女的男性占比
	人数	占比	人数	占比		
明代	52	16.25	83	25.94	320	42.19
清代	21	14.58	21	14.58	144	29.16
合计	73	15.73	104	22.41	464	38.14

---

① 李宏利：《明清上海士人家庭生育情况探析——以明清墓志为中心的考察》，《社会科学》2017 年第 5 期。

从表 2-12 中不难看出，真正置侧室或纳妾的男性比例仅为 22.41%，有 15.73% 的男性是因为前妻去世而再娶的。根据墓志资料统计，一夫多妻（妾）下的男性生育子女数如表 2-13 所示，根据墓志统计计算的男性平均生育子女数为 5.21 个，若按自然性别比推算则为 5.76 个。① 在自然性别比推算的基础上，再依据 283‰ 的婴儿死亡率计算可知，明清上海士人家族中一夫多妻（妾）家庭中男性的平均生育子女数为 8 个。

表 2-13　　　　一夫多妻（妾）家庭结构的男性生育子女数统计

时期	墓志男性生育记载			按性别比计算	
明代 （135 位男性）	生男数	生女数	平均生育子女数	生女数	平均生育子女数
	416	309	5.37	394.31	6.00
清代 （42 位男性）	生男数	生女数	平均生育子女数	生女数	平均生育子女数
	107	90	4.69	101.42	4.96
合计	523	399	5.21	495.73	5.76

一夫一妻情况下的男性生育子女数如表 2-14 所示，根据墓志统计计算的男性平均生育子女数为 3.57 个，若按自然性别比推算则为 4.20 个。② 同样，在自然性别比推算的基础上，再依据 283‰ 的婴儿死亡率计算可知，明清上海士人家族中一夫一妻家庭中男性的平均生育子女数为 5.86 个。

表 2-14　　　　一夫一妻家庭结构的男性生育子女数统计　　　　单位：人

时期	墓志男性生育记载			按性别比计算	
明代 （141 位男性）	生男数	生女数	平均生育子女数	生女数	平均生育子女数
	273	180	3.21	258.77	3.77
清代 （82 位男性）	生男数	生女数	平均生育子女数	生女数	平均生育子女数
	208	135	4.18	197.16	4.94
合计	481	315	3.57	455.93	4.20

墓志资料显示，男性生育期限也较长，七十多岁的男性还可以生子。如《明故处士封君墓志铭》（见《徐氏海隅集》卷十七）所记："君姓封

---

① 李宏利：《明清上海士人家庭生育情况探析——以明清墓志为中心的考察》，《社会科学》2017 年第 5 期。

② 同上。

氏，讳炳，字显臣。封，故姬姓，为颛帝后裔，周时有掌封之官，因以官为氏。汉唐间世多显人，宋建炎初有讳载谊者，以承事郎从康王渡江，遂占籍于嘉定，故今马陆塘之封氏为邑着姓。……而君年七十五复举一子，今所遗十岁儿廛是也。"嘉定人封君，年七十五岁又生一子，这在当今社会也算难得的了。①

3. 女性生育子女数分析

现代人若谈及生育水平，总会不假思索地将其与女性挂钩，诸如年龄别生育率、总和生育率、再生产率、胎次等指标无一例外是依据女性年龄进行统计。但若回溯到明清传统社会里，我们会发现，女性生育子女数对整个家庭来说是不完整的，一个家庭的"香火是否旺盛"要看男主人的生育子女数，因为他可以有多个女性为其生儿育女。

明清时期女性生育子女数统计计算如表 2-15 所示，可以看出根据墓志统计计算的女性平均生育子女数为 2.75 个，按自然性别比计算的平均生育子女数为 3.12 个。② 在自然性别比推算的基础上，同样依据 283‰的婴儿死亡率计算可知，明清上海士人家族中女性的平均生育子女数为 4.35 个。

表 2-15　　　　　　　　明清女性平均生育子女数统计　　　　　　　单位：个

时期	墓志女性生育记载			按性别比计算	
明代 (550 位女性)	生男数	生女数	平均生育子女数	生女数	平均生育子女数
	868	615	2.70	822.75	3.07
清代 (172 位女性)	生男数	生女数	平均生育子女数	生女数	平均生育子女数
	289	213	2.92	273.93	3.27
合计	1157	828	2.75	1096.68	3.12

由于明清社会的家庭结构为一夫多妻（妾）或一夫一妻，所以我们可以分别通过这两种类型的家庭进一步认识不同家庭模式下的女性生育子女数。

由统计可知，明代墓志样本中有 135 个家庭为一夫多妻（妾）的结构，在这些家庭中有 342 位女性为其所属的男主人生儿育女，家庭生育男孩总数为 416 个，家庭生育女孩总数为 309 个。这样，每位女性平均生育 1.22 个男孩，生育 0.90 个女孩。清代墓志样本中有 42 个家庭为一夫多

---

① 李宏利：《明清上海士人家庭生育情况探析——以明清墓志为中心的考察》，《社会科学》2017 年第 5 期。

② 同上。

妻（妾）的结构，男主人所属的配偶或媵妾共有 96 位女性。家庭生育男孩总数为 107 个，生育女孩总数为 90 个，每位女性平均生育 1.11 个儿子，生育 0.94 个女儿。在此数据基础上，我们可以计算得出在一夫多妻（妾）情况下的女性生育子女数，具体见表 2-16。[①]

表 2-16　　　　　一夫多妻（妾）家庭女性生育子女数统计　　　　单位：个

时期	墓志女性生育记载			按性别比计算	
明代 （342 位女性）	生男数	生女数	平均生育子女数	生女数	平均生育子女数
	416	309	2.12	394.31	2.37
清代 （96 位女性）	生男数	生女数	平均生育子女数	生女数	平均生育子女数
	107	90	2.05	101.42	2.17
合计	523	399	2.11	495.73	2.33

由表 2-16 可知，在一夫多妻（妾）的家庭结构中，根据墓志统计计算的女性平均生育子女数为 2.11 个，按自然性别比计算的女性生育子女数为 2.33 个。[②] 同理，在自然性别比推算的基础上，再依据 283‰的婴儿死亡率计算可知，明清上海士人家族中一夫多妻（妾）家庭中女性的平均生育子女数为 3.24 个。

在一夫一妻的家庭结构中，根据墓志统计计算的女性平均生育子女数为 3.85 个，按自然性别比计算的女性平均生育子女数为 4.49 个。[③] 在自然性别比推算的基础上，再依据 283‰的婴儿死亡率计算可知，明清上海士人家族中一夫一妻家庭中女性的平均生育子女数为 6.27 个。比一夫多妻（妾）情况下的女性平均生育子女数要高出许多，这也充分说明了在一夫多妻（妾）情况下，女性生育力存在一定的浪费（见表 2-17）。

表 2-17　　　　　　一夫一妻家庭女性生育子女数统计　　　　　单位：个

时期	墓志女性生育记载			按性别比计算	
明代 （208 位女性）	生男数	生女数	平均生育子女数	生女数	平均生育子女数
	452	306	3.64	428.44	4.23

---

① 李宏利：《明清上海士人家庭生育情况探析——以明清墓志为中心的考察》，《社会科学》2017 年第 5 期。

② 同上。

③ 同上。

续表

时期	墓志女性生育记载			按性别比计算	
	生男数	生女数	平均生育子女数	生女数	平均生育子女数
清代（76 位女性）	203	132	4.41	192.42	5.20
合计	655	438	3.85	620.86	4.49

根据数据统计可知，722 位样本女性中没有生育子女的人数为 78 人，占总数的 10.80%，这无疑比男性未生育人数比例 3.75%高出许多。[①]

4. 男性、女性生育子女数的关系

根据数据统计，我们现将不同类别的男性、女性生育子女数做一对比，以期探求二者的内在关系（见表 2-18）。

表 2-18　　　　　不同家庭结构的男性女性平均生育子女数比较

类别	女性		男性	
总平均生育子女数	样本人数 722		样本人数 400	
	墓志记录平均生育子女数	按性别比计算平均生育子女数	墓志记录平均生育子女数	按性别比计算平均生育子女数
	2.75	3.12	4.28	4.85
一夫多妻（妾）家庭结构的平均生育子女数	样本人数 438		样本人数 177	
	墓志记录平均生育子女数	按性别比计算平均生育子女数	墓志记录平均生育子女数	按性别比计算平均生育子女数
	2.11	2.33	5.21	5.76
一夫一妻家庭结构的平均生育子女数	样本人数 284		样本人数 223	
	墓志记录平均生育子女数	按性别比计算平均生育子女数	墓志记录平均生育子女数	按性别比计算平均生育子女数
	3.85	4.49	3.57	4.20

因为样本女性均为样本男性的妻妾，所以我们所获得的男性、女性生育子女数与他们本身的总人数也有一定的关系。

先看一夫多妻（妾）的生育情况。女性人数 438：男性人数 177＝2.4746：1；男性按性别比计算的平均生育子女数 5.76：女性按性别比计算的平均生育子女数 2.33＝2.4721：1；在婴儿死亡率修正的情况下，男性平均生育子女数 8：女性平均生育子女数 3.24＝2.4691：1。这两位数基本接近，比较

① 李宏利：《明清上海士人家庭生育情况探析——以明清墓志为中心的考察》，《社会科学》2017 年第 5 期。

符合在一个一夫多妻（妾）的家庭中男、女生育子女数的关系正好等于他们人数的反比。这也进一步证实了采用性别比生育子女数的准确性。

再看一夫一妻的生育情况。女性人数 284：男性人数 223＝1.2735：1；女性按性别比计算的平均生育子女数 4.49：男性按性别比计算的平均生育子女数 4.20＝1.0690：1。在婴儿死亡率修正的情况下，女性平均生育子女数 6.27：男性平均生育子女数 5.86＝1.07：1。这两项数据没有太多的本质联系，但女性人数多于男性，更能准确地反映女性的生育水平。男、女平均生育子女数比值说明在一夫一妻的情况下，女性平均生育子女数高于男性平均生育子女数。若同一夫多妻（妾）情况下的女性生育水平相比更显突出，即平均每位女性要多生育 2.16 个（在婴儿死亡率的修正下为 3.03 个）子女。可见，一夫一妻的女性可充分发挥她们的生育能力，而一夫多妻（妾）的女性生育能力受到限制。

最后，我们看总的平均生育子女数，女性人数 722：男性人数 400＝1.805：1；男性按性别比计算的平均生育子女数 4.85：女性按性别比计算的平均生育子女数 3.12＝1.555：1；在婴儿死亡率修正的情况下，男性平均生育子女数 5.97：女性平均生育子女数 4.35＝1.3724：1。这两项数字都介于一夫多妻（妾）和一夫一妻情况下的数字比之间，正好是一个综合的体现。[①]

5. 生育统计反映的士人特征

墓志中有关生育的统计显示，男女出生性别比为 145：100，这显然不符合自然生育中的男、女性别比例，也再次说明了墓志人口信息的人文特色。我们知道，明清社会只有男子可以参加科举考试，求得功名利禄，举业是传统社会家族发展最有效的途径，而有资格在这条通道上竞争的必须是男子，因此，士人家族更重视生子，只有儿子才有机会通过科举延续士人的身份。墓志作为彰显士人身份的不朽记录更认同"有子不死""传宗接代"的观念，有些墓志甚至只记生男而不记生女。[②] 另外，根据样本墓志统计、性别比以及婴儿死亡指标的修正测算，一夫一妻的家庭中，男性平均生育子女数为 5.86 个，女性平均生育子女数为 6.27 个；而在一夫多妻（妾）的家庭中，男性平均生育子女数为 8 个，女性平均生育子女数为 3.24 个。显然，置侧室尽管降低了女性的平均生育子女数，却极大

---

① 李宏利：《明清上海士人家庭生育情况探析——以明清墓志为中心的考察》，《社会科学》2017 年第 5 期。

② 同上。

地提高了男性平均生育子女数，也即增加了士人家庭的平均生育子女数，这无疑为士人家族维持士人身份提供了更多的可能性。在生育方面的选择性叙述进一步揭示出士人家族的身份特征。

6. 生育水平再理解

根据前文统计分析，我们可以测算出明清上海士人家族男性平均生育子女数为 5.97 个，女性平均生育子女数为 3.83 个；其中，一夫一妻家庭中的男性平均生育子女数为 5.86 个，女性平均生育子女数为 6.27 个。一夫多妻（妾）家庭中的男性平均生育子女数为 8 个，女性平均生育子女数为 3.24 个。就这组数据而言，似乎生育水平比较高，但如果剔除婴儿死亡率以及性别比因素，还原到墓志记录数据，即明清上海士人家族真实历史场景中的生养水平，男性平均生育子女数仅为 4.28 个，女性平均生育子女数仅为 2.75 个。其中，男性生育水平相对较高也是因为置侧室、多妻妾的缘故。如果要与现代社会的生育水平进行比较，那么，也只有女性平均生育子女数 2.75 个更具比较价值。平均生养 2—3 个子女也并非很多，这与我们想象中明清时期很高的生育水平存在一定的差距。

我们知道，明清时期，官府并未对人口生育数量进行指标控制，人们的生育水平比较体现自然生殖能力和普遍的生育意愿。所谓生育意愿，是指出于个人或家庭对子女的偏好、考虑到各种限制条件后的生育愿望表达，包括期望生育的子女数量、性别、生育时间和间隔。理想子女数量和性别结构反映的是普遍可接受的社会价值和生育观念，从概念和测量上都与生育意愿有所差别。[①] 就一般理解而言，明清士人家庭属于社会的中上阶层，他们应该也希望具有多生养的能力，特别是纳妾家庭更充分证明了他们多生养的愿望以及所具有的经济实力。但从这一群体的生育意愿和生育水平来看，还是存在一定的差距。[②] 对明清上海士人家族的生育水平还需再作新的理解。

依据曹树基先生《中国人口史》第四卷《明代卷》、第五卷《清代卷》相关研究成果可知，江南十府或十一府州的人口在江浙两省各自的范围内，人口比重一直至少在半数以至 2/3 以上；而其在全国人口中的比重，明初超过 18%，清代为 9.9% 左右。清代比明代的比重小，是因为清代疆域比明代辽阔，人口迁移的规模比明代大，全国其他地区人口普遍增

---

① 李宏利：《明清上海士人家庭生育情况探析——以明清墓志为中心的考察》，《社会科学》2017 年第 5 期。

② 同上。

加，而使江南人口密集的程度比明初有所减轻，也反映出江南地区容纳人口的饱和程度，即该区域人口数量的绝对增加并不加重它在全国整体人口中的比重，但可以说，江南仍然是全国人口最密集之区，是全国人口的重心之地。①

全国超过每平方公里 100 人的人口密集的府州共有 12 个，江南的 10 个府非但全在里面，并且应该在明代中后期、清代前中期的全国人口发展过程中保持着这一人口密度的优势，因为这 10 府（清代为 10 府 1 州）的人口密度到乾隆时候延及咸丰元年，还是名列全国最高人口密度的府州的前列位置。② 人口密度高意味着人口压力大，人口压力大势必会影响到人们的生育行为。

明清江南文化昌盛、社会繁荣，商品经济有所发展，特别是棉纺织手工业的发展对缓解人口压力有所帮助。尤其在上海地区，明初太祖就指定："松江乃产布之地，止令一府输纳。"③ 所以，上海滨海地区植棉面积迅速扩大，到明代中晚期，"海上官民军灶，垦田凡二百万亩，大半种棉，当不止百万亩"④。随棉花产量的激增，棉纺织手工业也随之急遽发展。至正德年间，上海县和整个松江府"比闾以纺织为业，机声轧轧，子夜不休"⑤，成为全国最大的棉纺织手工业中心，得到"衣被天下"的称誉。棉纺织、桑蚕养殖这类非纯农经济活动虽然回报率较高，但劳动强度很大，从业者非常辛苦。因官府的高税赋和不断增加的人口，催促着人们为生计奔波，大多数人口也只能维持温饱的生活水平，即使号称天下繁盛都会的苏州也是如此。昆山人魏校说："吾苏蕞尔，地不能方二百里，而财赋当天下少半。郡城繁华，四方商旅辐辏。过者啧啧羡富饶，岂知乡氓凋敝！其力穑者终岁勤动，仅能还官。乐岁尚咨寒饥，遇凶岁则饿殍满野，尸填于川，钱粮自此亏额矣。有司鞭挞，血肉淋漓。"⑥ 明代上海邑人叶梦珠说："吾乡赋税甲于天下，苏州一府赢于浙江全省，松属地方抵苏十分之三，而赋额乃半于苏，则是江南之赋税莫重于苏、松，而松尤甚

---

① 吴建华：《明清江南人口社会史研究》，群言出版社 2005 年版，第 88 页。

② 同上书，第 95 页。

③ 见《明太祖实录》卷五六。

④ 见徐光启《农政全书》。

⑤ 见明正德《松江府志》。

⑥ 魏校：《庄渠遗书》卷八《庄渠李氏族属谱序》，文渊阁《四库全书》第 5 册，电子版，第 27—30 页。

矣。"① 无疑，生活的艰难必定会影响生育意愿与生育行为。

潘光旦先生在《明清两代嘉兴望族》中统计了清溪沈氏男性人口世代增长的情况，从1450—1861年的411年中共历11世，男性人口从24人增至602人，平均世代人口增长率为37.12%。郭松义先生抽样统计了清代全国部分省区落籍较久的26个宗族的平均世代男性人口增长速度，其中6个江南宗族总平均男性世代增长率为30.37%。吴建华先生在《明清江南人口社会史研究》中，抽样统计了江南24个宗谱每世代男性人口出生人数，并计出各宗族世代男性人口增长率，通过加总平均，算出总男性人口平均世代增长率为32.15%，即每隔一世代，江南这些宗族平均每百名男性人口可增殖32人，为原来一世代男性人口的1.3倍。从以上数据粗略可知，明清江南男性人口平均世代增长率在30%—40%。根据已有的研究，传统社会每世代为25—30年。② 因此，每隔25—30年，一百名男性人口可增殖30—40人。由此观之，明清江南家族的人口发展基本呈现低速稳定增长的趋势。

李中清、王丰、李伯重等先生研究发现，18世纪以来的中国以及明清江南地方的人口存在婚内节育、流产、堕胎等手段，实际上用自觉的人口行为控制了人口的高增长，否认了马尔萨斯的中国人口盲无节制增长的假说③，澄清了对中国传统社会中的人口增长类型的误解。

李中清、王丰先生对清朝皇室玉牒人口资料研究以后认为，"在中国历史人口中有明显的节制生育行为，这种节制生育的行为主要局限在低社会阶层的人中。对这些人，无论从经济上还是政治上，多子都不一定是多福。在18至19世纪初，不仅男女婚姻年龄都提高了，夫妇，尤其是低社

① （明）叶梦珠：《阅世篇·赋税》。

② 据一些人类学、文化学辞典及《辞海》的解释，一个世代大约为30年，但也有以25年为一世的。刘翠溶先生研究的全国50个家族，男子平均世代长度为33年；姜涛先生研究，孔氏家族平均世代间隔32.4年，司马光家族34年，孙中山家族34年，洪秀全家族32.5年或35.1年；余新忠先生研究苏州彭氏从明初到1867年，共传19世，每世为26年；吴建华先生考察的江南24个宗族的男性世代间隔约为28年。

③ 详见李中清、王丰《人类的四分之一：马尔萨斯的神话与中国的现实（1700—2000）》，三联哈佛燕京学术丛书，生活·读书·新知三联书店2000年版；李伯重《堕胎、避孕与绝育：宋元明清时期江浙地区的节育方法及其运用与传播》，载李中清等《婚姻家庭与人口行为》，北京大学出版社2000年版，第172—196页；侯杨方《明清江南地区两个家族人口的生育控制》，《中国人口科学》1998年第4期；《生存压力下的人口控制行为——中国历史人口学微观研究的评述与再讨论》，载王鹤鸣等《中国谱牒研究——全国谱牒开发与利用学术研讨会论文集》，1999年。

会阶层的夫妇的生育率相当低。延长生育间隔与提前结束生育期是控制生育的两个主要标志。这种在婚内对生育的控制便是我们所称之的'第二种节制性控制机制'"。这种"节制性控制机制"所产生的人口生育率模式与欧洲相比大不相同，婚内年龄别生育率只是欧洲的一半。因为中国传统社会中人们社会活动的单位是集体，西方是个人，使中国社会中婚姻不可选择，西方社会则可限制婚姻来控制人口增长，这是预防性抑制，但中国则对婚内性生活、生育加以节制，甚至通过溺婴对新生儿进行节制，倒可以接受。不过，"在中国历史上存在着一种对人口增长的节制性控制机制，并不等于说人们都在不断地使用之。这只意味着在需要的情况下，人们可以启动这样一种机制对人口进行控制"①。婚内存在低生育率，这一发现与流行的传统早婚早育造成中国历史人口的高生育率、导致人口快速增长的看法大相径庭。

李中清、王丰先生揭示中国以清代为代表的"人口抑制和人口制度是长期以来的社会、文化和政治传统所造成的。与马尔萨斯强调的个人限制和私有财产不同，中国人口行为是集体责任感和公共制度的结果"。中国历史人口现实发展的四个特征：溺弃女婴使死亡率性别差异大，婚姻性别差异大，已婚生育率低并使持续的高结婚率没有出现高出生的人口，收养率高②，戳破了马尔萨斯理论的神话，认为它在中国历史现实中行不通，没有过剩的人口限制资源的增长。中国历史人口与中国历史研究的更加"中国化"，即从中国本土寻找中国历史人口与中国历史的发展动因与机制，打破了欧洲中心观的文化思维与结论，无疑对理解中国人口历史与现实社会发展具有重大价值，对西方盛行的人口学与人口历史认识发生冲击。③

受历史人口资料的限制，我们目前还不能准确描述明清江南人口的生育状况，但通过个案研究已经发现真实情况的冰山一角，有关的研究也在某些领域推翻了一般的成见。我们需要打破陈旧的观念束缚，深入历史真实的场景中对明清时期的生育水平进行再理解。

---

① 转引自吴建华《明清江南人口社会史研究》，群言出版社 2005 年版，第 108 页。

② 李中清、王丰：《人类的四分之一：马尔萨斯的神话与中国的现实（1700—2000）》，三联哈佛燕京学术丛书，生活·读书·新知三联书店 2000 年版，第 13—14、30、155—160 页。

③ 吴建华：《明清江南人口社会史研究》，群言出版社 2005 年版，第 107—109 页。

三　生育观念及行为

生育观念是生育文化的重要内容之一，是人们对生育现象的认识和态度，它是人们在婚育繁衍过程中形成的观念、道德、习俗和制度的综合。它的核心是生育意愿，也称生育观，主要包括对生育子女性别的偏好，对生育子女数量的期望，生育的目的和意义，人们对生育行为的价值取向、行为准则和风俗习惯等思维模式的总和。① 儒家传统认为婚姻的目的是通过有序生育保持家族绵延不绝，上以事宗庙，下以继后世，因此"子嗣传承"最能体现中国传统生育观。总的说来，明清上海士人家族继承了古代儒家"子嗣传承"的生育观念，由此也派生出一些具体的观念与行为。

（一）传宗接代

传宗接代是婚姻的主要目的之一，是古代中国最为传统的生育动机。《礼记·昏义》言"昏礼者，将合二姓之好，上以事宗庙，而下以继后世也"；《唐会要》载"婚姻之礼，人伦攸尚，所以承绍家业，嗣继祖妣"。中国传统家庭以男性为主，以父系为世袭，女子婚后就由自己的父姓家族转入夫姓家族，家族的姓氏传递通过男性后裔进行。这种父系家族制决定了承继祖业，传宗接代的人非人伦男性莫属，只有儿子才能传宗接代②，由此产生了重男轻女的生育偏好。《诗经·小雅·斯干篇》曰："乃生男子，载寝之床，载衣之裳，载弄之璋"，"乃生女子，载寝之地，载衣之褐，载弄之瓦"。这种重男轻女的观念在数千年的传统社会中根深蒂固，影响至深。

在明清上海士人墓志中，有关男性子嗣传承方面的记录非常详细，如明代《中宪大夫湖广提刑按察司副使张公墓志铭》（《弇山集》卷七十）载："公姓张氏，讳鸣凤，字世祥，上海人也，别号梧冈子。状称张之先出南轩，后自汴扈从而南，因家上海。有讳楷之仕元至提举，楷之生海运万户达之，达之生询，询仕我朝至贵溪知县，贵溪生海宁教谕复吉，教谕生云林隐君述，云林生绍，字宗道，别号晚节，冠带监生赠刑部主事公之祖也，刑部生应天府丞讳黼，字仕钦，别号养恬，丁未进士，配尹氏，赠安人，寔生公，公生未浃旬，而尹安人卒，鞠于大母以成。"再如清代

---

① 唐莎莎：《中国传统生育观念的变迁及价值走向》，《新中国60周年与贵州社会变迁学术研讨会暨贵州省社会学学会2009年年会论文集》，2009年。

② 同上。

《清诰赠奉政大夫云南景东府掌印同知荻滩谢公（鸿）暨配蒋太宜人合葬墓志铭》载：“明正德间，郡庠生岁贡养松公□讳青□□文正公讳迁，往来云间。养松公爱泖峰之秀，遂家□为由浙迁淞之□。青生仰松，仰松生敬松，敬松生吟泣，代有隐德。”这种男性子嗣记录行为本身就体现了传宗接代的观念。

如果没有男性子嗣，或置侧室以求生子机会，或哀其无子延续香火。如《明从仕郎直内阁诰敕房中书舍人潘君（云骥）墓志铭》记：“方伯公既哭之恸，而伤其未有一息之继。”根据志文记载：“其有一子，未成殇而夭，有三女。”生女再多，也无法代替儿子来传宗接代。又如《明故沈（日昌）母徐孺人墓志铭》载：“独以无后为忧，数欲为嗣续计。竟自捃拾其囊中以置侧室，今二子之母也。”墓主作为妻子不能生育男儿，便以丈夫无子为忧，自己筹资为其夫纳妾置侧室，所幸生有二子，免除了无子传宗接代之忧。再如《明故承事郎大兴县丞致仕韩公（思聪）墓志铭》载：“公多懿行，宜寿享期颐，胡止于斯？然仁者有后，观公诸子若孙森如兰玉，克世其家，可谓有后矣。”“有后”成为“仁者”“懿行”的回报，可见传宗接代对于士人来说多么重要。［以上四篇墓志均见《新中国出土墓志（上海、天津）》］

为了达到传宗接代的目的，有女无子的家庭可以通过“招赘婿”的方式来实现，如《朱隐君墓志铭》（见《震川先生集》卷十九）记载：“君讳斑，字朝贵，苏州嘉定人，……始姓赵氏，中冒陈氏，而赘于朱。赵湮微不可考，朱母之子繁衍，遂为朱氏。故里人皆称为桥内朱家云。”子孙依女方姓朱，而不姓赵，承接了女方家族的香火。当然，从生育的角度讲还是希望能生男儿，实在无子，也只能不得已而为之。有时候，入赘男方子孙还可能恢复原姓以承继男方的香火，如《明李君惟善（元）墓志铭》［见《新中国出土墓志（上海、天津）》］载：“君姓李氏，讳元，字惟善。……配张氏。子男三：澈、瀚、渠，澈、渠皆前死。瀚，县学生。孙男二：一鹏、一鸾。女一，适宣应楫，县学生。曾孙男一：绍先。君以赘，……己生三子，皆姓张氏，而渠复为潮子，聚是二姓，欢无间嫌。及翁年老，乃以潮后张氏，而归其三子之姓。”所以，尽管招赘婿可以达到传宗接代的目的，但毕竟不太可靠，还是希望本人可以生子，以继后世。

前已述及，传统社会盛行一夫多妻妾制，这种婚姻形式的主要目的之一就是广重继嗣，传宗接代，如班固在《白虎通·嫁娶》中言：“天子、诸侯一娶九女者何？重国广继嗣也。适九者何法？地有九州岛，承天之施，无所不生也。一娶九女，亦足以承君之施也。九而无子，百亦无益也。……或曰天子娶十二女,法天有十二月,万物必生也。……娶三国女何?广异类也。恐一国血脉相似,俱无子也。……大夫功成受封,得备八妾者,重国广继嗣也。……卿大夫一妻二妾者何?尊贤重继嗣也。"其中"九女"和"十二女"分别具有"无所不生"和"万物必生"之义,重点都在"生",都在于传宗接代。《明会典·刑部律例》规定:"亲王妾媵十人,一次选;世子、郡王妾媵四人,二十五岁无子具二人,有子即止;三十无子始具四人;将军三十无子具二人,三十五无子具三人;中尉三十无子娶一妾,三十五无子具二人;庶人四十以上无子者许娶一妾。"无子即可娶妾,目的就是生子以传宗接代。中国历史上甚至有年龄高达九十还纳妾的。《太平御览》卷三八八引《风俗通义》:"陈留有富室公,年九十无子,娶田家女为妾。"

从墓志中可知,"传宗接代"重宗族的延续,对于一些大家庭来说,如果有同辈兄弟已有子嗣传承,则本人"传宗接代"的压力就会小些,甚至可以免除生儿子的责任。如《草堂先生王经墓》(《嘉庆安亭志》卷十五)载:"配张氏无出,或劝之纳小君,尝曰:'子之有无,命也。吾弟有子以存宗嗣,犹吾子也。何以妾为?'竟亦弗纳。"墓主将"子之有无"归结为"命"的安排,充分反映了当时士人对子嗣的重视。因其兄弟已生儿子,认为可以延续本家族的香火了,就放弃了纳妾的打算。

无子的苦恼还体现在日常生活中,如《中书舍人吴君墓志铭》(见《潜研堂文集》卷四十三)载:"沁可课幼女读唐人绝句诗,略能上口,令拜予作男子揖,世俗言以此厌无子也。"令女子作男子揖,就是当时社会普遍存在的一种厌烦无子的行为。

(二)多子多福

中国传统家庭崇尚人丁兴旺、子孙满堂,认为"有子万事足""早养儿早得福""多子多福"。《诗经·大雅·假乐》用"千禄百福,子孙千亿"的颂词祝愿和歌颂西周天子,将"千禄百福"与多子多孙相提并论,反映了"多子多福"的生育观念。由于螽斯这种昆虫的繁殖能力极强,传统社会常用"螽斯衍庆"之类的吉语祝愿其多子多孙。在吴地,"多子多福"还衍生出一种生育性别比例的观点,习俗认为,正常的生育结果应该是男女齐全,而理想的组合比例是"五男二女",即所谓"五子登科""七子团圆"①。清代康熙年间,江南某府吏郑某十八岁结婚,每年一

---

① 张国洪:《吴地传统生育观概述——吴地传统人口思想的民俗学考察》,《学术月刊》1997 年第 8 期。

胎双胞，至 36 岁共有子女 36 人，结果被视为福星高照，盛世瑞祥，受到各级政府的表彰和奖励。①

从经济角度看，在传统的农耕经济条件下，自给自足的小农生产方式占主体地位，它的特点是"男耕女织""男主外、女主内"，男子田间劳作，养家糊口，男性劳动力越多，便越能扩大生产，获得较好的收益。从社会角度看，多子多孙标志着家族人丁兴旺，能提高家族的社会地位。一般说来，家族势力的大小是与子孙的多少成正比的，子孙越多，家族势力就越大。尤其是在与外族发生纠纷或冲突时，宗族力量的大小与强弱就会在解决纠纷的过程中充分显示出来。人多势众的宗族常常恃强凌弱，人丁孤单的宗族则往往处于弱势地位。历史上这类事件俯拾即是。从心理方面考虑，子孙满堂能光宗耀祖，可以使人们得到心理上的满足，而且也较有安全保障。② 对于士人家族来讲，人丁兴旺不仅使家族人多势大，而且可以增加家族成员科举入仕或通过其他途径进入仕途的机会。③

明清上海士人家族也继承了这种"多子多福"的观念，在墓志资料中也多有记录。如明代《杨母王孺人墓志铭》（见《文简集》卷五十七）记载：

> 孺人生四子：长伯父讳秀，先卒，配张氏；次即吾父，娶吾母张氏；次叔采娶高氏；次叔颖娶姚氏；女五：长适散官秦公缙；次适光禄丞周公时勑；次适唐公僎；次适戴公忠，俱国子生；次适马湖守顾公潜；孙男九人：濂、洛、滂、沛、汴、浙、汶、沏、洸、濂、汶早世，沛幸忝，戊子乡荐。孙女六：适孙亢、宋世承、唐自新、吴铠、张宗美、刘升。刘，国子生；孙与唐，俱庠生。曾孙男三：继椿、继梅、继桂；曾孙女四。初，我曾祖母之存也，尝祝多男以大厥宗。孺人乃果屡育，蔓延诸孙。姑犹及见之。孺人日引幼稺嬉戏，姑侧我曾祖母，用是大慰。孺人退且督，教子若女，故我族胤之昌，且无大辱其先者，实由孺人致是，有百世之功者也。

---

① 岳庆平：《婚姻志》，上海人民出版社 1999 年版，第 94 页。

② 潘贵玉：《婚育观念通论》，中国人口出版社 2003 年版，第 325—334 页。转引自唐莎莎《中国传统生育观念的变迁及价值走向》，《新中国 60 周年与贵州社会变迁学术研讨会暨贵州省社会学学会 2009 年年会论文集》，2009 年。

③ 李宏利：《明清上海士人家庭生育情况探析——以明清墓志为中心的考察》，《社会科学》2017 年第 5 期。

墓主王孺人生四男五女；有孙男九人，孙女六人；有曾孙男三人，曾孙女四人。可谓人丁兴旺、子孙满堂。志文以"尝祝多男以大厥宗，孺人乃果屡育，蔓延诸孙……故我族胤之昌……实由孺人致是，有百世之功者也"表达对墓主的赞誉，同时也反映了"多子多福"的传统生育观念。①

清代《钝闲诗老张先生墓志铭》（见《潜研堂文集》）记载：

> 钱孺人，国学生衍之女，勤俭自持，白首相庄，无交谪声，年七十有九而卒。子五人，承钧、承恂、葵、承诗、承礼，承恂、葵、承诗皆邑庠生，葵为弟西崝后。女三人，婿国学生朱绍绪，附贡生金日藻，国学生钱肇寿。孙十三人，曾孙五人，孙琏、曾孙彦曾皆邑庠生。

> 铭曰：诗老之称，肇自溪南。松圆继之，得公而叁。辛固奇士，所患朴直。程亦逸才，所乏风力。猗欤先生，有实有华，根柢盘固，亦正而葩。一命非荣，千秋斯寿。封侯万户，不如千首。诗家长城，超程轶辛。碌碌余子，曾何足论？井椁既营，玉灵高吉。陵谷可移，诗名不灭。

墓主生五男三女，有孙十三人，曾孙五人。在志铭中称赞"有实有华，根柢盘固""封侯万户，不如千首"，认为子孙兴旺胜过封侯万户，同样体现了"多子多福"的价值取向。从以上两例墓志可以看到，有关子女配偶的记录一样详细，没有什么差别，如果女婿具有士人身份，其记录甚至更为细致，可见，如果女儿婚配为士人阶层，其重要性甚至超过不具士人身份的本家男子。

螽斯之德的赞誉也见于上海士人墓志。如《明故大理寺少卿董公（恬）继室唐夫人墓志铭》载"曰螽之斯胤育烝，亦教有成道弥亨"；《明吴淞江守御所千户施武略室宜人钟氏之墓志》[以上两篇墓志均见《新中国出土墓志（上海、天津）》]载"生七男□女，述有螽斯之风"。

（三）相关行为

为了能够传宗接代、家族兴旺，传统社会还派生出一些相应的生育行为，除了上文提及的纳妾置侧室和招赘婿之外，还有过继、收养、浅埋等

---

① 李宏利：《明清上海士人家庭生育情况探析——以明清墓志为中心的考察》，《社会科学》2017年第5期。

衍生行为。

过继和收养之俗古已有之。《诗·小雅·小宛》言："螟蛉有子，蜾蠃负之。"笺云："蒲卢（细腰蜂）取桑虫之子，负持而去，煦妪养之以成子。"后代即以螟蛉为养子的代称。收养的目的主要是传宗接代。如史氾三①因无亲生之子，收养侄儿作为亲子，希翼今后"世世代代，子孙男女，同为一活"。在实际生活中，收养子女确有如同亲生子女一般，孝顺到头，善始善终者。在收养民俗中，儒家的宗族观念和孝道思想起着主宰作用：养男传宗接代，并成为家庭的劳动力；养女供人役使，类似婢女的作用。二者都寄托着养老送终的用意。②

明清上海士人家族也不乏此例。如《明太医院吏目徐公（学礼）暨配李孺人合葬墓志铭》［《新中国出土墓志（上海、天津）》］记载："李孺人亦邑之着姓，家事中落，幼即陈夫人女字之，十六而归于公室。公之所以有家者，实孺人拮据之也。初举一子，不育，已不更举，即多寘妾媵而善遇之。伺公颜色所及，无不先意委顺，庶几缪木之风焉。先公十八年卒。公无子，始从兄之子兆佐少孤无依，公即抚之如子，衣食教训，以至婚娶成立矣。而念从兄无别人，礼长子不为人后，乃析其产之半给兆佐。使仍祀从兄。而以谟次子兆稷为之后，今丧葬公者皆兆稷也。"墓主徐学礼无子，先收养从兄之子兆佐，直到兆佐婚娶成家。后来，考虑到从兄也没有其他子嗣，为了从兄也有子男能承继宗祧，便将其一半家产分给兆佐，让其另立门户，以使从兄传宗接代。自己又收养其弟徐学谟的次子兆稷为后。

过继和收养一般选择在兄弟之间，从血脉上讲依然属于同宗。如《王邦献墓志铭》（见《震川先生集》卷二十）载："君母沈氏，城武知县存之女。娶任氏，无子。同母弟杲生二子，继忠、继孝，君抚教之如一，而以继忠为嗣"；《王君时举墓志铭》（《震川先生集》卷二十）载"君卒于嘉靖三十四年某月日，享年六十有二。娶严氏，生子男女皆五人：男，用宾、用卿、用才、用享、用文；女嫁某、某。孙男女几人。而君之昆弟亦五人，翔、翀、翎，皆弟也；翔无子，以用享为后"；《阙氏三世墓表》（见《东江家藏集》卷二十九）载："阙氏世为上海人，……君之父，存耕处士，讳璇，字孟仪者，葬其左。……五子：其长即廷器；

---

①　见《宋干德二年（964）史氾三立嗣文书》，转引自李博《唐末五代宋初敦煌地区乡规民约考析——以敦煌出土汉文收养文书为例》，《甘肃社会科学》2013 年第 4 期。

②　岳庆平：《婚姻志》，上海人民出版社 1999 年版，第 99 页。

次颙，字廷用，工部营缮所大使；次即颢，新除江西抚州府儒学训导；次鼐先卒；次辅，继从叔伦之后。女四：适潘济、陈孟杰、丘宗器、张谏。孙男六：思明、思补、思聪、思齐、思训、思问。女四人。廷器娶同里平氏早卒，无子，以鼐之子思聪为嗣。"如此，无论是从宗族血缘，还是家族财产，都不至于外流。

当然，也有过继给其他姓氏的。如《萧山县主簿沈文圃墓志铭》（见《清江东志》卷十）载"公之先，姓卜氏，世为嘉兴人。国初有文旺者徙居嘉定吴淞江之东，生子明。子明生辰，辰娶沈氏；生良，良生镒。而沈氏无子，良命镒子而祀之，因从其姓。镒三子：曰湍，能治生，先世之业益大；曰洴，仕为武毅教谕，当时称儒宗。君，湍之子也，讳东直，字从墨，号文圃居士"。其中"洴"即为过继之子，沈洴，字伯英，嘉定县高桥镇（今属浦东新区）人。嘉靖二十九年（1550 年）岁贡生，后任江西南城训导、武义教谕。

在明清上海士人家族墓志中，还有关于"浅埋"求子的记录。即妻子因未能生子，要求死后浅埋权厝，以求夫君能与继室或侧室早日有子。如《明（唐）元载配陈孺人（懿宁）墓志铭》［《新中国出土墓志（上海、天津）》］记载："语其夫子元载曰：'妾不育，使君弗胤。妾死，勿纳于藏，殡妾浅土以俟君之胤也。'殡八载，犹弗胤。元载不忍久在浅土，乃后。希贤为孺人从子。"① 从志文可知，墓主去世八年，其夫仍未得子，后不忍墓主久在浅土，乃归葬，并收养希贤为从子。

传宗接代、多子多福尽管是明清士人普遍接受的生育观念，人们也采取了一些行为以实现这一目的，但还是有人无儿无女，甚至也没有养子以养老送终。士人家族作为儒家思想的守护者，对此也采取了相应的行为——建义冢，使无后者有所归。如《碧溪先生孙公墓志铭》（《俨山集》卷六十九）载："族人体异而派同者也，臧获分殊而理一者也，天若玉汝于成，当立义户，以覆宗党，使无赖者均有所庇，筑义冢以掩骸骼，使无后者得有所归，此吾志也。"我们知道，明清时期以太湖为中心的江南地区，存在着大量的义冢群，义冢一开始由政府颁定地方广泛设置，但后来大多荒芜，而绅商富室主持的慈善组织，维系着大量义冢。墓志中关于义冢的设立进一步佐证了这一社会现象。

---

① 李宏利：《从墓志资料看明代上海士人及其家族成员的葬期》，《浙江学刊》2017 年第 3 期。

（四）其他观念及行为

正如上文分析，士人家族以儒家思想为信条，因此，其生育观也基本上继承了传宗接代、多子多福的传统观念。但随着明清社会的转型发展，以及儒释道思想的交融及其对民间的影响，也产生了一些另类的生育观点与看法。

一种是受佛道影响的生育观。如徐学谟撰《亡友忠伯朱君墓志铭》（见《徐氏海隅集》卷十七）记载："君讳显卿，字忠伯，故王姓，以曾大父瑄赘于朱，生大父景，遂冒朱姓，……乃君竟无子，而以从弟绍卿之子士元为后，遵治命也。君卒于万历二年二月二十五日，距其生为嘉靖二年闰四月七日，春秋仅五十有二。元配刘先君卒，葬于新泾祖茔之侧。继杨生一女，早卒。子男一，即士元，聘沈。士元将卜某年月日葬君于荄泾东荒字圩新茔之昭，启刘氏窆合祔焉。先期以其甥县学生陆应麒状走数千里抵书问铭往刘之窆也，余铭之矣，今复以铭君。呜呼！悲夫！铭曰：世谓有子，以目为愉。目之瞑矣，乌知有无。以有非有，何有不徂。以无可无，何无之吁。有有无无，玄化之枢。君执其枢，逍遥天都。后千百年，神求勿磨。"墓主本姓王，因其曾祖父入赘为朱家，从此姓朱姓。由于其本人无子，收养从弟之子士元为后。墓志撰写者——礼部尚书徐学谟结合墓主的身世在墓铭中表达了一种另类的、深受佛道思想影响的生育观，即"以有非有，何有不徂。以无可无，何无之吁。有有无无，玄化之枢"。从传宗接代的角度讲，其曾祖父的入赘改姓已经违背了王姓宗族的子嗣传承，收养士元为子，承继的也是朱姓家族，"有子无子"从其本原来讲，也变得无所谓了。人生境遇的变化，加之佛道思想的影响，这种生育观的产生也是合情合理的。

另外，儒家子嗣收养观念也十分灵活。在收养方面，如果宗族内没有从子可以收养，可变通收养其他人。如明代《潜山县学训导沈君墓志铭》（见娄坚《学古绪言》卷十）记载：

> 君生于嘉靖辛亥八月二十日，卒于万历辛亥正月十六日，享年六十有一。曾祖讳清，祖讳锦，考讳溯源，妣周氏。君踰壮，未尝举子女，顾其族无从子可抚，父曰："吾父视汝叔溯澄如亲生，吾兄弟同居，晚年始分异，今其仲子即弟行也，独不可子抚之乎？"故景曾自孩提育于夫妇，长而训之，以至于成立，为诸生亦有声，生子曰钦一，君携之赴潜山，今且弱冠矣。又有壻一人，曰徐其，女非沈也，而少长于君之室，同于所生焉。或有问曰："弟而为子，殆礼以义起

乎?"应之曰:"可,当其势之穷,与情之无穷,而礼从出焉。虽圣贤犹夫人也,羣从之鲜介子也,吾无如之何也,**而祖父之嗣之不可绝也**。幸有小弱弟焉,则子之而已。叔嫂之无服也,而韩退之为嫂服期年,当时莫或非之,以嫂之抚之犹母也。今之制果义起而期矣,此所谓情之无穷也。若君礼者处乎势之穷,则弟而子之,可也。"

由志文可知,是否可以收"弟"为"子"在文中做了辩论,最后认为"礼出于情,可以弟为子"。文中还引用了唐代韩愈为嫂服期年的例子。可见,儒家"缘情制礼"之说为具体的实际问题提供了灵活变通的理论基础。

对于无子可依的人,墓志资料也为我们提供了另一种灵活变通的做法,如《舅氏沈君墓志铭》(见《潜研堂集》卷四十八)载:"既老,喟然叹曰:'吾久失偶,又无子,踪迹如苦行僧,尚安以家为哉。先人同气,惟妹一人,吾当依吾妹耳。'自是弃家而主我,终日焚香抚琴而已。君之从弟虞明,居重固里,君尝往视之,抚其子某曰:'他日当为我后。'今年七月,忽买舟往重固,问之,曰:'吾旦暮且死,兄妹,亲也,生当相依,死则当归于沈氏。'吾母泣,君亦泣,留之不可。"墓主为清代著名学者嘉定人钱大昕的舅舅,他以"先人同气,惟妹一人,吾当依吾妹耳"为由,与妹妹即钱大昕的母亲生活在一起。后来,自觉将要辞世,又归于居住在重固的从弟虞明,并以"死则当归于沈氏"为由,葬于先茔。

根据李中清、王丰先生的研究,江南人口普遍存在早婚但又有婚内节育的现象,使得江南人口体系独特,保持了人口的低增长,促使我们从更多的角度思考明清上海士人家族人口的生育观念与行为。例如,他们期待生子的比率高,生子的行为就会增多,结果,如果女儿生得多,便产生了严重的溺婴行为。当然,也有因无法有效避孕,男婴也生得多,但迫于生存的压力,实行溺杀的事例,等等。

对于不同地域、不同历史时期的生育观念与行为,我们需要保持一种开放的思维,不可囿于成见,随着历史资料的进一步发掘,必将丰富我们对明清上海士人家族人口生育观念与行为的认识。

四　性别观念及行为

从上述生育统计分析以及生育观念及行为可以看出,士人家族对男女性别显然具有不同的看法。男女性别比的明显走高说明墓志忽略了一些生育女子的记录，不过墓志同家谱比起来相对更准确些，因为从一个家庭的生育情况来看，生育儿子和女儿一般都会记录，但在记录孙子辈、曾孙辈或更远世子孙辈时，则忽略女性的较多。因传统社会的宗祧继嗣以男性为主，所以从总体上表现出重男轻女的倾向。但从墓志的研读中，笔者发现，士人家族对男女性别的观念不是简单的孰轻孰重，而是兼具其他的因素。下面，就士人家族的性别观念及行为做一阐释。

《礼记》言："子生，男子设弧于门左，女子设帨于门右。三日，始负子，男射女否。"① 男女一出生，其以后所担任的角色就已确定。若生男，则把"弧"挂在门的左边，表示生的是男孩，挂"帨"于门右，则表示生的是女孩。因为"弧"为武器，男子长大后学武，示为阳刚，"帨"为布帛之类，女子长大后学针线活，示为阴柔，所学之物决定了他们以后所从事的职业，同时也决定了他们以后在社会和家庭中的角色和地位。在两性关系上，男性是主动的，而女性从属于男性，即夫唱妇随，这就是夫妇之义。"幼从父兄，嫁从夫，夫死从子"，女性不论是为人女、为人妹、为人妻、为人母，她的从属地位都不会改变。②

其实，早在儒家学说创立之前，在《周易》这部古老著作中，就以阴阳概念对男女地位及关系做了不同的规定。乾道成男，乾即健也，男子应具备刚健勇敢、自强不息的基本品格；坤道成女，坤即顺也，女性之美在于柔和顺承，须顺随男子的道理。《系辞上传》开宗明义："天尊地卑，乾坤定矣。"天地尊卑之义既列，那么万物上下、贵贱之位就明了了，男尊女卑也理所当然了。就男女之间的关系，《周易》首先注重阴阳协调，天地相感，男女结合，万物化生的作用，由此才有生生不息的"道"。在夫妇之义上，它强调男为刚、为尊、为主，女为柔、为卑、为从。

明中叶以后，随着商品经济的发展、市民阶层的成熟，"情""欲"之说得到张扬，给传统性别观念带来极大的冲击。王阳明心学突破了传统的贵贱之分，肯定了人与人之间一定程度上的平等。泰州学派代表王艮提出了"百姓日用即道"的命题。李贽进一步发展了王艮的思想，他不仅有较强的平民意识，而且还在一定程度上宣扬男女平等思想，他门下有许多女弟子，对其聪明才智，他给予充分肯定，他明确反对"男子之见尽长，女子之见尽短"的偏见。可以说，同以往历史时期相比，明中叶以后的女性地位得到了极大的提高。尽管如此，传统伦理行为规范因其历史

---

① 王云五主编：《礼记今注今译》（上册），台湾商务印书馆 1979 年版，第 380 页。

② 杨云芝：《三言中的性别意识》，硕士学位论文，贵州师范大学，2009 年。

悠久及深入人心的优势，仍然占据主导地位①，"情""欲"的张扬最终以不同的形式向"礼"俯首称臣。

明清江南地区的士人尤重传统儒家思想，在性别意识方面多持男女有别、男主女从的观点，但"女从"并不是绝对的从属地位，因传统宗法社会的等级礼制、孝悌观念、家族出身以及男女平等思想的提出，在性别观念及行为上并不是绝对的男尊女卑，男主女从，而是分层级的较为复杂的社会角色定位，尤其是在夫妻方面也体现出夫妻一体的特点。

（一）男主女从

《礼记·郊特牲》云："……出乎大门而先男帅女，女从男，夫妇之义由此始也；妇人从人者也，幼从父兄，嫁从夫，夫死从子；夫也者夫也，夫也者以知帅人者也。"夫妇地位差距、男女地位差异由此可知。所以说"夫者扶也，以道扶接；妇者服也，以礼屈服"②。

徙居嘉定安亭的归有光在《贞节妇季氏墓表》（见《震川先生集》卷二十三）中写道：

> 呜呼！男女之分，天地阴阳之义，并持于世，其道一而已矣。而闺门之内罕言之。亦以阴从阳，地道无成，有家之常事，故莫得而着焉。惟夫不幸而失其所天，茕然寡俪，其才下者，往往不知从一之义。先王悯焉，而势亦莫能止也。则姑以顺其愚下之性而已。故礼有与父昆弟之服。至于高明贞亮之姿，其所也有二：其一决死以狥夫，其一守贞以殁世。是皆世之所称，而有国家者之所旌别。然由君子论之，苟非迫于一旦必出于死为义，而出于生为不义，是乃为可以死之道；不然，犹为贤智者之过焉耳。由是言之，则守贞以殁世者，固中庸之所难能也。

> 妇之于其夫，犹臣之于其君。君薨，世子幼，六尺之孤，百里之命，国家之责方殷，臣子之所以自致于君者，在于此时耳。三代以来，未有以臣殉君者也。以臣殉君者，秦之三良也。此黄鸟之诗所以作，而圣人之所斥也。夫不幸而死，而夫之子在，独可以死乎？就使无子，苟有依者，亦无死可也。要于能全其节，以顺天道而已矣。

---

① 杨云芝：《三言中的性别意识》，硕士学位论文，贵州师范大学，2009 年。

② （汉）班固：《白虎通义·三纲六纪》，影印版，钦定四库全书丛书，中国书店 2018 年版。

　　该墓表志文严守传统男女之分，认为"妇之于其夫，犹臣之于其君"，明显地持"男主女从"观点，还以"殉夫""守贞"为高明贞亮之姿。可见，明代江南地区的传统性别观念还是占有一定的优势。

　　从墓志记载可知，父亲为一家之主，故称为"天"，母亲处于从属地位，称"地"，"天从""天夫""终天"都是女子对丈夫的尊称。古人又重孝道，对子女而言，母亲在"二天"或"天地"之中亦占有重要位置，受到极大的尊敬。明清社会实行一夫多妻妾制，正室妻子被其夫称为"良人"，夫妻举案齐眉，甚至可与丈夫分庭抗礼，而媵妾一般被称为"细人"，地位卑微，完全处于从属地位。因此，传统家庭婚姻中男女角色地位不能一概而论。

　　"男主女从"还表现在墓志中对家族成员的记录方面。如绝大多数墓主世系中，祖辈以上的先祖仅记录男性名讳，女性先辈一般不做记录。如《明故唐（侃）孺人左氏（懿正）墓志铭》［见《新中国出土墓志（上海、天津）》］载："六世祖讳良璞，伺宋高宗南渡，授富阳县尹。生讳赟，由富阳迁苏之练川居之，故今世为吴人。曾大考讳天骥，大考讳敬，考讳征，皆隐德弗禄。妣顾氏，以节著名。"有关子孙名讳的记录也比较注重男性成员，有些墓志仅记儿子、孙子、曾孙等情况。如《清钱敬亭（肇然）墓志铭》［见《新中国出土墓志（上海、天津）》］载："配俞孺人，国学生九滋之女，前十一年卒。子三：长瑞恒，县学生；次瑞犀，国学生；次瑞延。孙五：锡奎，国学生；锡圭，县学生；坚金、泽金、式金。曾孙三人。"[1] 根据统计，明清男女出生性别比 145∶100，这明显不符合自然生育中的男女性比例，从另一方面也说明了记男不记女的性别差距。

　　在男尊女卑的社会氛围中，女性表现出一定的社会依附性，这从墓志中妇人因家族、夫、子而贵的现象中有所反映。如《顾母陆孺人墓志铭》（见《弇山集》卷六十三）记载："孺人姓陆氏，讳素兰，议授承事郎省轩顾先生之配，广南太守草堂府君之冢妇，处士筠松先生陆公之季女，太学生定芳之母，而国子司业深之姑也，其卒也，定芳以书来成均请铭，惟广南府君与省轩先生之葬，深皆刻辞，兹则忍，忘吾贤姑耶。"在介绍墓主陆孺人的身份时，分别以其丈夫"议授承事郎省轩顾先生"、其公公"广南太守草堂府君"、其父亲"处士筠松先生陆公"、其子"太学生定

---

①　李宏利：《明清上海士人家庭生育情况探析——以明清墓志为中心的考察》，《社会科学》2017 年第 5 期。

芳"，其外甥"国子司业深"为依托。① "深"即指陆深（1477—1544
年），字子渊，号俨山，松江府人，弘治十八年（1505年）进士，官至詹
事府詹事。从志文来看，妇人不仅从父、从夫、从子，还从公公和外甥，
当然，从公公和外甥并非礼制，但因为他们都入仕为官，记录仕宦亲戚或
姻亲，无疑可以提高墓主的社会地位。

　　从墓志资料来看，男女性别地位也不是一成不变的，因入赘、生计、
婚姻等各种原因也会出现女主男从的情况。

　　如《明故处士杨寅庵（达）墓志铭》［见《新中国出土墓志（上海、
天津）》］载："配俞氏，多内助。侧室徐氏、何氏。子二：长曰松，徐
所出，早卒。次即桂，何所出，克世其家，娶孙氏。女四：长，俞所出，
赘邑人赵霖，颇谙世故，善理家业。次配张钦，太学生。三配邑人顾述。
四尚幼。外孙三：曰骅，曰骝，曰骎。俱霖之子也。"该志文对外孙作了
详细的记录，这种情况一般在墓志中很少见，其主要原因是入赘而造成的
女主男从的地位，按照入赘婚的规矩，子女从女方姓，属女方的后嗣子
孙，所以在其外公的墓志中做了记载。

　　钱大昕在《日讲起居注官翰林院侍讲学士曹君墓志铭》（见《潜研堂
集》卷四十三）志文中记"君讳仁虎，字来殷，别号习庵，本姓杭氏，
世居嘉定之周公村。十四世祖维德，幼孤，依母氏居外家，子孙因以曹为
氏"。从中可知，墓主本姓杭，因生计所迫，投靠母亲家族，从女方
姓曹。

　　再如《舅氏李方禹先生墓志铭》（见《朴村文集》卷十四）记录：
"先生之祖讳某，父讳某，母某氏。初娶徐氏，再娶夏氏。三子：长某，
次某某。女二人：长适姚于倛，县学生，以能文称，出先生所教，将次岁
贡而卒；次适张士英，苏州府学生，予从叔也。"墓主生三子二女，三子
记载非常简单，对二女及其配偶却做了较为详细的介绍，原因是两女婿分
别为县学生和府学生，他们的士人身份为其家族增光添彩。可见，婚姻带
来的资源也会改变男女角色的轻重。

　　总之，男女性别地位的差异始终处于一种复杂的关系网络中，其至亲
的社会地位会改变其所处的境遇。即使身为侧室，依然能获得正妻的待
遇，如《明故封（卫）南埜侧室周氏墓志铭》［见《新中国出土墓志
（上海、天津）》］载："焜其能子矣。泣血具状。夫母，郡医周处士季

---

①　李宏利：《明清上海士人家庭生育情况探析——以明清墓志为中心的考察》，《社会科
　　学》2017年第5期。

女也，南埜纳为二室。子男一，焜也，娶许，生孙一，曰酉郎，尚幼。厝日、厝地，同陆孺人矣。"依礼制，正妻与侧室在家庭中的地位悬殊，侧室是要听命于正妻的，相当于正妻的仆从。但由于其子能力较强，为其母亲争得了同正妻一样的丧葬待遇。

在宗法制度中，大宗能率小宗，借以收族，故在同族中，宗子除父母外，唯己独尊。这样，女嫁而为宗子之妇者地位自高。一般在主祭时，宗子领宗男于外，宗妇领宗女于内。不仅宗妇位高于他妇，且依《内则》云"适子庶子祗事宗子宗妇"，则因主名之结果，又高于适子庶子。可见，性别不能决定人的尊卑，在宗法社会中还是要依传统礼制定高下之分。

（二）夫妻一体

因男主外、女主内的社会分工，以及女性不能参加科举入仕等外部原因，在性别观念及行为方式方面总体上以男主女从为主导。但若仅论夫妻之义，儒家传统则讲求"夫妻一体"。

《白虎通》云"妻者齐也，与夫齐体，自天子至庶人，其义一也"；《仪礼·丧服传》曰"……夫妻一体也，……夫妻版合也"；《周礼》亦谓"媒氏掌万民之判"，注称"判，半也，得耦为合，主合其半，成夫妇也"。传统意义上的"夫妻一体"重在讲求一个统一的人格，因传统社会的运行方式是以男性为主导，所以，这一统一的人格更多的是指将妻之人格为夫之人格所吸收，一切依夫定其分际。夫属父道者妻皆母道，夫属子道者妻皆妇道，与配偶同其荣共其辱。所以，《礼记·郊特牲》云："共牢而食，同尊卑也，故妇人无爵，从夫之爵，坐以夫之齿。"如果夫为天子，妻即后，夫为诸侯，妻即夫人，夫为大夫，则妻为命妇。妇人没有专门的礼仪规定，生礼死事，皆依丈夫尊卑之制。汉时，列侯之妻称夫人；魏晋显宦多授爵，其妻从夫之爵而称夫人，或曰君；唐代，外命妇中，一品及国公之妻称国夫人，三品以上称郡夫人，其下依郡君、县君、乡君等号而递降；宋朝，于郡夫人以下，有淑人、硕人、令人、恭人、宜人、安人、孺人等称谓；元代参照唐、宋之制，妇人封号有七；明代，一品二品之妻皆称夫人；清朝，一品则特称一品夫人，二品仅称夫人，其余自三品至七品，明、清同为淑人、恭人、宜人、安人、孺人之称。

墓志中常见妻子随丈夫的晋升而获得不同的封赠，体现了夫妻一体的观念。如《明诰封张（悦）夫人戚氏墓志铭》〔见《新中国出土墓志（上海、天津）》〕记载："公以名进士发身，□历中外，□四十年，而夫人常与俱，防范周密，家政肃然。凡私卖私干，足迹不敢陷门阈，由是公得□尽忠厥职，而无内顾之尤者，夫人与有力焉。夫人以公贵，初封安人，进封淑人，已而加封夫人，诰敕辉煌，恩宠稠叠，式克□承，亦□遇也。弘治己未，夫人从公致仕还，接乡尚亲戚，依然故态。公以疾卒于家，夫人执丧如礼。"由志文可知，墓主以进士发身，仕宦四十年，多得夫人之助，才成就显赫功名。其妻子也因此而不断得到封赠，由六品安人、三品淑人，直至一品夫人，获得与其夫同等的尊贵。

夫妻一体在墓志中的另一反映就是夫妻合葬，甚至追求夫妻同葬。如《明故义官怡晚宣公（孟宗）妻陆孺人（妙安）合葬墓志铭》[见《新中国出土墓志（上海、天津）》]记："伉俪偕老，同室同穴，人心原欲也。修短不齐，或鳏或寡，人命管束也。并福齐寿，窀穸同吉，公没应瞑目也。有子显贵，为善获报，天道如烛照也"；《娄翁夫妇合葬墓志铭》（见《归有园稿·文编》卷七）载："始，娄翁丧其配沈孺人，而其子应轸卜新茔于邑之城南六里葬焉，而虚其隧道之石，以有待也。至是，翁卒，将启沈孺人之藏，与翁合盖，相距二十三年矣。"明清士人认为"夫妻偕老、同室同穴"是一种福分，即使相距多年而亡，也讲求启墓合葬。

当然，夫妻合葬也体现了传统之"义"，这种"义"也是一种约束性的规定。如《亡姊孙孺人墓志铭》（见《文简集卷》卷五十七）载："宏之死贫无地葬，权厝于其远祖之域，洎科死，其屋之隙地可瘗，又孺人不欲子之远也，遂葬之。予尝问姊百岁后欲何从？曰：从吾儿也。疾革，复以嘱予，顾义不可远夫也。而宏之前葬甚苟，又地远，不便葺视，乃迁之与孺人合窆焉。"墓主之夫因家贫无地葬，权厝于远祖坟茔，墓主又不愿远离其子，在"从儿"还是"从夫"上纠结难定，直至弥留之际，"顾义不可远夫也"，嘱托其弟将其夫"宏"之墓迁移并与之合葬。

夫妻合葬并非古礼，《檀弓》有曰："合葬非古也。自周公以来，未之有改也。"鉴于夫妻一体的观念，后世礼法也就做了变通，如《仪礼》曰"夫妇生时同室，死同葬之"，又曰"合葬所以固夫妇之道也"。所以，《诗》曰："死则同穴。古礼然也。故序而铭之。"

夫妻同葬的事例更能反映夫妻生死一体的观念与行为。如《姚国祥先生夫妇合葬墓志铭》（见《归有园稿》卷七）载："乡进士姚君师鲁丧其父国祥先生十有五年矣，而未克葬也。或以士踰月之礼质进士，君辄不应，第俛而涕泫泫下也。一日私于余曰：'此先君治命也，当属纩时，手不孝鲁而诀之曰："吾脱不起，毋以吾趣之野也。吾少与汝母同历艰难，平生不见离别之色，今汝母尚俨然在堂，而吾独安之乎？且汝母羸而吾故强也，强者业不能待，羸者顾可久乎？盍需之以俟相携入地下也？"'言讫瞑矣。不孝鲁泣，吾母向之亦泣。寻嘱之曰：'汝慎毋忘尔父之言也，即吾意复然。'于是不敢修葬事而勉殡先君于寝，朝夕并吾母而上食，一如平生。既丧三年毕，而吾母幸亡恙，则督不肖鲁上春官。……又三年，而母孺人之讣至矣，进士君仰天大恸曰：'天乎！世有不能掩其父之骨，而复不及于母之含者，尚可比于人数乎！'乃匍匐而奔之。奔至其家，将上堂，而闻乎无所睹闻也，则又仰天大恸，几不能生。而亟营葬地于新泾之原，卜以是岁己丑十二月某日合于祖茔之昭，而图所以不朽其亲者石诸遂，因自为状，属余铭之，则以余故昵于国祥先生也。"对于士人而言，父亡而不修葬事是失礼、更是不孝之举，因此，墓主之子乡进士姚师鲁不克父葬受到人们的质问。由志文可知，墓主以"平生不见离别之色，今汝母尚俨然在堂，而吾独安之乎?"为由，嘱托其子暂不修葬事，"以俟与其妻相携入地下也"①。为成父志，其子"勉殡先君于寝，朝夕并吾母而上食，一如平生"，直至母亡，才将父母一起合葬于祖茔之昭。从中不难认识到，夫妻一体不仅体现在统一的人格方面，也反映在肉体上的合一。

（三）成于女德

在士人家族中，虽然以"男主女从"为主导，但这并不意味着女性的地位就低。因为中国传统宗法社会极其重视礼制，特别是士人家族，更是礼之守护者，而礼制的宗法社会是一个有层级并讲求齿序的系统，从父、从夫、从子的女性获得从方男性同样的尊卑人格。另外，夫妻一体的传统观念同样赋予女性一定的社会地位。在士人看来，女性不仅拥有自身的权利和地位，还是家国兴隆的前提。陆深在《金齿何氏墓表》（见《俨山集》卷七十七）中写道："自古家国之所为隆替者，其始也未有不由于女德，其终也未有不成于子孙，其积累之难也，动以世计；其倾坠之易也，或以旦旬达，于天下一也。"

"成于女德"成为士人家族普遍接受的观念。女德即"三从四德"中所谓的四德，班昭的《女诫》曰"女有四行：一曰妇德，二曰妇言，三曰妇容，四曰妇功。夫云妇德，不必才明绝异也；妇言，不必辩口利辞也；妇容，不必颜色美丽也；妇功不必工巧过人也"。符合礼仪的举止容表不仅有利于家族和睦，还有利于子女教育，妇人的品德、事功更有助于丈夫事业的发展与家族的兴盛。明清上海士人家族墓志中有许多关于女德

---

① 李宏利：《从墓志资料看明代上海士人及其家族成员的葬期》，《浙江学刊》2017 年第 5 期。

的记录，强调其对家族发展的重要作用。

如《明故郁林州吏目陆公（瑶）配苏孺人墓志铭》［见《新中国出土墓志（上海、天津）》］记载："孺人姓苏氏，叶县丞苏公璞庵之女也。孺人母，工部尚书龚公女也。年□八岁，归东涯陆公。陆氏，邑之著姓。……孺人恐其业之不专，一切家事独□□操持，不令东涯公知。东涯公尝试京闱，不获，与荐书，乃循例补入太学。太学六馆□□以资待选者，率二十余年始得一官，士不能需，乞以远方。东涯由是谒天曹，得□广西郁林州吏目。郁林去家五千余里，远甚。孺人不能从，居家综理生计，不藉于东涯公之宦奉，而家业日拓矣。……孺人子可矜，自幼失明，东涯公视之惨□，不忍常见之，而孺人以其子失明之故，其于家事益自勤勉。东涯公自郁林归，至嘉靖三十七年卒。当是时，可矜之子汝鹗方在襁褓，孺人为之䦡恤保护。俟其少长，延经□师诲训，以责其成。家之公私百务骈集，孺人极力持之，而汝鹗若无闻焉。是以东涯公虽亡，其业不至少坠，而汝鹗亦有子女能哺乳者，孺人一一抚育之。嗟乎！孺人之年亦耄矣，而其所顾虑者及于三世。……此在丈夫为之尤难，而况孺人以一女子之身□然独任其责，劳心焦思，其辛勤岂不可念也哉！……子一，可矜，娶马，继苏。女二：长嫁李从周，次嫁潘。孙男一，汝鹗，娶沈。曾孙男二：光先聘徐，光裕尚幼。"墓主恐怕丈夫不能专心学业，承担起所有的家务，还不让他知道，以免分心。会试不第，便建议其夫按例补入太学，后得一官，因官地较远，不能随从，依然在家综理生计，并使家业不断扩大。在抚养子女、教育子女方面，墓主也为家庭做出了极大贡献，照顾后代及于三世。志文对墓主女德做了详尽的记录，强调女德对整个家族发展的重要作用。

有些妇人见识深远，甚至超过其为官丈夫。如《明故宋（蕙）配吴孺人墓志铭》［见《新中国出土墓志（上海、天津）》］录："孺人识见明达，先是一默君尝视获南亩，得瑞禾一□三穗持归，谓孺人曰：此祥征也。吾子迨学成取第以大家门乎。孺人曰：天意幽远不可知。家之际替、子之成否，惟当尽人事以致耳。幽远者岂足恃？乃勤干愈力，督子学益至。宋子既积学，久弗售，每战北归，窃怀愧惧，一默君心不能无弗怡。孺人慰解，曰：儿或惰□，失学则可忧。今业已成，虑终□落邪？迟速有书，何□期必也。嘉靖甲午岁，宋子领乡荐，姻亲俱为孺人喜，而孺人倾日抑损无欢容，谓宋子曰：兹举□□异□人矣。然汝知所以自立乎？人将与汝是责少有疵，焉得为汝尤矣。暨申辰，宋子登进士，授官□，值孺人初度，丐缙绅士诗章持归寿孺人，乡人益为孺人荣于时，贺者并至，而孺人终不见改易常度，愈自抑损，戒诏宋子者尤切，谓宋子曰：子昔举于乡，犹书生耳。今则有官，守民社之寄，不自慎勉，将获戾于上下，以为亲辱，吾窃为汝忧矣。宋子用是感励思旧。呜呼！有子而望其顺达，人之当情也。……孺人之教子，既不戚戚于子之未遇，亦不忻幸于子之既成，方且惴惴然，惟以不克仰副天意是惧，其识见之卓，岂特贤妇人女子而已哉。"墓主吴孺人的丈夫为敕封文林郎广西道监察御史宋一默，得一瑞禾以为祥征告之，墓主以"天意幽远不可知。家之际替、子之成否，惟当尽人事以致耳"作答，认为不可依赖"幽远者"，越发督促其子学习。在儿子科场不利时，没有埋怨，更多鼓励；在儿子仕途得意时，又劝诫要守民社之寄。志文赞其"识见之卓，岂特贤妇人女子而已哉"，孺人不仅成其夫志，更为整个家族的发展奠定了良好的基础，特别是对子女的教育，是官宦之家得以延续的有力保障。

家是国之基础、社会之细胞，家庭建设关乎传统士人之成败，"女主内"的社会分工实际上让女性承担了家庭建设的重要任务。"成于女德"就是强调女性对家庭建设的贡献，包括睦家合族、成夫之志、子女教育等。这些在墓志中都有提及，如"孺人顾氏，邑城宦族女，勤俭治内，以成公志，贤配也"（《明海宁少尹王公合葬墓志铭》）；"处士所以修其身而全其誉者，一皆内助之功焉"[《明故芸轩处士刘公（宗湜）墓志铭》]。在教育子女方面的再如《明封王（以中）宜人徐氏墓志铭》[以上三篇墓志均见《新中国出土墓志（上海、天津）》]所记："宜人二十五归以中。以中遣子从师，宜人脱簪珥以资，束修略不少靳。……绩由甲戌进士，拜行人司行人，将使于外，尝戒之曰：自尔祖宗来，以医为业，往往活人，不求报。或报□过□□□不自安，所以积而至今日。今尔使于外，衣食乘马，无往不仰朝廷，若更有他私，以辱君命，非好儿也。惟小心清慎，无顾家为。□升工部，戒益详肯。故居颇隘，家人欲别置广宅，宜人闻之，亟呼子及妇□□□□□□尔父相继为医士，我从居京师者二十余年，东僦西赁，仅取容身□□□……身宽不如心宽，断不可也。"由志文可知，母亲对其入仕之子的教育，对于我们当代社会也具有积极的意义。

第四节 婚姻状况分析

婚姻是人口学研究中的重要内容。传统中国一向以"婚姻"为社会成立的基点、夫妇为人类伦常之始源。《礼记·昏义》曰："礼始于冠，本于昏，重于丧祭，尊于朝聘，和于射乡，此礼之大体也。"婚姻的缔结是传统宗族社会各种关系的起点，有了婚姻，才可能有夫妇、父子、姑舅、婆媳、姻亲乡党以及不同代际的各种关系。正是由于婚姻的重要性，才使惜字如金的墓志要花费一定篇幅的文字来记录有关婚姻的状况，而这也为我们通过墓志了解传统社会的婚姻状况提供了条件。

史料显示，家族婚姻出现之初就有阶层之别，"贵贱不婚"是社会普遍遵循的婚姻原则。六朝时期，士庶悬隔，为维持士族血统的纯正，士族择偶，对于门第极为看重。如南朝大族陈郡谢氏，其家族可考婚家，皆是琅琊王氏、陈郡袁氏、太原王氏、琅琊诸葛氏等世家大族。北朝门阀士族亦是以门第互为婚姻，山东的崔、卢、李、郑，关中的韦、杜、杨、李，河东的裴、柳，博陵崔氏、渤海高氏等世家互为婚姻。即使入主中原的鲜卑拓跋氏，为了使北方门阀士族为己所用，也努力将鲜卑勋贵塑造成门阀，孝文帝带头纳中原大族卢、崔、郑、王等姓女为嫔，为其诸弟聘李、郑等大姓女。隋唐时期，世家大族虽在政治、经济等方面有所衰落，国家政治的基础仍然是这些世家大族。社会上层家族的婚姻，仍然重视门第。至唐代，一些新兴官僚家族和富户，竞相与旧士族结亲，旧门阀士族的社会声望仍然不减。随着科举出身的官员成为晋升高官的主流，国家以赋税、府兵统御地方社会，门阀士族的社会基础逐步消失，士族婚姻关系的狭隘门第、地域观念，为新的婚姻观念所取代，即以官宦、科举成就，作为家族婚姻的首要标准。① 历史尽管在不断推进，但在婚配方面，无论是门阀士族还是新兴官僚始终坚持"门当户对"的观念，只是"门户"有了不同的内涵罢了。

上海明清时期的墓志文化已经非常成熟，志文内容也非常丰富，除了一般的世系、生卒外，墓主的日常生活、家庭婚姻、仕途经历、乡朋交往等都有极具个性化的记录。本节主要围绕士人家族的婚姻内容，就其婚姻形式、家族联姻以及他们的初婚年龄做一分析阐释。

一　婚姻形式

中国是一个地域辽阔、历史悠久的多民族国家，各种婚姻形式多达数十种，如聘娶婚、掠夺婚、入赘婚、续嫁婚、表亲婚、童养婚、赠婚、选

---

① 魏峰：《宋代迁徙官僚家族研究——以两浙路为中心》，博士学位论文，浙江大学，2007 年。

婚、服役婚、转房婚、自主婚、交换婚、招夫婚、冥婚，等等。若以国家礼制论，则以聘娶婚为主。我们知道，周兴以后，就于礼制上奠定了聘娶婚的基础，汉唐以来，又在礼法上保障聘娶婚的程序，所以后期的嫁娶方法实际上以聘娶为主。聘娶婚者，男子以聘之程序而娶，女子因聘之方式而嫁。所谓聘者，其主要事件，第一须有媒妁之言，故有以媒妁婚名之者；第二须有父母之命，故有以赠与婚拟之者；第三有聘约，故又有以相约婚称之者。《礼记曲礼》曰："男女非有行媒，不相知名；非受币不交不亲，故日月以告君，斋戒以告鬼神，为酒食以召乡党僚友，以厚其别也。"即系以媒妁往来传婚姻之言，纳币而为婚约之形成，告鬼神藉示婚姻为两族之事，则父母之命自亦在其中矣。

明清时期的上海作为儒家传统文化的重要承袭之地，士人多取聘娶婚。当然，因男方贫困或者女方家族特别显赫，入赘婚也是比较普遍的一种婚姻形式。在这两种主要的婚姻形式中，又分为一夫一妻型和一夫多妻（妾）型的两种。根据墓志数据统计，在 464 位男性中有 104 位纳妾或置侧室，占总数的 22.41%，剩余的 77.59% 为一夫一妻类型。可见，作为社会中上层的士人群体，纳妾也并不占多数。

（一）关于媵妾制

媵妾制是古代一种以媵妾随嫁的婚姻制度。

在《明故倪（镛）孺人陶氏合葬墓志铭》［见《新中国出土墓志（上海、天津）》］中有关于媵的记载："梅轩生存耘公，讳镛，娶孺人陶氏，上海石旬里望族，父怡静翁，有贤名。孺人十四岁归倪氏，事梅轩夫妇，克有妇道。生二子，曰济、淑，挑灯伴读。有五媵，未尝以龙蛇异视之。"可见，在明代家庭中，"媵"也是婚姻的构成部分，其地位要低于妻子，并要服从妻子的管束，"未尝以龙蛇异视之"充分显示了"媵"与"妻"的悬殊地位。从上海地区的明清墓志来看，这种婚姻形式依然存于士人家族中。

墓志中对"妾"的称谓多种多样，有侧室、侍室、副室、次配、箧室，等等。如《明醒心陆君（广）墓志铭》记"陆氏在吾嘉为右族，讳澄者隐居乐义。澄生朴。朴生纯。纯生广，是为醒心君。君字汉臣，配郁氏；妾二人：汤氏，徐氏"；《明故处士严南野（堂）墓志铭》载"处士讳堂，字惟正，别号南野。娶谈氏，继杨氏，俱不育。侍室陈氏生子男一，铣，娶杨氏。女一，适颜相。孙男二：泰、恭。孙女四"；《明故凤梧文学沈君（世瑞）墓志铭》录"君沈姓，讳世瑞，廷美字，人称曰凤梧居士。……元配丘氏，大□□正文川先生女。丘姆训凤闲，以无子言于

君，纳副室陆氏，□一子。载纳张氏。君令育廷振女。子男一，敬易，尚
幼。女一，即所抱廷振女，受陈聘"；《清故刑部右侍郎王公（昶）墓志
铭》录"公讳昶，字德甫，号述庵，又号兰泉。高祖懋忠始迁青浦，名
列几社，以诗名。……娶邹氏，系出宋忠公浩，文学维翰女，累赠一品夫
人，无子，以从弟曦之子肇和嗣。女一，籤（附属的）室陆出，适金华
府知府吴县严荣。孙二：绍基、绍祖"［以上五篇均见《新中国出土墓志
（上海、天津）》］；《严半庵墓志铭》（见《潜研堂集》）录："君讳树
荺，字茂先，一字半庵……元配许氏，次陈氏，次亦陈氏，次庄氏，俱无
子；籤室范，生一子，即元照，归安县学生。"

"媵，送也，谓女从者也。"（见《仪礼·士婚礼》郑玄注。）即陪嫁
之物。作为陪嫁的女子，"媵"的地位比"妾"高。秦汉以后，"媵"逐
渐失去其最初的意义，与"妾"混同。

"妾"字最早见于《礼记·曲礼》，曰："天子有后，有夫人，有世
妇，有嫔，有妻，有妾。"除了墓志出现的几种称谓，妾还有许多别称，
如：小妻、小妇、如夫人、小夫人、偏房、小星、逮妇，等等。由于古代
帝王及太子妃妾众多，因而有着许多不同等级的名称。如汉元帝的后宫
里，正妻称皇后，妾皆称夫人，又有昭仪、婕妤、㜲娥、傛华、美人、充
仪、八子、良人、七子、长使、少使、五官、顺常、无涓、共和、娱灵、
保林、良使、夜者等多种名称。太子除了正妻以外，也有良娣、美人等不
同等级的妾。①

春秋时期是媵妾制度发展的鼎盛期，《左传》等先秦文献多有记载。
从媵者最大的好处是其子嗣有被立为继承者的可能性，这种可能性是以正
妻无所出为前提的。而"妾"的身份多为女奴，地位远比"媵"低下。
随着周王朝的衰落，宗法制遭到严重破坏，媵妾制也发生了变化。"媵"
的含义逐渐被"妾"所取代。

魏晋南北朝是一个多妾时代，上层阶级到下层百姓都有妾的存在，只
是数量多少问题。"晋令：诸王置妾八人，郡君、侯妾六人。官品令：第
一、第二品有四妾，第三、第四有三妾，第五、第六有二妾，第七、第八
有一妾。"②

唐宋时期，"媵"作为一种身份的象征以法律的形式明确规定下来。
《旧唐书·职官志》载："凡亲王，孺人二人，视正五品，媵十人，视正

---

① （汉）班固：《汉书·上外戚传》，中华书局 1962 年版。
② （唐）李延寿：《北史》，中华书局 1974 年版。

六品。嗣王、郡王及一品，媵十人，视从六品。二品，媵八人，视正七品。三品及国公，媵六人，视从七品。四品，媵四人，视正八品。五品，媵三人，视从八品。降此外皆为妾。"① 这里的"媵"得到法律的确认保护，比妾地位高。宋代以降，中国封建制度开始走向没落。媵妾的婚姻方式得到了延续，官府法令对纳妾的条件及可纳人数均做了规定，至于法定以外的媵妾数，则无定限②。

媵妾制是服务于男性统治社会的婚姻形式，尽管这种形式可以延续子嗣、维护男性家族利益，但对于身处媵妾地位的女性来说，确是一种不幸，从媵妾的起源来看，她们被当作随嫁品、奴婢、生育工具，却没有生而平等的做人的权利和尊严。《张通参次室钮孺人墓碣》（见《震川先生集》卷二十四）有关于侧室不幸及其美德的记录："盖古之女子，不幸而为侧室，而其贤德终不可泯者，如小星之'寔命不犹'，归妹之'以恒相承'，圣人皆书之于经。"圣人识其不幸，故一定要将其贤德者书写于后世。

（二）关于入赘婚

明代《抚州府学训导唐君墓志铭》（见《震川先生集》卷十八）记载："君姓唐氏，讳钦尧，字道虔。其先蜀人。宋时有以道者，为太医院提举，从康王渡江，因家浙之绍兴。其后世世为医官。元元贞中，永卿为平江路医学教授，始占名籍于嘉定。……君少孤，赘于沈氏。然事母孝，家虽儒素，甘旨常具。为学生，所得廪米，必以归其母。……于沈翁，欢如父子。沈氏所出一子时雍；其二子时叙、时升，皆庶出。"墓主唐钦尧为嘉定人，年幼丧父，贫困无依，从而入赘于沈家，其子唐时升为"嘉定四先生"之一。

清代《卫宗陈墓志铭》（见《嘉庆安亭志》卷十五）记载："君讳宗陈，字瞻淇，号菉园。先本昆山人，宋太师文节公泾其始祖也，文节公九世孙弌为邑沈氏赘婿，遂居嘉定。弌子成德，字也愚，以长子靖中天启壬戌武榜进士，官万安守备，受封明威将军。其第五子诩生子曰斯本，娶周氏，生君。"墓主籍贯昆山，其高祖弌入赘嘉定沈氏，成为嘉定人。

以上两例均为入赘的婚姻形式。男子结婚后到女方家居住的婚姻形式，是原始社会从妻居服役婚的遗存和发展。入赘婚的目的，从女家说主要有两方面：一是缺乏男性继承人，招婿是为了传宗接代，继承祭祀和家

① （五代）刘昫等：《旧唐书》，吉林人民出版社1995年版。
② 朱颖：《民国时期妾的法律地位研究》，博士学位论文，华东政法大学，2014年。

业；二是缺乏强壮劳动力，招婿是为了养老抚幼，维护家计和管理家产。从男家说也主要有两方面：一是家贫无力为子娶妻，借此为子成家；二是贪图女家富贵，将子让给女家。

据史料，春秋战国时期已有赘婿的记载。如《史记·滑稽列传》载，淳于髡因"滑稽多辩"而担任齐威王之相，他原为"齐之赘婿"，即淳于氏入赘到女家名之曰"髡"，表示剃掉头顶周围的须发，如同奴隶中的"髡钳"一样在女家中处于服劳役的地位。《汉书·贾谊传》颜师古注："谓之赘婿者，言其不当出在妻家，亦犹人身体之有疣赘，非应所有也。一说赘，质也，家贫无有聘财，以身为质也。"汉代禁止赘婿为吏，如《汉书·贡禹传》载："孝文皇帝时，贵廉洁，贱贪污，贾人、赘婿及吏坐赃者，皆禁锢不得为吏。"汉武帝谪发赘婿等七类人讨伐匈奴，如《汉书·武帝纪》载，天汉四年，"发天下七科谪"。注引张晏曰："吏有罪一，亡命二，赘婿三，贾人四，故有市籍五，父母有市籍六，大父母有市籍七，凡七科也。"南北朝以后，赘婿被谪戍之事虽不再见，但其社会地位仍很低微，许多人仍以疣赘比之。宋代以后虽然同样歧视赘婿，但赘婿的目的稍有变化，主要是为接续宗祧，或补充劳动力而招婿入门，性质已与秦汉时不同。据《吏学指南·婚姻门》记载，元代赘婿分为四等：一曰养老，谓终于妻家聚活者；二曰年限，谓与妇归宗者；三曰出舍，谓与妻家析居者；四曰归宗，谓年限已满或妻亡，并离异归宗者。其中的"养老"，就是指终身入赘妻家，行赡养女方父母之责。而"出舍"，则是以补充劳力为主，有年限地到女家服役，这种"出舍女婿"，是服役婚的一种变形。

明承元制，于《户令》中特设明文："凡招婿，须凭媒妁，明立婚书，开写养老或出舍年限。"因入赘婚是婿入妻家，所以婚礼自应在妻家举行，其仪式也大抵同于嫁娶，如《醒世恒言》载："少不得问名、纳采、奠雁、传书、入赘过家。"入赘婚在法律上的效果，各代因政策规定和赘婿种类的不同而呈现出差异。从身份上的法律效果看，有的改从妻姓，是指一旦入赘即为女家之人，承其宗祀，而为之后。因此，赘婿常于本姓之上冠以妻姓，或去其本姓，改从妻姓。如《朱隐君墓志铭》（见《震川先生集》卷十九）记载："君讳斑，字朝贵，苏州嘉定人，世居守信乡蒲华里。考讳锦，祖考讳毓，曾祖考讳惠元。始姓赵氏，中冒陈氏，而赘于朱。赵湮微不可考，朱母之子繁衍，遂为朱氏。故里人皆称为桥内朱家云。"但也有的赘婿不改从妻姓，如上文所引《抚州府学训导唐君墓志铭》（见《震川先生集》卷十八）中的墓主唐钦尧，虽然入赘沈家，但不改从女方姓，作为士人，因少孤而入赘，但其本身所具有的文化资本为其争得了一定的地位，不仅如此，墓主妻子因自己中岁未有子，还为其置侧室，在其妻子《明云涛唐先生（钦尧）配沈孺人墓志铭》（见《上海明墓》）记载："沈氏，嘉定著姓。孺人之父守畔翁，为人长者，业故饶，无子，独生一女，即孺人。乃以训导公（云涛）为赘婿。唐氏，累世儒家，而训导公又少孤贫，母王太孺人孀居城中，抱幼儿为活。孺人中岁未有子，即为训导公置侧室，己自生一子，今时雍是也。时雍之弟时叙、时升则皆庶生，孺人均抚育之，即以庶子杂己子中，人莫能辨。时雍娶陆氏，继郭氏；时叙娶沈氏，继殷氏；时升聘张氏。孙男一人，孙女二人。"可见，入赘士人的家庭地位也并非一般理解的那样低，其文化资源可以弥补贫困、孤弱等家境的不足。

明代规定，养老女婿不得承奉宗祀，无子者须另立嗣子。嗣子往往优先在妻方同宗者中选择。赘婿和嗣子"家产均分"。赘婿在原则上仍保持与父家的关系，但在妻家期间，与父家因属关系而发生的法律效果被中止。赘婿与妻所生的子女应归妻家，赘婿应终身或在约定年限内居住妻家，从而成为妻家的家属，服从妻家家长，对妻之父母及近家属负有扶养义务。

入赘婚所生子孙应承嗣妻家之家业，但数传之后，其子孙欲归其本宗者也为法律所准许。如《明李君惟善（元）墓志铭》[见《新中国出土墓志（上海、天津)》]录："君姓李氏，讳元，字惟善。高祖讳保，祖讳宗。父讳英，县学生；母袁氏。配张氏。子男三：澈、瀚、渠，澈、渠皆前死。瀚，县学生。孙男二：一鹏、一鸾。女一，适宣应楫，县学生。曾孙男一：绍先。君以赘，故居新泾。新泾，四十年前为荒野，今起为市，商贾凑焉。君取张氏族子潮为己子。己生三子，皆姓张氏，而渠复为潮子，聚是二姓，欢无间嫌。及翁年老，乃以潮后张氏，而归其三子之姓。其始，潮在诸子列也，今谓为舅。"墓主入赘张氏，所生三子都从女方张姓。待岳丈年老，所生三子皆归李姓，仅以张氏族子潮为张氏嗣子。

在入赘婚中，夫妻的地位与一般婚不同，所以婚姻的解除常取决于妻家，俗称"逐婿"。元明法律皆规定，女家无故不得逐婿。如《明律·户律·婚姻门》载："凡逐婿嫁女，或再招婿者杖一百，其女不坐。男家知而娶者同罪，不知者不坐。其女断付前夫。出居完聚。"从墓志中我们也可知道，有些赘婿自己主动选择离开女方家族，自谋生计。如《九槐乔君夫妇合葬墓志铭》（见《弇山集》卷七十五）记载："娶汤氏，雪怀君之女，都宪公之孙也，有贤行，善相起家，初雪怀见大登，所为文爱之，而女焉，因赘于汤，逮止庵卒，乃携汤孺人归，共止墓舍，力苦以襄事，时屋止数椽，身无重衣，家产落落，君笑且慰曰：丈夫不克自奋，乃望先人之遗，天下岂有徒享荣富者哉。故止庵遗蓄，悉以让诸大兄，乃夫妇夙夜勤劳为之二十年，始作家祠，揣沟洫营第宅，为子孙经久计。"正如《明李君惟善（元）墓志铭》中"及翁年老，乃以潮后张氏，而归其三子之姓"，岳丈的年老或离世成为入赘服役的年限，该墓主也是"逮止庵卒，乃携汤孺人归"。或许，明代入赘服役的年限就是以女方父亲的盛衰为界。从志文中可以知道，赘婿不满在女方家里的生活，也不满意"男儿靠先人之遗"生活，主动放弃岳父遗蓄，勤劳治业，为子孙生活长久打算，这里，不难体会到赘婿的现实处境与人格尊严的冲突。

但权贵之家，往往以女招赘士人，而某些士人也乐于就赘，以便于此后升迁。还有某些士人因贪财而为赘婿。

如《明故奉议大夫福建汀州府同知潘公（龄）墓志铭》［见《新中国出土墓志（上海、天津）》］记载："公讳龄，字寿夫，姓潘氏，海云其别号也。祖讳思明，隐耀弗仕。父讳誉，将士郎、顺天府知事，以公贵，赠奉直大夫。母陆氏，赠宜人。配黄氏，赠宜人。继室徐氏，封宜人。宜人，故武功伯有贞之女。子男二：长即龙，邑庠生。娶吴氏，为同邑承事郎散官塾之女；继娶于氏，□□鸿胪寺丞浩之女。次子凤，亦聘吴氏。女三人：长寿清，赘婿杨武，为袁州府节推九韶之子，亦□庠生，图进士□□。寿□，□苏郡王俸，以进士出身，吉水□□□。寿□，赘婿□相。"墓主潘龄乃奉议大夫福建汀州府同知，官至正五品，政绩赫然，多次受到皇上的嘉奖，可谓朝廷重臣，权贵之家。其长女便招赘婿杨武，而杨武是袁州府节推九韶之子，本人也是庠生，虽然也属家境不错的士人，但入赘潘家，便于求得功名，获得升迁。

再如《明故处士陈公（昭）墓志铭》［见《新中国出土墓志（上海、天津）》］记载："……高祖讳某，曾祖讳善长，祖讳高可，父讳孟诚，俱隐弗耀。家素饶裕，世总税于乡，心存爱惠，不事苛刻，乡人颂其德，咸以长者目之。孟诚生子三人，公其季也……尝受业于司令云间王公卫先生之门，每授书，务求其义，恳恳审问，造其理，弗措也。……同里巨族陆彦和甫读书尚义，财甲于乡，无嗣，生一女，讳惠，字惠宁，……慎择所配，以承其后。彦和甫一见公，即惊异之，曰：此子不凡，吾今得婿矣。遂征为婿。公至陆第，事外父母无异于事亲，待族姻不殊于昆弟，处朋友比致其信，遇臧获必推以恩。"墓主陈昭的家境也算饶裕，并为读书之人。其配则为同里巨族之女，财甲于乡，但苦于没有子嗣，无法继承其家业，为承其后，就征墓主为赘婿。从志文中可知，陈昭入赘进入女方家门后，无论是侍奉岳丈岳母，还是其他族姻，都比较融洽和谐。

士人群体作为明清社会的精英，沿袭了古代士大夫纳妾的传统，这在墓志中有明确的记载。根据样本墓志统计，纳妾或置侧室的男性样本数占男性总数的 22.41%，这是个不小的比例。可以说，纳妾也成为士人阶层彰显身份的一种表达，不仅如此，这种婚姻形式还可以繁衍子嗣、维护士人家族利益。而墓志作为盖棺论定的人生最后总结，也通过多妻妾的婚姻情况展示其特别的士人身份。此外，入赘这种婚姻形式在明清上海士人家族中也比较普遍，反映出士人身份认同的特点，士人身份可成为婚配的资本，获得显赫女方家族（基本也属士人家族群体）的认同并结为夫妇。在墓志中，一些姻亲因具备学品或官品也被记录其内，尽管关系疏远，但因着士人身份而获得青睐，体现了家族对其身份的认同。

二　士人家族联姻

潘光旦先生在其《明清两代嘉兴的望族》中指出："望族之形成，除了种种环境的条件而外，自亦有其遗传的因缘，遗传的因缘又可以分为两部分说，一是血缘，二是姻缘，姻缘与血缘虽不能完全划分，但先得有姻缘，然后可以有血缘。如今以往的种种地方氏族的作品，几乎全部只注意到了血缘，并且只不过是父系一面的血缘；一若此种血缘的形成和母系全无干系。这不能不说是一个很大的挂漏。"① 这一观点击中了我们家族研究中的薄弱环节，其实，士人家族联姻是保证优良遗传、形成显赫家族的重要因素。许多民间资料保存了大量有关婚姻的情况，墓志就是其中的一种，特别是名门望族、官宦显贵的墓志非常详细地记录了其家族成员的姻亲关系，对于一般的士人，即使不能出仕，也以其子孙儿女择配士人为荣。

如《艾可久墓神道碑》（见《浦东碑刻资料选辑》）记载："公先配沈，赠孺人加封夫人；继配杨，封孺人加封夫人。杨故名家子，……公子男二；长大有，太学生，娶都事潘君允亮女；次万有，邑庠生，娶举人李君从约女，早卒，俱杨夫人出。女一：前沈夫人出，适邑庠生谈秉仁。孙男五：长廷机，太学生，万有出，娶举人王君偕春女。廷臣聘中书舍人顾

---

① 潘光旦：《明清两代嘉兴的望族》，载《潘光旦文集》（3），北京大学出版社2000年版，第258—259页。转引自马学强《16至20世纪中叶民间文献中有关家族婚姻状况的研究——对江南洞庭席氏家族的考察》，《史林》2006年第5期。

君（之）宜女；廷彦聘举人徐君汝冀女；廷良聘举人张君国栋女；廷楠聘举人刘君房献孙女，皆大有出。孙女二：长适石阡守陆公郊子鼎；次适举人乔君元允户景升，亦大有出。"艾可久为明代上海人，字德征，号恒所，明嘉靖四年（1525年）出生，嘉靖四十一年（1562年）及第进士，历官浙江道监察御史、御史、衡州知府、山东按察副使、陕西按察使、南京通政使等，为官刚正清廉。① 告归，迁居上海，殁，祀乡贤。墓志文对其子孙婚配做了详细的记录，长子娶都事潘允亮之女，次子娶举人李从约之女；一个女儿嫁给秀才谈秉仁；长孙廷机，太学生，娶举人王偕春之女，次孙廷臣聘中书舍人顾君之女，廷彦聘举人徐汝冀之女，廷良聘举人张国栋之女，廷楠聘举人刘房献的孙女；长孙女嫁给石阡守陆郊之子，次孙女嫁给举人乔元允家的景升。这样的姻亲网络对艾可久家族的发展无疑起着重要的作用。

再如，《明故奉议大夫福建汀州府同知潘公（龄）墓志铭》［见《新中国出土墓志（上海、天津）》］记："公讳龄，字寿夫，姓潘氏，海云其别号也。……子男二：长即龙，邑庠生。娶吴氏，为同邑承事郎散官塾之女；继娶于氏，□□鸿胪寺丞浩之女。次子凤，亦聘吴氏。女三人：长寿清，赘婿杨武，为袁州府节推九韶之子，亦□庠生，图进士□□。寿□，□苏郡王俸，以进士出身，吉水□□□。寿□，赘婿□相。"《明故储（动）母居氏孺人墓志铭》［见《新中国出土墓志（上海、天津）》］记载："孺人姓居。父以宁处士，世为海乡着姓，敦朴好古，而不尚靡丽，人以忠厚长者称之……女二：长适杨祚，次适吴经。悉望族之胄。"《明故足庵唐公（珣）墓志铭》（见《上海明墓》）录："公讳珣，字廷贵，足庵其别号也。……女三，皆适士族。"可见，士人作为传统社会中的知识群体，希望通过士人家族间的姻亲保持优良的血统，并借此增强自己的家族势力。

松江府上海县瞿氏界浜支的代表人物瞿连壁本人虽没出仕，但其儿孙后裔入仕为官者甚多，特别是在瞿连壁的子女、儿孙辈的姻亲之中，高官显贵、名士和名门望族人士甚多：如官至兵部尚书的彭启丰、河南兵备道蒋果、湖北德安府知府赵栴、光禄寺卿前内阁学士王鸣盛、乾隆十九年甲戌进士官至詹事府少詹事钱大昕、乾隆二十六年辛巳进士都察院左都御史陆锡熊、太子太保兵部尚书协办大学士陈大受、贵州大定府知府护贵西兵

---

① 《人文浦东·名人要员》，《浦东史志》，http：//szb. pudong. gov. cn/pdszb_ pddq_ szcs/2012-02-16/Detail. 412872. htm。

备道汪嘉济、癸未进士东阁大学士蒋廷锡、河南布政使陈文纬、刑部郎中蒋尚桓、江南河库道宣世涛、云南按察使汪淇、云南鹤庆州知州晋任山东运河同知徐簪、山西巡抚蒋州、浙江道监察御史许宝善等，以婚姻为纽带组成了一个亲密无间的社会政治、经济网络，"广泛的亲属集团成员常与其他宗族联合起来，形成显赫的派系"①。吴梅村云："唐、宋宰执世家，于言行微显，子孙昭穆，必备着之，用神兰石室之采。在嘉、隆全盛，江南贤辅，推华亭、吴门、太仓为恩礼终始，其后人亦世通婚姻。"② 明代官至南京礼部尚书的大书画家董其昌的祖母高氏乃元朝刑部尚书高克恭之玄孙女③，董其昌第三子董祖源"雄于父赀，而其妻又为徐相国玄孙女，苏州申相国甥女"④。董其昌侄子董九皋则娶礼部尚书陆树声之女。⑤

士人作为社会的中上层群体，在择配时非常谨慎，一般要遵行"六礼"，依次为纳采、问名、纳吉、纳征、请期、亲迎。前三项是择配的关键，后三项为依礼而行的程序而已。士人在选择配偶时，除了门当户对外，还要认真考虑对方的品行，并要通过占卜以保证未来婚姻的幸福，促进家族势力的发展。如《黄良式妻陈氏权厝志铭》（见陆深《俨山集》卷六十九）记："黄陈皆苏故大家，相距百余里，竹泉先生为标择配，凡阅数十家，阅陈女贤好，以龟卜于家祠，龟不焯而兆，兆又吉遂，纳币焉。"由志文可知，黄、陈两姓皆为旧姓大家，称得上门当户对。之前，竹泉先生为黄标（即黄良式）做媒有数十家，直到陈姓女，以为陈女贤良端淑，可择配黄标，又依问名之礼，于家族祠堂内以龟占卜，卜吉才行纳币之礼。

士人家族联姻就是坚持士人家族间的男女结为夫妇，这是典型的身份认同行为，从某种程度上讲，这的确保留了原来士庶不婚、门当户对的婚配观念，这种观念实际上是群际的认同，他们在心理上还是同庶民保持一定的距离。

三　士人家族初婚年龄

古人以婚姻为本，认为缔结婚姻是人生的重大站点，结婚早晚成为影

---

① 吴仁安：《明清江南着姓望族史》，上海人民出版社 2009 年版，第 33 页。

② 见（明）吴梅村《王奉常烟客七十序》，《吴梅村全集》，上海古籍出版社 1990 年版。

③ （清）徐沁：《明画录》卷四，华东师范大学出版社 2009 年版。

④ （明）佚名：《民抄董宦事实》，昆山赵氏出版，1924 年，刻本。

⑤ 见（明）莫如忠《敕封孺人徐氏墓志铭》，《崇兰馆集》卷十九，齐鲁书社 1997 年版。

响人生轨迹的重要时间维度。初婚年龄的大小，历代屡有变迁，而礼法规定与事实上的嫁娶年龄，有时也不一致。古代可能要比后世偏高，如《杜佑通典》云："太古男五十而娶，女三十而嫁；中古男三十而有室，女二十而嫁；尧举舜曰'有鳏在人间'（鳏，三十也）以其二女妻之，二十而行之。"《礼记·内则》言"男子二十而冠，始学礼；三十而有室，始理男事。女子十有五年而笄，二十而嫁；有故，二十三年而嫁"，这是一种说法。然而"男子十六精通，女子十四而化，是可以生民矣；而礼男子三十而有室，女子二十而有夫也，岂不晚哉？"或答曰："夫礼言其极也，不是过也，男子二十而冠，有为人父之端，女子十五许嫁，有适人之道，于此而往，则自婚矣。"认为三十而娶、二十而嫁乃婚姻之最高年龄，故有三十不娶则为鳏，二十不嫁则谓为过时之结论，这又是一种说法。汉惠帝六年令："女子年十五以上至三十不嫁，五算"，用示罪谪，故以早俗为尚。晋武帝九年制"女年十七，父母不嫁者，长吏配之"，较汉更厉害。南朝在一般情形上与晋相同，北朝更尚早婚。降而至唐，贞观元年诏民男二十女十五以上，无夫家者，州县以礼聘娶，稍革早婚之俗；但开元二十二年续诏凡男十五以上，女年十三以上，于法皆听嫁娶，又复其旧。宋于令文中，虽沿唐开元之制，但司马氏《书仪》则定为男十六以上，女十四以上，朱子家礼亦如之；遂为明令清礼之所本。明洪武年令庶民嫁娶悉依朱子家礼，《大明会典》规定，"凡男年十六，女年十四以上，并听嫁娶"。清因明旧，实际情形或相仿佛，但乡野陋俗，早婚仍在所难免，而尤以男子方面早婚为甚。下面就以明清墓志中涉及的初婚年龄做一简要分析。

（一）明清初婚年龄统计

根据明清样本墓志，共记载了73位女性、12位男性的初婚年龄。具体分布情况如表2-19所示。

表2-19　　　　　　明清士人家族男女初婚年龄统计　　　　单位：人，%

初婚年龄（岁）	女性		男性		男女总和	
	人数	占比	人数	占比	人数	占比
14	6	8.21	0	0	6	7.06
15	24	32.88	1	8.33	25	29.41
16	10	13.70	1	8.33	11	12.94
17	13	17.81	1	8.33	14	16.47
18	4	5.48	2	16.67	6	7.06
19	7	9.59	3	25.01	10	11.76

续表

初婚年龄（岁）	女性		男性		男女总和	
	人数	占比	人数	占比	人数	占比
20	2	2.74	0	0.00	2	2.35
21	1	1.37	2	16.67	3	3.53
23	2	2.74	0	0.00	2	2.35
25	3	4.11	0	0.00	3	3.53
26	0	0.00	1	8.33	1	1.18
30	1	1.37	0	0.00	1	1.18
40	0	0.00	1	8.33	1	1.18
合计	73	100.00	12	100.00	85	100.00

　　73 位女性的平均初婚年龄为 17.01 岁，12 位男性的平均初婚年龄为 20.75 岁。男女性综合平均初婚年龄为 17.54 岁。

　　（二）初婚年龄综合简析

　　从以上统计数据看，男女在初婚年龄方面还是有些差别，女性平均初婚年龄约为 17 岁，男性平均初婚年龄约为 20 岁，约差 2 岁。从男女初婚年龄的分布情况看，女性在 15 岁初婚的比例最大，占到总数的 32.88%；男性在 19 岁初婚的比例最大，占到总数的 25.01%。基本上符合古礼，即"男子二十而冠，有为人父之端，女子十五许嫁，有适人之道"。吴建华先生在其专著《明清江南人口社会史研究》中，通过几十部宗谱资料，查得 99 位记载初婚年龄的妇女，她们的平均初婚年龄为 20 岁，比同期男子初婚年龄稍低 0.4 岁。[①] 相比较而言，江南士人家族的男性与一般家族的男性初婚年龄相差无几，而女性的初婚年龄则比一般家族的女性要小 3 岁，更加符合古礼。这说明，并不是每个人都有早的婚姻，现实的生活条件无疑具有极强的支配作用。

　　可见，《礼记》所确定的初婚年龄依然受到明清士人家族的认同，从先秦一直延续到明清的士人认同观念具有很强的稳定性。

　　统计中，女性初婚年龄最小的为 14 岁，其记载于《诰封太宜人侯母朱氏墓志铭》（见《归有园稿》卷八），志文如下：

　　　　按：太宜人姓朱氏，世为华亭朱坊桥著姓，已播于上海之盘龙。

――――――――――

　　①　吴建华：《明清江南人口社会史研究》，群言出版社 2005 年版，第 499 页。

父讳轩，母童氏。太宜人生三月而孤，童孺人抱之而茕茕无以朝夕
也，乃携太宜人去依其父母家而寄饦饘焉。已，童孺人之父老且死，
独母存，故侯氏女也，更媭甚，计无以活童孺人母子。会有子后其弟
伯权，乃，太宜人复随童孺人去依其弟之为伯权后者。居而内（纳）
赠公聘，聘未几，而赠公之母病，度不起，则趣太宜人以归，生十三
年矣。人谓新妇屡然，发覆额耳，胡能室也？顾太宜人一入子舍，即
斩斩操家政，凡事一禀于要。

墓主朱氏为华亭朱坊桥人，出生三个月就遭父亡，母亲童氏先后投靠
其父母家、兄弟家。在其弟伯权家，朱氏纳"赠公"聘，不久因"赠公"
母亲生病，朱氏出嫁以归，其时，朱氏生十三年，按虚岁计当为十四岁。
从样本墓志来看，十四岁当为女性初婚最小年龄，有墓志说明了这点。如
《唐长君伯和墓志铭》（见《学古绪言》卷十）记载："元配陆氏，父曰
乡进士浚，年十一而失所恃，舅姑怜之，即迎以归，又三年而成妇，俄而
羸疾夭死，得年仅十七。"从志文可知，陆氏十一岁父母双亡，由于生活
所迫，未来的公婆先行迎娶，但因年龄太小，又过了三年才成为正式的夫
妇，这样算来，初婚年龄也为十四岁。依古礼，新妇要成为男方家族的合
礼成员，仅仅拜见天地是不够的，还必须通过传统婚礼的规定礼节，即所
谓成妇礼。成妇礼的主要内容包括新妇拜见公婆、新妇馈公婆、公婆飨新
妇和新妇拜宗庙等程序。

女性初婚年龄最大的为 30 岁，其记载于《诰封太恭人顾氏墓志铭》
（见《弇山集》卷七十），志文言："按状：太恭人系出浙之鄞，以有戎籍
于松江所，故今为华亭人，父振宗，母骆氏。太恭人生有异禀，谬以星家
言，其不宜子，遂不欲嫁，行年三十，始归思复府君，府君已再娶。曰：
吾有子若女矣，术言果然，然亦何伤，吾闻难嫁女必贤，庶以母子女也，
是时，府君丞宣平初娶于林，生子曰隆，生女嫁叶蕙；继娶于钱，生一女
嫁赵辅。太恭人入室，果能视前产如己生，府君又有侧室，遗女亦育而嫁
之蒋干，犹子六人，复抚视之无间，府君自宣平移丞宁都，皆迎母就养，
太恭人奉姑惟谨，丞时出署他县或奉檄理公务别所十九在外，太恭人孝养
姑愈谨，又躬自纺纻以助丞廉，是生洗马，次生一女，次生陈，次生陕，
而术家之言穷矣。"该志文告诉我们，墓主顾氏三十岁出嫁是受星家占卜
的影响，认为她对子女不利，所以初婚较晚。而婚后的生活一方面证明了
"难嫁女必贤"，另一方面也证明了"术家之谬"。可见，明清社会星家对
婚姻有一定的影响。

男性初婚年龄最小的为 15 岁，载于《金逸斋处士暨配潘孺人合葬志铭》（见《弇州续稿》卷九十二），志文曰："君讳翊，字廷赞，逸斋其别号也，世为嘉定人，居罗溪旁，父棣以孝弟力田闻，娶扵陈，生君，君少读书不成，稍长受家，秉孺人十七而归君，君时甫十五也。然相与精勤治生，称父母指矣。"墓主金逸斋不仅初婚年龄较小，其配潘氏还比他大两岁。

男性初婚年龄最大的为 40 岁，载于《前明锦衣卫左所千户屯田都司王翁子万墓志铭》（见《朴村文集》卷十四），志文为："有处乎上海嘉定之交，能力敦，孝友修于家，着于乡，传道于两邑之人者，为吾中表母舅王翁子万翁十七世祖某，为宋崇政殿说书，南渡家于松江之上海，遂着籍焉。世为衣冠之族……翁年四十而婚，婚十年而陶孺人卒，翁感其贤，不再娶。"墓主四十岁初婚，具体原因未作交代。

依礼法，夫妇双方中男性年龄一般高于女性年龄。汉代儒士就持"男三十而娶，女二十而嫁"之说，这样夫妻年龄相差数约为十岁。但实际上，人之嫁娶是依男女双方的贤淑与门户的，并不仅仅看年龄而已。《诗疏》又谓："男年二十以后，女年十五以后，随任所当，嘉好则成，不必要以十五六女配二十一二男也，虽二十之女配二十之男，三十之男配十五之女亦可。"从样本墓志来看，明清士人家族中的夫妇初婚年龄基本上以男大于女为主流，当然也有同年龄的，也有女大于男的。如：根据《明表兄张次实暨嫂陆孺人合葬墓志铭》（见）中记载，墓主张次实与其配陆孺人同岁；再如《明故松崖处士梅公（彝）圹志铭》[见《新中国出土墓志（上海、天津）》] 载"配潘氏闺人，……年视处士踰二岁"；《封吏部员外郎鹿野张公暨配戴安人合葬墓志铭》（见《弇州四部稿》卷九十）载"安人长于公三岁"；《处士乐耕侯翁暨配丘孺人墓表》（见《弇州续稿》卷一二六）载"公之妇丘长于公六岁矣，而贤与谋之"。

清代著名学者钱大昕在《凌竹轩墓志铭》（见《潜研堂集》）中的一段记录，也说明了一般的夫妻对双方年龄大小没有太多的讲究。志文如："初署永安，阅旧牍，甲诉乙赖婚，乙言'吾女许字甲次子，而甲欲妻其长子，故不愿。'及庭鞫，召二子至，长丑次美，阅女年帖，又与长者相若。以诘乙，则言：'儿女婚嫁，年岁不必同，且长幼亦不相悬。'媒氏又助乙证成之。因谕曰：'汝两家各执一词，婚姻天定，吾为女决之于天。'书两名置盘中，令乙探之，探得者即女婿。"该志文介绍了一段关于"一女是嫁给长子还是次子"的诉讼案，该女子与长子年龄差不多，因长子丑次子美，引发了"嫁给哪位"的纠纷。按当时的普遍看法"儿女婚嫁，年岁不必同，且长幼亦不相悬"，最后通过抓阄断定。可见男女婚配年龄大小不是非常重要。

　　然而无论如何，如果夫妻双方年龄相差太远，就不能视为通常现象，故"老夫得其少妻"谓之"枯杨生稊"；"老妇得其少夫"谓之"枯杨生华"，这都算作罕见的。不过，若老夫得少妻，无非被认为是"过分相与而已"；若老妇不偶老夫而得少夫，就被视为耻辱之事。此外，明清社会的男子可以纳妾或置侧室，会造成男女婚姻年龄的较大差距。因为男子娶妾的年龄一般比娶妻的时候高，而妾嫁之年龄又往往比妻子为低，所以夫妾年龄的差距自然会大于夫妻的年龄差距。如明代限定庶人四十岁以上纳妾，这样算来，夫妾年龄之差应该在二十岁左右。

第五节　丧葬观念及葬期分析

　　丧葬是一种极具特色的社会和文化现象。传统社会多层次的信仰结构和复杂的历史背景产生了特有的丧葬观念、丧葬行为和厚葬传统，从而成为中国传统文化的重要特征。丧葬文化包括丧葬观念、习俗、礼制以及物态的陵墓，分别体现了人们的心态、行为和制度的安排。数千年来，建基于血缘关系上的家族观念极为浓厚，祖先信仰盛行。与此相关的"孝"经儒家的发挥成为人们行为道德的重要准则。因此，丧葬格外受到重视，由儒家学派整理规范的丧礼成为法令性礼制的一部分，并对全社会的丧葬观念及行为产生了深远的影响。墓志本身就是丧礼的一部分，作为传记性的文字，它还记录了当时有关丧葬的观念及行为。下面就以明清上海士人家族墓志中有关丧葬的内容为主，对该地区士人家族的丧葬观念和有关行为做一阐释与分析。

一　丧葬观念及行为

　　"死以致其哀"，主要是指为父母送死致哀的丧葬礼仪。孟子曰："养生不足以当大事，惟送死可以当大事。"① 朱熹注曰："事生固当爱敬，然亦人道之常耳，至于送死，则人道之大变。孝子之事亲，舍是无以用其力

---

　　① 　见《孟子·离娄下》，（宋）朱熹撰《四书章句集注》，金良年今译，上海古籍出版社2006年版。

矣。故尤以为大事，而必诚必信，不使少有后日之悔也。"① 儒家以亲死为人道之大变，故对于治丧致祭都极为重视。儒家关于丧葬的观念可分为"丧"与"祭"两个方面。"丧"是指对于刚刚去世的父母致以安葬、守丧等一系列程序性的活动与仪式。"祭"则是对于过往已久的父母或祖先表达思慕之情的奠念活动。清代钱大昕在《优贡生候选儒学训导杨君墓志铭》（见《潜研堂集》卷四十六）中指出丧礼与祭礼为丧葬文化的两个组成部分，其志文为"……尝与友人论丧礼，谓'记云：居丧未葬读丧礼，既葬读祭礼'……"丧与祭合而观之，构成了儒家慎终追远的完整观念。

（一）关于丧的观念及行为

《荀子·礼论》云："故丧礼者，无他焉，明死生之义送以哀敬，而终周藏也。故葬埋，敬藏其形也；祭祀，敬事其神也；其铭诔系世，敬传其名也。"丧礼的意义在于"明死生之义送以哀敬，而终周藏也"。其主要内容有葬埋、祭祀和铭诔。因此，丧礼作为"孝子之事"的一个重要组成部分，是无论如何也不能苟简从事的。也正因为如此，儒家在治丧环节中对孝子的行为有着种种细节的规定②，规定背后则反映着人们对丧的观念。从样本墓志资料来看，有关丧的观念及行为主要涉及葬埋和铭诔的内容。

1. 关于葬埋

"事死如事生"的观念使古人非常注重亲人的葬埋，普遍认为要"敬藏其形"。由此，营葬行为就成为"孝"的检验标准之一。如《明故鲁斋

---

① （宋）朱熹撰：《四书章句集注》，金良年今译，上海古籍出版社 2006 年版，第 292 页。

② 儒家根据亲属关系的亲疏远近程度将服丧的规格分为五个小同的等级，这也就是常说的"五服"，这五个等级分别是：斩衰、齐衰、大功、小功、缌麻。相较于不同的服制要求，对于服丧者在丧期间的饮食、行为都有详细的规定，如《礼记·丧大记》记载："君之丧，子、大夫、公子、众士皆三日不食。子大夫公子食粥，纳财，朝一溢米，莫一溢米。食之无笇。士，疏食水饮，食之无笇。夫人、世妇、诸妻皆疏食水饮，食之无笇。大夫之丧，主人、室老、子姓皆食粥。众士疏食水饮，妻妾疏食水饮。士亦如之。既葬，主人疏食水饮，不食菜果。妇人亦如之。君大夫士一也。练而食菜果，祥而食肉。食粥于盛不盥，食于善者盥。食菜以醯酱。始食肉者，先食干肉。始饮酒者，先饮醴酒。期之丧，三不食，食疏食，水饮，不食菜果。三月既葬，食肉饮酒。期，终丧不食肉，不饮酒。父在，为母，为妻。九月之丧，食饮犹期之丧也。食肉饮酒，不与人乐之。五月三月之丧，壹不食，再不食，可也。比葬，食肉饮酒，不与人乐之。"不难看出，在这五等之丧中，儒家对于服丧期间的饮食品种有着严格的规定，即便是这一细节问题，也反映出儒家亲亲、尊尊、贵贵的理念。

严公（浩）墓志铭》［见《新中国出土墓志（上海、天津）》］载："公竭力葬亲，宗族称孝"。明清有关葬事非常复杂，从初终、小殓、大殓……直到下葬，有十多项程序，每一项程序都包括很多内容。讲究的葬埋需要很多的人力、物力和财力，花费的时间也较长。所以在墓志中，一般都以"竭力葬亲""竭以营葬事""竭力葬事"来反映葬事的繁复，并体现孝子的尽心竭力。

由于葬埋所需花费较多，为父母置办丧葬事宜就成为子女们的一笔很大的开支，特别是对于家贫的士人家族来说，有时难以承担。这种情况在墓志中也多有反映。如《明故淮安府学训导方斋殷先生墓志》（见《嘉定碑刻》）记载："距嘉定城东三里倪家滨西之原，是为吾师方斋殷先生之墓。按：先生以万历丁丑四月二十五日捐馆舍，至是阅十有二年，其子力不克葬，而诸生娄应轸、沈绍伊辈为募赀佐襄事，以戊子十二月二十八日始即窆穸。于乎，伤哉贫也！贤者之畸于世，独饥寒之在身前已哉。"[1]墓主为府学训导，死后其子没有能力安排葬事，后得到秀才娄应轸、沈绍伊等人的资助，才得以葬埋。志文还就贫困作了感叹，指出饥寒不仅仅在人的身前，在身后依然存在，主要表现为无力克葬。《承直郎贵州程番府通判爱溪陆先生墓志铭》（见王世贞《弇州续稿》卷一百〇二）载："历仕且四政而归，不能具中人养，有丈夫子七而不能葬，葬以他人，其翟已陈噫伤哉贫。"墓主有七个儿子，却因贫而不能葬。从治丧中也可反映"多子并不意味着一定多福"。

再如《王氏墓志铭》（见《嘉定碑刻集》）记录："节妇姓王氏，字曰兰，上海学生员王暹之女。嫁嘉定中翰李公孙辅世，甫两月，舅姑亡。八月，夫去世。食贫无子，纺织自给。父母年高，兄弟不振，生养死葬，克尽孝道。守节三十余年，殁后，贫无以葬。又数年，伊侄王汝师谋之于予，予捐赀择地，于康熙庚寅七月二十二日葬其夫妇。"因贫穷，墓主殁后数年都难以为葬。因其重孝道、守贞节，得到多数人的敬佩，才获得撰志人的捐赠，得以安葬。可以推断，那个时期，一定有许多人最终都难以依礼葬埋。

正是由于葬埋需要一定的财力，不是每个家庭都能承担得起，而葬埋又是孝道重要一环，所以士人家族以赙丧助葬为美德，济贫救困。如《明故陆处士墓志铭》（见《嘉定碑刻集》）载："惠能及人，则赙丧助

---

① 李宏利：《从墓志资料看明代上海士人及其家族成员的葬期》，《浙江学刊》2017年第3期。

葬，济贫恤孤。"以上两例也都是得到某些士人的资助，才得以葬埋。对于家境较好的子女来说，治丧行为也成为衡量其是否具有孝道的尺度。如清代《施孟达墓志铭》（见《嘉定碑刻集》）记载："亲没，与其弟哀恸过礼。凡丧葬之事，争先措置，而财产则互让，视世之死其亲而为利是争者，霄壤也。"亲殁，兄弟二人争先置办丧事，对于父母留下的家产则互相谦让，这无疑成为孝亲的美德。

对于治丧的士人来说，不仅要张罗完成有关的丧葬仪式，还要"尽致以哀"。正如《礼记·檀弓》云："丧礼，与其哀不足而礼有余也，不若礼不足而哀有余也。"《论语·八佾》也说："礼，与其奢也，宁俭；丧，与其易也，宁戚。"可见，在形式的奢华排场与精神的哀伤之至这二者之间，儒家是更偏向丧礼所寄托的精神情感，而外在形式的表现尽管并非不重要，但相较而言，则处于较为次要的位置。在样本墓志中，有关孝行的内容也更注重"尽其情"，而非僵化地"达其礼"。如归有光在《张季翁墓碣》中指出：

> 古之言："能孝者，生以致其养，死以致其哀而已。"生以致其养，至于千钟之奉，食饮膳羞百品味之物，以为无加焉。然犹有啜菽饮水，可以尽其情者；死以致其哀，至于未绿龙輴题凑之室，以为无加焉。然犹有敛手足还葬，蓬颗蔽冢，可以尽其情者。凡皆先王所以尽性命之理，顺万物之情，而使人得而为之者也。若人之行善不善，不可以责诸其子。使为人子，务扬前人之善，而亲之行，不能皆善，则将有诬其亲者矣。以不以概于礼，而礼之所得为者，生养死哀尽之矣。虽然，此虑其亲之有不善者也。人不能皆无不善，故不以责诸其子。若其父有善而不彰，是非其子之情也。然则礼不止于生养死哀而已矣。

从志文可知，震川先生在此强调的不是具体的"养生"和"送死"的标准，而是重在强调孝子的"尽其情"。人生而贫富不均，不能说富贵者能为父母提供好的物质条件就是孝，而贫困者不能提供好的物质保障就是不孝。如果人在行善，但结果却没有达到行善的目的，就不可以因为现实的"不善"而责备他。这也传承了古代孝道的理念。如《瞿允高墓志铭》（见《嘉定碑刻集》）就更加强调孝子的哀伤之情，其志文曰："自葬至终丧，与人言，必悲哀流涕。盖君子之孝，本乎其性，非有勉强而然也。"

明清社会，一些有政绩的官员还会获得皇上的赐葬，这对于士林来说是一种无上的光荣。如《荣禄大夫工部尚书蒲川公墓志铭》（见《嘉定碑刻集》）记载："正德辛巳，工部尚书龚公致仕归吴，后五年，为嘉靖丙戌，卒于家。讣闻，上命工部遣官造坟茔，谕苏州府祭葬。"

在子女为父母服丧的过程中，最重要的礼制要算是"三年之丧"的规定。如果子女没有按照三年之丧的要求为父母服丧，则被认为是大不孝。孟子说："不亦善乎！亲丧，固所自致也。曾子曰'生事之以礼，死葬之以礼，祭之以礼，可谓孝矣。'诸侯之礼，吾未之学也。虽然，吾尝闻之矣，三年之丧，齐衰之服，铁粥之食，自天子达于庶人，三代共之。"①《礼记·三年问》也说："三年之丧，人道之至文者也，夫是之谓至隆。是百王之所同，古今之所壹也，未有知其所由来者也。孔子曰：'子生三年，然后免于父母之怀。'夫三年之丧，天下之达丧也。"由是可见，三年之丧是"人道之至文"，是"三代共之""百王之所同，古今之所壹也"，是对"天子达于庶人"的共同要求。这漫长的三年丧期中，子女的孝心得到了最好的考验与证明，而这也是儒家如此重视"三年之丧"的缘由所在。

明清上海士人家族依然坚守这种孝规。如《旌表孝子沈公墓志铭》（见《嘉定碑刻集》）载："公幼有至性，竭力奉亲，……父患气疾，夜多不寐，公衣不解带，□旦时□□诸孙歌诗无□□□□□□□□父患□，屡药弗效，公复斋戒致祷，愿以身代。拜□□□疮忽闻异香满室，遂愈。……公年六十□□以哭踊如丧母，侍庐于墓侧三年。"也有超过三年庐墓的，如《明故太中大夫贵州布政使司右参政致仕栋塘陈公墓表》（见王世贞《弇州四部稿》卷九十四）记："举进士，需选，则弃之归省，都安人卒，毁瘠几殆，服除，庐于墓者五载而始出，盖尝走海内，名公卿若邵文庄、王肃敏辈志表哀诔数百千首，以不朽都安人。"墓志中关于庐墓的期限不一定说明，但依据礼仪一般为三年。如《明故通议大夫工部右侍郎谈公（伦）墓志铭》［见《新中国出土墓志（上海、天津）》］："久之，归省，值母王淑人尤，庐于墓侧。服阕，至京……"一般服阕期满为三年。

2. 关于铭诔

铭诔系世，敬传其名。明代王世贞在《敕封钱孺人褚氏墓志铭》（见

---

① 见《孟子·滕文公上》，（宋）朱熹撰《四书章句集注》，金良年今译，上海古籍出版社 2006 年版。

《弇州续稿》卷一百〇七）中言："自中古之不忍暴露于其逝者，而仁人孝子益思，所以致其爱与悫，而财力又足以办之，于是厚葬之所由兴。而所谓革阖、三操、大鞦、万领、璧玉、戈剑、鼎钟、鼓壶、舆马、女乐之为殉其丧，必捶涂通垄，而墨翟杨贵之徒得以议其后曰：奈何加功于无用，而损财于无谓。于是仁人孝子之意穷，而其稍有识者思所以显扬而不朽之，则碑表铭志之所由兴。盖其说起于延陵季子之墓，而渐备于东京，俗之流而下也。"可见，即使有财力厚葬，也被认为是"加功于无用，而损财于无谓"，不如碑表铭志可以显扬不朽。

清代钱大昕在《赠儒林郎翰林院编修加一级晋赠奉政大夫刑部河南司主事加二级冯君墓志铭》（见《潜研堂集》卷四十五）也指出："古圣之言孝也，曰扬名于后世，以显父母。夫扬名者一己之事，而其父母之贤，亦因有贤子而益显，此孝所以居六行之首也。若夫由父而推之以及其祖，则礼传所谓大夫以上则知尊祖者，而世遂以后有达人，知其积善之有自。昔东坡为大父廷评行状，称其制行甚高，后世信之无异词，藉非有贤子孙，则廷评之行或未必大显于后，先圣垂教，岂欺我哉！"该志文通过苏东坡为其祖父撰行状的例子说明"扬名于后世，以显父母"乃古代圣人所谓的"孝"，后人应该秉承这一做法。

"显亲不朽、显亲扬名"的孝行观念使明清士人家族非常看重墓志的刊刻，若能请到名家撰写志文，更被认为可以扬名千古。如《明故唐（倪）孺人左氏（懿正）墓志铭》［见《新中国出土墓志（上海、天津）》］载"先母葬有日，不朽之图，惟先生无以托用，特乞铭于先生"；《明故处士陈汝敬（钦）墓志铭》［见《新中国出土墓志（上海、天津）》］录"有学有识，有言有行。俯仰无惭，始终其敬。虽死犹存，孰匪天定。勒之斯石，千载足证"；《张孺人墓志铭》（见《嘉定碑刻集》）记"某之妻，殁已数年，死者不复生，惟文章可使之久远也。且吾妻未殁时，素知有道之言为重，敢以志铭乞吾师"。可见，传统士人一向以文章为千古事，显扬不朽非文章不可，传之久远非勒石不为。从墓志资料中，我们还可以发现，拜请有名的文士撰写墓志是大多数人的愿望，这不仅符合丧礼的要求，更可能因为撰志者的名气而千古流芳。明代王世贞在《明故征仕郎仁斋程君墓表》（见《弇州四部稿卷》）中就指出："夫表墓非古也，然而仁人君子之不欲死其先也，则犹有厚道矣。今夫伯夷叔齐至圣洁也，孔子称其饿于首阳之下，民到如今称之。史迁为之赞，传曰：'君子疾没世而名不称焉。圣人作万物，睹夷齐虽贤，得孔子而名益彰。"意思是说，伯夷、叔齐之所以成圣，被人们所称颂，主要原因是由于孔子称其"饿死于首阳山",他们因孔子之名而彰显。所以,撰者之名对"显亲扬名"至关重要。

样本墓志中,就有选择撰者的例子。如赵俞所撰《唐吉臣墓志铭》(见《嘉定碑刻集》)记载:"丙子冬,自京师抵家,则吉臣已前数月殁矣。余走其家哭吊,其二子烺、灿稽颡伏地不能起,请曰:'吾父殁,语不及家事,但貌诸孤泣曰:"蒙泉知我,恨不及见也。他日葬我,不得铭如弗葬。铭不得蒙泉铭,如弗铭。"'呜呼!微子请,吾固当铭也,其何忍不铭?"墓主唐吉臣临终遗言说"不得铭如弗葬。铭不得蒙泉铭,如弗铭",可见,人们对墓志的重视。再如《明故颜(钣)母唐孺人(玉英)墓志铭》[见《新中国出土墓志(上海、天津)》]:"先生天下之名能文辞者,其所言必传世行后,敢乞一言以铭。"

当然,对于墓志的"显亲扬名"也有不同的看法。认为有些人为了扬名显亲,过分粉饰逝者,反而造成"不孝"之举。如《秦汝克墓志铭》(见唐时升《三易集》)记载:

> 余所厚善者多家东城。朝夕相与,为率真之游,绝寒温之言,略迎送之礼,好称人之善、成人之美,而掩覆其所不逮。壶觞之会间,以六博、不废调谑,而终无浮薄深刻之意。盖秦君汝克于其间年最长,容色温然,恺悌之意溢于眉睫,心如其面,行如其言,若不知衰世有机械之事、□鑰之防。及其没也,遗命勿为墓中之志,其子兆鲤涕泣而请曰:"大人心事岂可不令子孙闻之?"君叹曰:"吾恶夫志者,好谀人以所不能,而诬以所未尝为之事,如粉绘傀儡,容貌甚光。而以为先人□者有知,必羞之矣。吾□,但令知我者志岁月焉可也。"呜呼!

墓主"终无浮薄深刻之意""行如其言,若不知衰世有机械之事、□鑰之防"。遗命"勿为墓中之志",认为墓志喜好"谀人以所不能""诬以所未尝为之事",这种粉绘傀儡的谀墓行为只能让先人感到羞愧。

尽管有谀墓的现象,但大多数士人还是认为刊刻墓志是必要的。如钱大昕在《赠儒林郎翰林院检讨曹君墓表》(见《潜研堂集》)就写道:"夫无善而诬其先,非孝也;有善而不能彰,非义也。"指出,谀墓非孝,但若父母有善而不彰显,就是不义之举了。再如《明萧氏贞一(淑婉)孺人墓志铭》[见《新中国出土墓志(上海、天津)》]言:"后者恐没亲德。泣血奉状请铭。"

墓志作为对逝者的语言描述,还具有"致其哀""释其痛"的功能。

如《李君元配张孺人墓志铭》（见王世贞《弇州续稿》卷一二四）记载："李子来出其所草行状，再稽颡而请曰：'念无能释余痛，将以母氏之地下累公。'既而复再拜曰：'家严君尚无恙也，不胜伉俪之思，亦藉公文以释。'余悯而许之。"由此可知，对于逝者亲属来说，墓志成为其与逝者沟通的桥梁和对话的纽带。从某种意义上讲，语言使墓志本身具有了不朽的性质。

除了葬埋与铭诔等丧礼之外，也有孝子因父母之丧而哀毁至死。如《明太学生潘叔慎夫妇合葬墓志铭》（见《上海明墓》）记载："时淞崖方滞官邸。君旷于省，侍念翁甚殷。下第之明年，不谋于妻子、朋友，裹粮问道，出金陵，溯长江，渡淮而上。北望燕云，心神飞越，恨不即侍亲侧也。舟抵济宁，忽遭疾。时郡人张君甘白为州府，闻君病，携医来视且留君行。君曰'吾知往以亲，故吾何忍缓吾行。'谢却之。兼程急驰至东昌。转剧度不起，呼从者曰：'夭寿死生夫固定命，吾何恨，恨吾弗获面亲，负子心耳。'叹泣久之而逝。时五月二十八日也。呜呼伤哉。君子即其瞩纩之言可以观孝矣。"在墓主看来，"孝亲"已经超越生死寿夭。其本人也因行孝而哀毁至死。从这则墓志中，不难体会到当时社会对孝的重视。除了"养生""送死"之外，还有许多诸如修家谱、建家祠等行孝之举，如《乔母陆孺人墓志铭》（见陆深《俨山集》卷六十六）记载："益为敦本崇孝之行，修家乘，建家祠，设家塾，置赡族之田，整葺上世诸墓，有惟日不足之意。"由此可见，孝行贯穿人的一生，没有终结。

（二）关于祭的观念及行为

正如上文提及的"居丧未葬读丧礼，既葬读祭礼"，丧与祭合而构成儒家慎终追远的完整丧葬观念。在儒家看来，子女对父母或祖辈的"孝道"没有终结，永远在路上。除了为父母祖辈治丧等各项礼仪外，丧礼之后的祭礼就成为日常生活中孝养父母祖辈，并与之沟通对话的途径。每年春节、清明、中元、冬至等节日的祭祖活动并不单单是一种民俗活动，更是传统丧葬文化的有机组成部分，可以说，祭礼是沟通生者与逝者的通道，是打通生死的旋转门。因此，古人非常重视祭礼。

《礼记·祭统》云："祭者，所以追养继孝也。"又云："凡治人之道，莫急于礼：礼有五经，莫重于祭。夫祭者，非物自外至者也，自中出，生于心也。心怵而奉之以礼。是故唯贤者能尽祭之义。"[1] 意思是说，人们怀念亡亲，怵然有动，以礼来奉献供品，而祭祀发念的起点仍然是对亲人

---

[1]　李宏利：《传统祭礼：文化血脉的延续》，《文汇报》2017 年 3 月 31 日。

的情感，故谓之"非物自外至者也，自中出，生于心也"。荀子也说："祭者、志意思慕之情也。忠信爱敬之至矣，礼节文貌之盛矣，苟非圣人，莫之能知也。圣人明知之，士君子安行之，官人以为守，百姓以成俗；其在君子以为人道也，其在百姓以为鬼事也。"① 尽管对于圣人、士君子、官人、百姓不同的主体而言，祭祀有着不同的意义与价值，但表达思慕之情，寄托忠信爱敬则是不变的主题。②

正是由于祭祀以"情"为主，所以祭祀成为阴阳两界交感互动的平台。如《礼记·祭义》有云："祭之日，入室，僾然必有见乎其位；周还出户，肃然必有闻乎其容声；出户而听，忾然必有闻乎其叹息之声。是故先王之孝也，色不忘乎目，声不绝乎耳，心志嗜欲不忘乎心。致爱则存，致悫则着。着存不忘乎心，夫安得不敬乎？……孝子将祭，虑事不可以不豫，比时具物不可以不备，虚中以治之。宫室既修，墙屋既设，百物既备，夫妇齐戒，沐浴盛服，奉承而进之。洞洞乎、属属乎如弗胜，如将失之。其孝敬之心至也与！荐其荐俎，序其礼乐，备其百官，奉承而进之。于是谕其志意，以其恍惚以与神明交。庶或飨之，庶或飨之，孝子之志也。"祭祀的过程是"荐其荐俎，序其礼乐，备其百官，奉承而进之"，最终达到"谕其志意"的目的。在这整个过程中，祭主的一举一动都关涉到与祖先亡灵的交感，"有见乎其位""有闻乎其容声""恍惚以与神明交"，只有祭主感知到与祖先亡灵的交感，祭的意义才能得到充分的实现。当然，这种庄严肃穆并具神秘色彩的祭祀仪式本身也充满了教化的意味，让后人在潜移默化中秉承追养继孝的传统美德。③

墓志中，也多有关于祭礼的记录。如《明故唐（炯）硕人朱氏（兰英）墓志铭》[见《新中国出土墓志（上海、天津）》]记载："尝以己之二亲乏嗣为念，白于德辉，养生送死，祭扫春秋，举无阙失，不以出嫁降等。"其中"祭扫春秋"就是所谓的祭礼。再如《王泰际墓志铭》（见《嘉定碑刻集》）所载："先生负至性，十四遭父丧，哀毁过礼。母有疾，辄□天求代。老丧母，孺慕尤甚，时岁绕墓，呜咽不自止。"时岁绕墓也属祭礼。其他墓志记录还有"树祠堂以谨先祀"④ "岁时祭享，倍切哀

---

① 见《荀子·礼论》，林宏星《〈荀子〉精读》，复旦大学出版社 2011 年版。

② 李宏利：《传统祭礼：文化血脉的延续》，《文汇报》2017 年 3 月 31 日。

③ 同上。

④ 见《旌表孝子沈公（辅）墓志铭》，张建华、陶继明主编《嘉定碑刻集》，上海古籍出版社 2012 年版，第 1497 页。

痛""奉祭祀，尤洁诚"① "念吾祖之蚤殁，每祭，辄潸然泪下，叹处世之难，不敢少自宴逸"② "事舅姑、奉祭祀、待宾客皆顺适公志"③。一般不做具体详细的祭礼记录。但从中不难认识到祭礼的特点，即定期祭祀，要诚敬、哀痛，祭品要洁净。可以看出，祭礼的教化功能具有长期性，在某种程度上其教化效果要大于丧礼的教化效果。但在仪式上，可能丧礼更隆重些。例如《嘉定张君墓志铭》（见钱谦益《牧斋初学集》）记载："古之孝子，祭其亲也，则必求仁者之粟。祭如是，葬其可知也。"从总体孝养观念来看，丧礼与祭礼是相辅相成的，丧礼重在生死的转换，而祭礼则沟通阴阳两界，二者共同组成传统的祭祀文化，突出了传统中国事死如生的生命哲学。

在祭礼中很讲究生者与逝者的"对话"，而"对话"是需要共同的生活内容或家族记忆的。传统士人家族重视修家谱、建家祠、刊墓志等家族文化的建设，实际上就强化了家族记忆，并以文字形式保留了逝者的生平事迹，特别是墓志记录重家庭生活的倾向更可以还原墓主的日常生活，以及同子孙的联系。这就为祭礼提供了生死对话的内容。当下的祭祀活动应该说只是承继了祭祀的形式，与逝者的"对话"只有通过子女的记忆，而这种记忆又是随意的、碎片化的、不完整的，特别是家族文化建设的内容少之又少。所以，笔者以为应该呼吁传承传统墓志文化，因为传统墓志是家族记忆的精华，兼具家史的功能，同时它也少了家谱修建的复杂性，便于实施。撰写墓志不仅继承了传统丧礼的精华，也为祭礼形式注入了内容，更为生者与逝者的"对话"提供了话题，有助于家族文化的建设，并为生者的生活增添了意义和价值。

二　葬期统计与分析

治丧要做到"敬藏其形"，而要做到"敬藏"是需要一定时间的④，因此，葬期就成为我们深入了解丧葬文化的一个颇佳视角。

---

① 见《永平张封君墓志铭》，（明）归有光《震川先生集》卷十八，上海古籍出版社 2007 年版。

② 见《周君墓志铭》，（明）归有光《震川先生集》卷十九，上海古籍出版社 2007 年版。

③ 见《明故儒林郎浙江布政使司经历陆公孺人张氏合葬墓志铭》，张建华、陶继明主编《嘉定碑刻集》，上海古籍出版社 2012 年版。

④ 李宏利：《从墓志资料看明代上海士人及其家族成员的葬期》，《浙江学刊》2017 年第 3 期。

　　葬期，即人的死亡时间与下葬时间的间隔。依古礼，葬期因死者的身份、地位的不同而有异。《礼记》记载："天子七日而殡，七月而葬；诸侯五日而殡，五月而葬；大夫，士、庶人，三日而殡，三月而葬。"① 以后，各朝逐渐将这种葬期视为定制，《旧唐书》记载："太宗以阴阳书近代以来渐致讹伪，穿凿既甚，拘忌亦多。遂命（吕）才与学者十余人共加刊正，削其浅俗，存其可用者。勒成五十三卷，并旧书四十七卷，十五年书成，诏颁行之。才多以典故质正其理，虽为术者所短，然颇合经义。"② 制定《葬书》的主要人员吕才在书中就明确指出了葬期应遵照古礼的传统执行，他认为"《传》曰：王者七日而殡，七月而葬；诸侯五日而殡，五月而葬；士大夫经时而葬；士及庶人逾月而已。此则贵贱不同，礼亦异数。欲使同盟同轨，赴吊有期，量事制宜，遂为例程。法既一定，不得违之。故先期而葬，谓之不怀；后期而不葬，讥之殆礼。此则葬有定期，不择年月，一也"③。至宋代，随着经济的发展以及市民阶层的兴起，葬期于礼不合者逐渐多起来。

　　明清时期，国家和地方都有基本的丧礼要求。据《明会典》《明史·礼志》所载，品官和庶人丧葬礼仪程序相同，仅在具体内容上稍有区别。主要仪节有：（1）初终（复、讣告、沐浴、袭奠、饭含、立铭旌）；（2）小殓；（3）大殓；（4）成服（朝夕奠、朔望奠）；（5）吊奠赙；（6）择地、祭后土；（7）葬（启殡、发引、在途、及墓、下棺、祠后土、题主、反哭）；（8）虞（初、再、三虞）；（9）卒哭；（10）祔；（11）小祥；（12）大祥；（13）禫；（14）闻丧、奔丧；（15）改葬。④ 清代汉族品官葬礼按《清会典》所载，基本与明代相同。满族则保留了某些本族葬俗。至清末，随着民族融合，这种区别逐渐减少。"宣统元年礼部议划一满汉丧制"才从礼制上取消了区别。至于明清丧葬制度中的葬期如何，可以从明清墓志记载中窥其一斑。现通过墓志记载的墓主葬期进行统计研究，以便对明清葬期问题进行初步的探讨。

---

① （清）孙希旦，沈啸寰等点校：《礼记集解》卷十三，中华书局1989年版。

② 见《旧唐书》卷七十九，中华书局1975年版，第2720页。

③ 见《旧唐书》卷七十九，中华书局1975年版，第2724页。转引自吴敬《试论宋代的葬期》，《华夏考古》2012年第1期。

④ 李宏利：《从墓志资料看明代上海士人及其家族成员的葬期》，《浙江学刊》2017年第3期。

（一）葬期统计

1. 明代葬期统计

现搜集明代葬期统计样本情况为：样本总数为251人，其中男性164人，女性87人，其葬期情况统计如表2-20所示。

表2-20　　　　　　　　　　明代葬期统计　　　　　　　单位：人，%

葬期	男性		女性		男女总和	
	人数	占比	人数	占比	人数	占比
1个月以下（含1个月）	6	3.66	0	0	6	2.39
1—2个月	9	5.49	5	5.75	14	5.58
2—3个月	9	5.49	4	4.60	13	5.18
3—4个月	4	2.44	6	6.90	10	3.98
4—5个月	9	5.49	3	3.45	12	4.78
5—6个月	2	1.22	5	5.75	7	2.79
6—7个月	3	1.83	3	3.45	6	2.39
7—8个月	4	2.44	2	2.30	6	2.39
8—9个月	4	2.44	3	3.45	7	2.79
9—10个月	10	6.10	4	4.60	14	5.58
10—11个月	3	1.83	6	6.90	9	3.59
11—12个月	9	5.49	8	9.20	17	6.77
1—2年	44	26.83	20	22.99	64	25.50
2—5年	25	15.24	12	13.76	37	14.74
5—8年	10	6.10	3	3.45	13	5.18
8年以上	13	7.91	3	3.45	16	6.37
合计	164	100	87	100	251	100

从统计结果来看，整个葬期的分布呈现出一定的规律性，葬期从1个月以下至8年以上的都有。其中较为突出的是葬期为1—2年的墓主占到总数的25.50%；葬期为2—5年的墓主占到总数的14.74%[1]，从葬期划分来看，这也是较高的比例。两项合计则说明葬期为1—5年的样本占总数的40%。

---

[1] 李宏利：《从墓志资料看明代上海士人及其家族成员的葬期》，《浙江学刊》2017年第3期。

2. 清代葬期统计

现搜集清代葬期统计样本情况为：样本总数为 60 人，其中男性 50人，女性 10 人，其葬期情况统计如表 2-21 所示。

表 2-21　　　　　　　　　清代葬期统计　　　　　　　单位：人,%

葬期	男性		女性		男女总和	
	人数	占比	人数	占比	人数	占比
1 个月以下	0	0	0	0	0	0
1—6 个月	3	6.00	0	0	3	5.00
7—12 个月	11	22.00	0	0	11	18.33
13—18 个月	10	20.00	1	10	11	18.33
19—24 个月	4	8.00	1	10	5	8.34
25—30 个月	3	6.00	0	0	3	5.00
31—36 个月	2	4.00	1	10	3	5.00
37—42 个月	1	2.00	0	0	1	1.67
43—48 个月	1	2.00	1	10	2	3.33
5—10 年	6	12.00	3	30.00	9	15.00
10 年以上	9	18.00	3	30.00	12	20.00
合计	50	100	10	100	60	100

由于清代墓志样本比明代的要少许多，关于葬期的样本也较少。为此，选择 6 个月为主要间隔作为葬期统计时间。从统计结果可见，6 个月以上至 24 个月的葬期比例占到 45%，5 年以上的葬期比例占到 35%。这两类葬期合计比例占总数的 80%，为绝大多数。

3. 明清综合葬期统计

综合明清两代葬期统计样本，样本总数为 311 人，其中男性 214 人，女性 97 人，葬期统计结果如表 2-22 所示。

表 2-22　　　　　　　　　明清综合葬期统计　　　　　　单位：人,%

葬期	男性		女性		男女总和	
	人数	占比	人数	占比	人数	占比
1 个月以下	6	2.80	0	0	6	1.93
1—6 个月	39	18.22	26	26.80	65	20.90
7—12 个月	41	19.16	23	23.71	64	20.58
13—24 个月	58	27.10	22	22.68	80	25.72

葬期	男性		女性		男女总和	
	人数	占比	人数	占比	人数	占比
2—5年	32	14.95	14	14.43	46	14.79
5—10年	16	7.48	6	6.19	22	7.07
10年以上	22	10.29	6	6.19	28	9.01
合计	214	100	97	100	311	100

从以上明清两代葬期统计结果可知，所占比例在20%以上的葬期分别为1—6个月、7—12个月、1—2年三段期间。葬期为2—5年的所占比例也较高，为14.79%；葬期在5年以上的也要占到16.08%。

（二）明清葬期分析

对以上的初步统计，具体分析如下。

1. 葬期长短及所占比例分析

（1）以"天子七月而葬"为最宽泛的葬期底线，在确切记载葬期的材料中，明清士人家族人口从死亡到下葬的时间多超过7个月。其中，明代葬期在7个月以内的墓主只占总数的27.09%，清代葬期在7个月之内的墓主仅占总数的5%，明清综合统计葬期在7个月的占比为22.83%。从葬期超过7个月的墓主身份来看，有品官及其家属，也有普通士人及其家属；葬期在7个月之内的墓主身份也如此，既有品官及其家属，也有普通士人及其家属。[①] 可以说，明清葬期的设立已与古礼相去甚远。

（2）从明清葬期分布来看，多集中于一个月至两年内，这一时间段的葬期比例占到总数的67%。具体分布比例如图2-10所示。

古人向来重视丧礼，明清社会也不例外。从葬期统计来看，虽然与古礼有一定距离，但并不能说明明清士人不重视丧葬仪式，相反更说明了明清士人对逝者的重视。我们知道，随着朱子家礼的传播以及明嘉靖十五年（1536年）家庙和祭祖制度的改革，民众在祖先祭祀上有了更多的权利[②]，正是在丧礼制度方面的突破，民间在丧葬仪式方面才更多地表达了自己对先人的心意，从而造成葬期的延长。占绝大部分的葬期分布在1个月至2年，从要完成的丧葬程序以及明清时期的有关风俗来看，这也比较

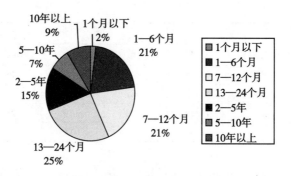

图 2-10　葬期比例分布

符合实际。而对于 5 年以上的超长葬期则必有其特殊的原因。

2. 葬期超长的原因分析

以上统计为我们呈现了明清时期士人群体的葬期概貌，由于明代葬期样本较清代多，所以更反映出一定的规律性。明代葬期在 7 个月以内的墓主占总数的 27.09%，而清代葬期在 7 个月之内的墓主仅占总数的 3.85%，比较而言，明代士人葬期更合古礼。同时我们不难发现，明清两代葬期样本中大部分死者的葬期都超过了古礼所规定的天子葬期。许多葬期甚至超过 10 年，致使朝廷制定专门律例加以约束。如《大明律例》中"丧礼"篇规定"凡有丧之家必须依礼安葬，若惑于风水及托故停柩在家，经年暴露不葬者杖八十"①。下面仅就墓志反映的超长葬期做具体分析。

（1）丧葬程序烦琐。据《明会典》《明史·礼志》《明集礼》《诸司执掌》《太常集礼》等文献记载，从初终礼仪至禫祭共 35 个项目，到下葬完成就有 26 项，主要有属纩，易服，招魂，立丧主、主妇，治棺椁，发丧，治尸，设帷堂，沐浴，饭含，袭尸，置灵座，设魂帛，设铭旌，辍朝，小殓，大殓，成服，朝夕奠、朔望奠，吊丧赠襚，奔丧，卜宅兆，穿圹，刻碑志，备明器，启殡，朝祖，辞奠，启奠，祖奠，遣奠，发引、在途、及墓和下葬。这些项目都有规定的时间，时间可达数月之久，这就在行为上、规范上为延长葬期提供了可能。

（2）丧事操办隆重。明清两际，江南地区佛、道两教盛行，逢丧事总会举办各种佛道仪式，人们为亲友免受地狱之苦而大做佛事、道场，"入殓必以僧，停柩必用道士，皆令灵前祝告颂叹，出殡及葬亦如之。死

---

① 李宏利：《从墓志资料看明代上海士人及其家族成员的葬期》，《浙江学刊》2017 年第 3 期。

后逢七日，则富家建置道场，七七日始毕，余则早间馈食而已"①。这些事实表明，无论公卿大夫还是普通民众，从亲属去世开始，经七七、百日、期年等无不召僧道做法事，希望通过诵经、做法事来超度亲人的亡魂。做法事不仅仅成为处理死者灵魂的重要手段，而且还成为检验生者是否遵守孝道的重要标准，至此，延请僧道大做法事已经成为丧葬活动中不可或缺的一个环节②，甚至出现了"遇七竞作佛事，不能者乡党以为耻"③。而对于佛道仪式的规模，朝廷并没有明确的规定和时间限制，这就为丧事的隆重提供了空间。富贵人家为了超度死者的亡魂极可能大操大办，延长葬期。这种做法也可以炫耀门楣。④

（3）卜葬择日延长葬期。古代埋葬死者，先占卜以择吉祥之葬日与葬地，称为卜葬。《礼记·杂记下》："卜葬其兄，弟曰'伯子某'。"《孔颖达疏》记："谓卜葬择日而卜人祝龟之辞也。"后即为择时地安葬之代称。从明清上海士人墓志来看，多涉及卜葬内容。其中卜葬择日成为延长葬期的一个重要因素。如《梦梅杨隐君墓志铭》（见《徐氏海隅集》卷十七）记："外父母死，其子局于堪舆家言，岁久不葬。"由于墓主之子笃信堪舆之言，累年不葬其父母。又如《清诰赠资政大夫大理寺卿王公（士毅）墓志铭》[见《新中国出土墓志（上海、天津）》]载："……初，公葬其考于是土，人谓其年于方不利，率众阻之。公不能抗，归而憾哭，至绝复苏。"墓主为清二品命官王昶之父，因乡人深信其葬于地方不利，故不准归葬。从墓志文知，其葬期长达35年，待其子王昶入仕为官，奉朝旨才得以完葬。⑤

（4）经济穷困无力治丧。明清治丧程序复杂，这就需要有较好的经济实力来支撑这一过程。但是，并不是所有人都有这个能力完全按照丧葬程序来完成。⑥ 最后，因得助于他人或卖房鬻产，才完成葬事。

如徐学谟撰《明故淮安府学训导方斋殷先生墓志》（见《归有园稿》）所记："距嘉定城东三里倪家滨西之原，是为吾师方斋殷先生之

① （清）王昶：《青浦县志》，清乾隆五十三年刻本。

② 李宏利：《从墓志资料看明代上海士人及其家族成员的葬期》，《浙江学刊》2017年第3期。

③ 朱衣点修、吴标等纂：《重修崇明县志》卷六《风物志》，清康熙刻本，第868页。

④ 吴敬：《试论宋代的葬期》，《华夏考古》2012年第1期。

⑤ 李宏利：《从墓志资料看明代上海士人及其家族成员的葬期》，《浙江学刊》2017年第3期。

⑥ 吴敬：《试论宋代的葬期》，《华夏考古》2012年第1期。

墓。按先生以万历丁丑四月二十五日捐馆舍，至是阅十有二年，其子力不克葬，而诸生娄应轸、沈绍伊辈为募赀佐襄事，以戊子十二月二十八日始即窆夯。于乎，伤哉贫也！贤者之畸于世，独饥寒之在身前已哉。"葬期长达 12 年之久。

再如殷都《山东副使张意墓志铭》（见《嘉定碑刻集》）所记："呜呼！公之殁于今八年矣。伤哉贫也，而弗克葬也，则以殡于堂。顷之堂为疾风雨所败，于是诸子鬻其堂之隙地与旁室，始得金葬公。"其子因贫困不能葬其父，后来通过卖房产获得银钱才得以葬其父。该葬期长达 8 年之久。

还有客死他乡，因贫不能归葬的，如孙承恩撰《廷评姜君墓志铭》（见《文简集》卷五十）所记："君以正德癸酉八月六日卒于京师，贫不能归诸所，与叶厚者咸致赙，始克归，归且再易寒暑，贫不能堇，适君同年唐君应韶行部至松，谕有司赙其家，始克营堇。呜呼！于此亦可得君之为人矣。"因自家贫困，不仅卒不能归，归后也不能葬，是由于得到别人和有司的赙赠才完成葬事。贫困无疑成为延长葬期的重要原因。①

（5）俟配同葬。《仪礼》曰："夫妇生时同室，死同葬之。"又曰："合葬所以固夫妇之道也。"有些墓主葬期较长，是由于按照夫妇同葬的礼仪造成的。

如徐学谟撰《姚国祥先生夫妇合葬墓志铭》（《归有园稿》卷七）所记：

> 乡进士姚君师鲁丧其父国祥先生十有五年矣，而未克葬也。或以士踰月之礼质进士，君辄不应，第俛而涕泫泫下也。一日私于余曰："此先君治命也，当属纩时，手不孝鲁而诀之曰：'吾脱不起，毋以吾趣之野也。吾少与汝母同历艰难，平生不见离别之色，今汝母尚俨然在堂，而吾独安之乎？且汝母羸而吾故强也，强者业不能待，羸者顾可久乎？盍需之以俟相携入地下也？'言讫瞑矣。不孝鲁泣，吾母向之亦泣。寻嘱之曰：'汝慎毋忘尔父之言也，即吾意复然。'于是不敢修葬事而勉殡先君于寝，朝夕并吾母而上食，一如平生。既丧三年毕，而吾母幸亡恙，则督不肖鲁上春官。已，屡上春官，屡不第，则督不肖鲁仕，乃谒选于天官，得署汝州校事。"汝州去家越二

---

① 李宏利：《从墓志资料看明代上海士人及其家族成员的葬期》，《浙江学刊》2017 年第 3 期。

千里而遥，进士君以母故复不欲行，余慭之曰："子盍行乎？虽有离
忧，其亲之心乐也。"于是进士君行，行教于汝州。又三年，而母孺
人之讣至矣，进士君仰天大恸曰："天乎！世有不能掩其父之骨，而
复不及于母之含者，尚可比于人数乎！"乃匍匐而奔之。奔至其家，
将上堂，而阒乎无所睹闻也，则又仰天大恸，几不能生。而丞营葬地
于新泾之原，卜以是岁己丑十二月某日合于祖茔之昭，而图所以不朽
其亲者石诸遂，因自为状，属余铭之，则以余故昵于国祥先生也。

　　根据志文可知，一般士人还是依古礼，即"士踰月之礼"。葬期太
长，则会受到质问。而墓主则以"吾少与汝母同历艰难，平生不见离别
之色，今汝母尚俨然在堂，而吾独安之乎？"为由嘱托其子"需之以俟相
携入地下也"。因此，该墓主葬期达 15 年之久。

　　再如王世贞撰《故听泉张翁暨配洪孺人合葬志铭》（见《弇州续稿》
卷一百〇五）所记："吾州之称恂恂笃行长者，盖南郭张翁云。翁之配曰
洪，举三子，而长者材曰兰溪令新，洪之卒也在嘉靖末，而新尚困为诸
生，窭行营窆矛，张翁固止之曰：'俟我而后入土。'盖又二十一年张翁
始以寿终。"

　　王世贞撰《明封承德郎礼部祠祭署郎中东娄徐公暨配陈安人合葬志
铭》（见《弇州四部稿》卷九十）所记："徐祠部公卒之七月，而其孤荆
州守学谟以状与书来泣请曰：于乎吾宗，自栢翳而后支于彭城，播于江曰
练祁为昆山再隶为嘉定，盖世毋显者，至祠部公始，稍稍慕经术用启余小
子获从事秩宗南渡之，系寝有闻于时矣。嗟乎！布衣之业诚艰难哉。余小
子何敢忘？余小子何敢忘？又曰：吾母陈安人之殁也，盖先祠部公十又三
年矣，厝而弗克葬也。弗敢先也，今将启而合之，以吾子之辱交于不肖
也，其宠光先祠部公而为之志若铭焉，死且不朽，其以祠部公之余而及先
安人焉，亦死且不朽。"

　　凡此"夫妇同葬"的例子指不胜屈，从而也造成某些墓主的葬期
超长。[①]

　　(6) 其他原因。当然，由于个体处境不同，也有一些其他原因造成
了葬期超长。如《广西巡抚李公神道碑》（见《嘉定碑刻集》）记："公
生于康熙丙寅（一六八六）二月二十七日，卒于乾隆甲戌（一七五四）

---

　①　李宏利：《从墓志资料看明代上海士人及其家族成员的葬期》，《浙江学刊》2017 年第
3 期。

九月二十二日，享年六十有九。配金氏，诰封夫人。子三：长广毓，太学生，金夫人出，先公殁。次琳，公殁葬后殇。次珊，尚幼。俱妾氏出。女二：长适嘉定县太学生陆澄。次适宝山县太学生金世仁。孙一：绳祖，尚幼年。以乾隆己卯（乾隆二十四年，一七五九）十月初六日，奉旨谕葬于纪王镇。"从志文可知，此为奉旨谕葬。作为广西巡抚这样品级的官员，死后能获得官方的恤典是一种荣耀，同时也需要一定时间，因而造成五年之久的葬期。

再如徐学谟撰《亡妻欧王二安人祔墓志铭》（见《徐氏海隅集》卷十七）记："欧、王二安人者，太室山人徐学谟妻也。山人初娶欧氏，九年卒。继王氏，十年卒。欧之年二十五，而王之年亦三十四，两丧相距盖十二年而近云。山人尝自恸曰：天乎！吾平生踽踽择步而蹈，何戾于天而连？吾二妻乎？比卒而山人数有四方之役，不克葬。"志文交代因四方之役而不能葬。[①]

还有如《清诰授奉政大夫云南景东府掌印同知锦湖谢公（颖元）暨配陈宜人祔葬墓志铭》[见《新中国出土墓志（上海、天津）》]，墓主葬期近十年，但志文未交代原因。

小结　士人家族认同的表现——观念与行为

本章着力于墓志文献中的家族人口记录，主要围绕死亡、生育、婚姻与丧葬等内容，通过相关数据的统计、归纳与分析，得出以下五点结论。

第一，墓志可为人口史研究提供较为全面的资料数据。大量墓志资料表明，墓志具有家史的功能，其记载的基本人口学信息以及身份认同表现对我们完整理解其家族文化具有重要的作用。因墓志的严肃性，其所涉人口的生卒、世系、婚配、生育等记录要经过家人的核实，不能出错，这就保证了人口信息的准确性。因墓志文化反对一切谀墓行为，粉饰墓主家族是对其祖先的玷污与不敬，加之墓志是随墓主一同埋葬在墓穴中，所以在墓志中更能真实地记录墓主家族的实际情况，这就保证了有关人口资料的真实性。此外，出土墓志文献以及文集中数量众多的墓志文也保证了资料的充足性，为进行相关人口学研究提供必要的样本数量。

第二，明清上海士人家族人口的平均死亡年龄相对较高。根据墓志中的生卒记录统计，有明确死亡年龄记录的男性为413人，占男性人口的

---

①　李宏利：《从墓志资料看明代上海士人及其家族成员的葬期》，《浙江学刊》2017年第3期。

90.37%；女性 219 人，占女性人口的 28.85%。人口综合平均死亡年龄为
63.33 岁，其中男性平均死亡年龄为 63.63 岁，女性平均死亡年龄为
62.77 岁，男性平均死亡年龄略高于女性。[①] 依据墓志记录中的早亡统计，
0—14 岁的早亡殇折率为 1.68%，通过推算可知男性早亡人数为 7 人，女
性早亡人数为 4 人。这样，测算结果为：420 位男性的平均死亡年龄为
62.69 岁；223 位女性的平均死亡年龄为 61.78 岁；男女综合平均死亡年
龄为 62.37 岁。但是，依据人口学的一般常识分析，该数字依然偏高了许
多。分析认为，造成这一问题的主要因素在于早亡人数的漏报，因为
1.68% 的殇折率在明清社会显然太低，不符合历史实情。根据相关研究，
选取 400‰ 为 0—14 岁的婴幼儿早亡率作为修正标准，计算得出的男性平
均死亡年龄为 41 岁，女性平均死亡年龄为 40.46 岁。通过与同时期有关
人群平均寿命或平均死亡年龄的对比分析，认为该修正后的数据比较接近
真实的历史。

　　分析认为，该群体的平均死亡年龄较全社会的平均值要高，主要是因
为士人家族总体上处于社会中上阶层，生活水平较高，医疗卫生等保障水
平也较高，加上他们本身具有一定的知识，注意修养等，因此，他们年龄
相对长些。[②] 家族人口中女性平均死亡年龄之所以低于男性，主要是受传
统文化的影响所致。因为传统文化重子嗣传承，婚姻的目的就在于繁衍子
孙、承接宗祧。女性因不能生育或不能生育儿子对其本身造成极大的压
力，受此传宗接代的文化压力，从而缩短了女性的平均死亡年龄。士人家
族希望能够长寿，认为"终其天年者德高"。面对死亡，他们认为"父死
子继曰生"，所以重视子嗣传承；对于自身来讲，他们希望通过"立德、
立功、立言"获得"善终"，死后以"功名令誉"活在人们心中，获得后
人的思念和子孙的世代敬祀，这是士人群体的死亡观念以及他们生前行
"仁"的文化认同，墓志所述"德善功烈"可以免于墓主伏面于地下、形
骸渐尽。

　　第三，明清上海士人家族继承了儒家子嗣传承的生育观念，认为婚姻
的目的是通过有序生育，保持家族绵延不绝，上以事宗庙，下以继后世，
因此，普遍持有传宗接代、多子多福的观念，特别是强调生男孩。由此也
产生了纳妾置侧室、招赘婿、过继、收养、浅埋等行为，其目的就是实现
子嗣传承。这种生育观念与行为承袭了儒家传统的生育文化，也是士人群

---

①　李宏利：《明清上海士人群体寿命探析——以墓志为中心》，《史林》2014 年第 6 期。

②　同上。

体认同的一个重要方面。

明清期间的人口生育水平较符合人们的自然生殖能力和普遍的社会愿望。[①] 根据墓志资料统计，有明确生育子女数记载的男性为 400 人，占男性总人数的 87.53%，有明确生育子女数记载的女性为 722 人，占女性总人数的 95.13%。男女综合平均生育子女数为 3.3 个，其中男性平均生育子女数为 4.28 个，女性平均生育子女数为 2.75 个。一夫多妻（妾）的家庭中，按墓志记录计算，男性平均生育子女数为 5.21 个，女性平均生育子女数为 2.11 个；一夫一妻的家庭中，按墓志记录计算，男性平均生育子女数为 3.59 个，女性平均生育子女数为 3.85 个。[②] 正如婴幼儿早亡率对平均死亡年龄的影响，婴儿死亡率同样对平均生育子女数的影响也非常大。根据相关研究，本书选取 283‰ 作为婴儿死亡率，测算出的明清上海士人家族男性平均生育子女数为 5.97 个，女性平均生育子女数为 3.83 个；其中，一夫一妻家庭中的男性平均生育子女数为 5.86 个，女性平均生育子女数为 6.27 个。一夫多妻（妾）家庭中的男性平均生育子女数为 8 个，女性平均生育子女数为 3.24 个。

修正后的数据若与彭希哲、侯杨方在《1370—1900 年江南地区人口变动与社会变迁》中有关生育水平的数据相比较，士人家族的家庭生育子女数与普通家族的家庭生育子女数相差不多，其平均生育子女数比普通家族家庭生育子女数的中间值略微高一些。其中，士人家族男性可以置侧室、娶小妾是提高家庭生育子女数的主要原因。

我们知道，由于古代医疗卫生水平的局限，婴儿死亡率、幼儿早亡率都比较高，为保证子嗣延绵，必须通过较高的生育率来保证子女的存活数。子女存活平均数量倒是具有别样的意义。据此，如果剔除婴儿死亡率以及性别比等因素，还原到墓志记录数据，即明清上海士人家族真实历史场景中的生养水平，并与现代社会的生育水平进行比较的话，那么，女性平均生育子女数为 2.75 个，即平均生养 2—3 个子女也并非很多，这与我们想象中明清时期很高的生育水平存在一定的差距。

其实，已有学者通过研究指出，明清时期我国婚内存在低生育率，这一发现与流行的传统早婚早育造成中国历史人口的高生育率、导致人口快速增长的看法大不相同。而本书的研究则从微观领域佐证了这一提法。这

---

① 李宏利：《明清上海士人家庭生育情况探析——以明清墓志为中心的考察》，《社会科学》2017 年第 5 期。

② 同上。

种观点戳破了马尔萨斯理论的神话，从中国本土寻找中国历史人口与中国历史的发展动因与机制，打破欧洲中心观的文化思维与结论，对理解中国人口历史与现实社会发展具有重大价值，也启示我们需要对传统社会的生育观念及行为做一再理解。

第四，明清时期的上海作为儒家传统文化的重要承袭之地，士人家族的婚姻形式多以聘娶婚为主。明清士人家族保留了媵妾制的婚姻形式，根据墓志数据统计，在 464 位男性中有 104 位纳妾或置侧室，占总数的22.41%，剩余的 77.59% 为一夫一妻。此外，因男方贫困或者女方家族特别显赫的原因，入赘婚也是比较普遍的一种婚姻形式。士人家族作为社会的中上层群体，在择配时非常谨慎，一般遵循门当户对的原则，选择同为士人家族的男女成婚，这是士人家族身份认同非常重要的一个方面，从墓志婚配情况可以发现，士人家族联姻是非常普遍的现象。因重视"文"与"官"的认同，凡具有官品或学品的儿女子孙或其配偶在墓志中都有记录。古人以婚姻为本，认为缔结婚姻是人生的重大站点，有了婚姻，才可能有夫妇、父子、姑舅、婆媳、姻亲乡党以及不同代际的各种关系。结婚早晚成为影响人生轨迹的重要时间维度。根据墓志数据的统计，明清士人家族的女性平均初婚年龄约为 17 岁，男性平均初婚年龄约为 20 岁。从男女初婚年龄的分布情况看，女性在 15 岁初婚的比例最大，占到总数的32.88%；男性在 19 岁初婚的比例最大，占到总数的 25.01%。基本上符合古礼，即"男子二十而冠，有为人父之端，女子十五许嫁，有适人之道"。

第五，儒家关于丧葬的观念可分为丧与祭两个方面。丧是指对于刚刚去世的父母致以安葬、守丧等一系列程序性的活动与仪式。祭则是对于过世已久的父母或祖先表达思慕之情的奠念活动。明清上海士人家族继承了这种传统礼仪。丧与祭合而构成了儒家慎终追远的完整观念。士人家族重视墓志、家谱、家庙等家族文化建设，很重要的一个方面就是为了祭祀祖先，通过祭祀来强化家族的身份认同，凝聚家族的力量，进一步发展家族势力，以光宗耀祖，垂裕后昆。依古礼，葬期因死者身份、地位的不同而有异。而根据墓志中的葬期统计，所占比例在 20% 以上的葬期分别为 1—6 个月、7—12 个月、1—2 年三段期间，葬期为 2—5 年的所占比例为14.79%，葬期在 5 年以上的占 16.08%。分析表明，随着朱子家礼的传播以及明嘉靖十五年（1536 年）家庙和祭祖制度的改革，在丧礼制度方面也有所突破，民间在丧葬仪式方面可以更多地表达对先人的心意，从而造成葬期的延长。占绝大部分的葬期分布在 1 个月至 2 年，从要完成的丧葬程序以及明清时期的有关风俗来看，这也比较符合实际。而 5 年以上的超长葬期则主要是由于厚葬、卜葬、俟配同葬、家贫无力克葬等多种原因。

传统社会是以礼仪作为社会规范的。士人作为受过儒家礼仪系统教育的知识分子，其认同的表现就在于遵循儒家的传统观念与行为。从明清上海墓志可以看出，士人家族始终遵循《礼记》《仪礼》等儒家经典所规范的礼仪，守礼无疑成为士人家族认同的一种内在要求。墓志作为盖棺论定的人生总结，其所录内容集中体现了他们的认同特征。本章所梳理归纳的死亡、生育、婚姻、丧葬等内容涵盖了人生的关键节点及其价值指向，相关的人口学指标也进一步揭示出士人家族认同的表现特征。

根据身份认同的定义，人的身份是根据"人所是"和"人所不是"来定义的，身份之确认必定需要一个他者的存在。士人身份的认同就在于同庶民的区别，他们严格遵循儒家礼仪，特别是在士庶区别方面，强化自我的认同。例如对墓志的要求，依古礼，只有士以上的阶层才要求制作墓志，因此士人家族非常重视墓志的撰写与刊刻，这无疑成为确认自我身份，区别庶民的典型认同行为。从墓志所录的相关观念与行为中，也充斥着士人身份认同的特征。

如在有关死亡问题方面，士人对待死亡的态度与缺乏功名令誉的普通庶民有着极大的区别。在士人看来，生与死是和通为一，死被消解于生生不息之中。传宗接代可以延续肉体之生；思仁、践仁，通过生前的立德、立功、立言，可以实现生命对死亡的跨越。人之所以能死而不亡，就在于他的德善功烈能传颂于世，达到死而不朽。儒家以"仁"为核心的死亡观为生者树立了人生目标与行为规则，"亲亲而仁民，仁民而爱物"，修身、齐家、治国、平天下的人生教理正是基于不朽的死亡观。士人群体不怕死，但他们担心死后无文，而有文则能不朽。对于有条件的士人家族而言，为了传名不朽，他们一般会想方设法邀请名人撰写墓志、书写并刊刻墓志，这样他们的身名也会因撰文者、书写者或是刊刻者而传之不朽。因此，传统墓志一般都会涉及人物品评的内容。从称谓上看，士人之死亡称为"不禄"，只有功名令誉全无的庶人之死亡才称为"死"，掌握话语权的士人阶层在死亡称谓上的区别对待显然体现了他们与"他者"即庶民的划分，从而凸显士人的身份。士人家族人口的平均死亡年龄也反映出士人家族的认同特征。根据前文统计测算（包含早亡等因素），420 位男性的平均死亡年龄为 62.69 岁，223 位女性的平均死亡年龄为 61.78 岁，男女综合平均死亡年龄为 62.37 岁，即使通过 40% 的婴幼儿早亡率修正，其平均死亡年龄也相对较高。笔者以为这个结果也正反映出士人家族认同的特征。墓志传名，士人家族希望能传美名，因此撰写墓志也有一定的选择对象，为了家族的荣誉，只能进行选择性的叙述，"仁者寿"的观念可能使短寿者不立墓志，或者墓志中有意不录生卒年月，从而造成死亡年龄较低者的漏缺。所以，笔者认为墓志的人口学相关信息应该称作"人文数据"，该数据对于我们认识士人家族人口及其认同特征具有极其重要的价值。

在生育方面，因为儒家文化本身就体现为一种生育文化，以血缘和血亲关系为基础的家族共同体是以男子在宗姓的继替、家族的传承为首要目的。在这种传统家族文化观念的支配下，人口行为和观念必然是传宗接代和多子多福，只有这样，死后才能够获得后人的思念和子孙的世代敬祀。为了获得子嗣延续香火，置侧室就成为非常合理且必要的行为，还有就是通过过继来承继所谓的"门户"。对于士人家族来说，传宗接代与多子多福还有更重要的期盼，就是"有子可行举业"，有机会获取功名以光耀门楣，取得家族的发展。我们知道，明清社会只有男子可以参加科举考试，求得功名利禄，举业是传统社会家族发展最有效的途径，也是打通士庶隔离的唯一通道，而有资格在这条通道上竞争的必须是男子，因此，无论是庶民还是士人家族都希望能多生儿子，只有儿子才有机会获得晋升士人阶层或延续士人身份的可能与条件。墓志中有关生育统计显示，男女出生性别比为 145∶100，这显然不符合自然生育中的男女性别比例，这也再次说明了墓志人口信息的人文特色，传宗接代的观念使部分士人家族在墓志生育记载中只记男而不记女。再者，根据样本墓志统计，一夫一妻的家庭中，男性平均生育子女数为 3.59个，女性平均生育子女数为 3.85 个；而在一夫多妻（妾）的家庭中，男性平均生育子女数为 5.21 个，女性平均生育子女数为 2.11 个。[①] 显然，置侧室尽管降低了女性的平均生育子女数，却极大地提高了男性平均生育子女数，即增加了士人家庭的平均生育子女数，这无疑为士人家族维持士人身份提供了更多的可能性。

在婚配方面，他们也基本坚持士人家族间的男女结为夫妇，这也是典型的身份认同行为，在某种程度上，这的确保留了原来士庶不婚、门当户对的婚配观念。上海地处江南，是传统礼俗的重要传承之地，尤其是士人

---

① 李宏利：《明清上海士人家庭生育情况探析——以明清墓志为中心的考察》，《社会科学》2017 年第 5 期。

家族更注重本群体的身份认同。从婚配形式、子女教育、墓志记载的情况都可以看出他们遵守士人礼仪以及对文与官的重视。据墓志统计，在 464 位男性中有 104 位纳妾或置侧室，占总数的 22.41%，这也体现了士人阶层婚配的特点，一方面反映了他们对传统士人礼俗的认同，即通过纳妾这种婚姻形式可以彰显士人的身份；另一方面多妻妾则意味着多子女，通过多置侧室可繁衍子孙，保持发展家族的势力。此外，入赘这种婚姻形式在明清上海士人家族中也比较普遍，这也反映出士人身份认同的特点，士人身份可成为婚配的资本，获得显赫女方家族（基本也属士人家族群体）的认同并结为夫妇。在墓志中，一些姻亲因具备学品或官品也被记录其内，尽管关系疏远，但因着士人身份而获得青睐，体现了家族对其身份的认同。从男女初婚年龄的分布情况看，女性在 15 岁初婚的比例最大，占到总数的 32.88%；男性在 19 岁初婚的比例最大，占到总数的 25.01%。基本上符合古礼，即"男子二十而冠，有为人父之端，女子十五许嫁，有适人之道"，这也反映了士人家族对传统婚礼的认同。

丧葬祭祀等方面的要求也成为区分士庶的身份特征。由儒家整理的丧礼成为法令礼制的一部分，"丧"者在于"明死生之义送以哀敬，而终周藏也"，其中所涉及的铭诔显然是对士人的要求，从墓志志主的身份统计来看，也多以士人为主。"祭"者在于"所以追养继孝也"，其注重生者与逝者的"对话"，传统士人家族重视修家谱、建家祠、刊墓志这种家族文化的建设，实际上就是提供"对话"的内容，保存家族记忆，特别是墓志记录重家庭生活的倾向更可以还原墓主的日常生活，以及同子孙的联系。这就为祭祀提供了生死对话的内容。丧礼尽管是法令礼制的一部分，但其中的具体要求显然划分了士庶的不同认同标准。按照文本解构的方法，士人的身份也不是静止的，而是处于身份认同的过程中。士人家族的丧祭礼仪就成为士人不断追求身份认同的动态过程。在儒家看来，子女对父母或祖辈的孝道没有终结，永远在路上。除了为父母祖辈治丧等各项礼仪外，丧礼之后的祭礼就成为日常生活中孝养父母祖辈，并与之沟通对话的途径。从葬期统计来看，显然突破了古礼的限制，葬期相对延长的演变其实也是士人家族认同的一种构建。古礼中普通士人的葬期较短，这难以保证丧礼的必要程序。随着朱子家礼的传播以及明嘉靖十五年（1536 年）家庙和祭祖制度的改革，民众在祖先祭祀上有了更多的权利，正是在丧礼制度方面的突破，民间在丧葬仪式方面才更多地表达了自己对先人的心意，从而造成葬期的延长。葬期的延长恰恰说明了明清士人对身份认同的一种构建。

总之，士人身份认同正是在儒家传统文化的影响下，把传统的价值、规范和信仰等内化为自身人格的一部分，形成与普通庶民相区别的观念和行为特征，从而获得自身的优越感以及士人群体间的认同感，以"士志于道"的精神引领社会的发展。

第三章　不同士人特征分析

在本书搜集的 544 篇样本中，有 282 篇为普通士人家族墓志，即男性墓主未出仕担任官职的群体，其中还包括 5 篇僧人和道士的墓志，因其数量较少，故将其列入普通士人类型中，这一类型的占墓志总篇数的 51.84%；有 262 篇的墓主为命官或命妇群体，该类型占总篇数的 48.16%。本章将就这两大类士人家族人口的不同特征做一专题分析。

第一节　普通士人家族

普通士人家族在本研究中特指墓主家庭男主人未担任官职的士人及其家属所组成的群体。在整个士人群体中，普通士人群体所占比例远大于具有官职身份的士人群体。取得普通士人地位的入门考试为童试，即初等学生的考试，这些学生称为童生。通过了童试就是生员，即跨入士人阶层。

成为一名生员也是件不容易的事情，考生要通过县试、府试、院试三场考试。申请第一场考试的称为"俊秀"，只有男性庶民有资格申请。无正当权利的"贱民"则无此权利，如《钦定大清会典事例》条文规定，奴仆不得应试，即使赎身后也是如此。出身娼、优、皂、隶的人不允许报考，所有的蛋户也都与此无缘。① 另外，考生还需一名士人担保其出身和品行，这一条件也限制了许多人的报考资格，所以说，并不是每个人都有机会参加科举考试。

按明制规定，生员是科举最底层者，与出仕无缘，只有终身居住在乡里。举人和监生虽有出仕的可能，但须"循资待选"，由于明清科举制度的完善和进士人数的逐年增多，明清两代皆片面重视进士，"非进士不入

---

① 张仲礼：《中国绅士——关于其在十九世纪中国社会中作用的研究》，李荣昌译，上海社会科学院出版社 1991 年版，第 11 页。

翰林,非翰林不入内阁"。明隆庆、万历年间的首辅大臣高拱曾明文指出:"若夫京堂之选,则惟进士得之,而举人不复有矣。"[1] 举人在出仕为官方面受到不同程度的排挤和歧视,年老能得一官半职者已万幸了。此等按资排辈的选官制度,造成了大量滞留乡间的举人和监生。据统计,仅乾隆时期,居乡的举人就有数千人之多。而且随着科举考试的增多,甄拔出的士人数量也早已远远高于在职官员的数量。19 世纪的早期,文人(包括正规的和非正规的)的数量已经超过 100 万人,至 19 世纪的下半叶,几乎达到 150 万人,在 19 世纪中叶,只有大约 2.7 万名中央政府官员、地方官员和军人。[2] 这样,大批官员之外的士人(包括生员、举人和监生)群体由此产生。[3] 正如本书第一章所述,除了取得生员以上学品的士人外,本研究还包括一些其他知识群体的家族人口内容。

一　普通士人的特权

"万般皆下品,唯有读书高"。古代社会的中国人,之所以重视读书是因为只有通过读书、参加科举考试才可以获得从社会低层向高层流动的机会,从而扬名显亲,实现个人的价值。成为一名生员也就是俗称的秀才是实现这一抱负的基本条件,虽然秀才还没有资格担任官职,但作为士人的一员,他们在政治、经济、司法等方面都享有政府赋予的各种特权。

在政治礼仪方面,士人可以自由见官,在拜会官员时也不必行平民百姓必须行的下跪礼。士人在称呼、饰物、顶戴、服装等方面都不同于庶民。平民百姓称官吏为"大老爷",称没有官职或官衔的士人即举人、贡生、生员、监生等为"老爷"。士人之间彼此也用各自特定的称呼,除了学衔外,在墓志中经常使用"处士"称谓。在祭祖时,家族中若有士人成员,就会特别被推崇为族中领袖人物。据某些家族的族规,每年一度的各种祭礼必须由有士人身份的成员主持。如果族中士人让平民身份者冒用此项权利,他们就会被人认为有失体面,家族也因此而使祖宗蒙辱。一些官方典礼只有士人才可以参加,如文庙典礼等。

在经济方面,士人有徭役优免权,他们还可利用身份优势免缴苛捐杂税,少纳或不纳他们理应缴付的田赋。因为他们社会地位较高,风流儒

---

① 黄明光:《明代科举制度研究》,广西师范大学出版社 2000 年版,第 48 页。

② (清)陈康祺:《郎潜纪闻初笔二笔三笔》初笔卷十二,中华书局 1984 年版,第 263 页。

③ 刘铁军:《明清江南士绅话语研究》,硕士学位论文,南京师范大学,2005 年。

雅，并攻举业，这都为他们不从事体力劳动提供了理由。

在司法方面，他们有特别保障权，他们只有在"犯脏犯奸，并一应行止有亏"时，才"俱发为民"①。士人犯罪，不会上刑，如果其罪行很重而必须惩治，首先要革去其士人身份，然后再进行处置，这样就与整个士人阶层无涉。法律还特别保护士人免受平民百姓的冒犯，如有冒犯，法律将严惩平民，以保护士人的社会声望。例如，吏卒骂举人比照骂六品以下长官律杖七十，如果辱骂的是一般庶民，仅答责十下。②

如《明陆横溪先生（琦）墓志铭》［见《新中国出土墓志（上海、天津）》］所录：

> 先生姓陆氏，讳琦，字子温，别号横溪。其先扈宋渡江，家于江南。先生之大考纯，稍以勤啬起家。逮考广，而家益饶裕，始令先生与先生之弟瑶同学书，已同为县学诸生。……先生天性倜傥……比长，益喜任侠，即逢衣主多贤豪长者之游，日治酒食，征召宾客为欢，不琐琐作寒酸态。里中有疑事，往质先生者，得数语立解。间部使行县，或县大夫有所咨议，则先生蔼然首对，于是非利害之际，开陈朗悉，取办于猝然，上官辄谛听之，见诸施行，卒当事实。

墓主身为县学生，即秀才，具有很高的社会声望。乡里有疑难事情，往往要征询他的意见。而墓主作为一名士人也不负众望，每每都能数语解决。县官若遇需要咨询商议的事情，也会听取墓主意见。从中不难看出士人的地位及其所拥有的话语权。

由于士人享有一定的特权，所以人人都羡慕和渴求士人地位。正如顾炎武所说："一得为此（指生员），则免于编氓之役，不受侵于里胥，齿于衣冠，得以礼见官长，而无答捶之辱。故今之愿为生员者，非必其慕功名也，保身家而已。"③

正是由于士人所具有的特权，才使传统社会重读书、重举业。而士人在日常生活中所发挥的引领作用也使普通百姓深信"读书是正道"。

---

① 刘铁军：《明清江南士绅话语研究》，硕士学位论文，南京师范大学，2005 年。
② 张仲礼：《中国绅士——关于其在十九世纪中国社会中作用的研究》，李荣昌译，上海社会科学院出版社 1991 年版，第 36 页。
③ （清）顾炎武：《亭林文集》卷一，清康熙刻本，第 17—18 页。

二　普通士人的治生方式

普通士人因未担任官职，不享受俸禄，所以没有固定的收入。虽然他们也有田可耕，但作为士人一般不会靠种田为生，而是依靠他们所掌握的知识获取比种田更高的收益。士人治生主要有教书、从商、从医等方式。

（一）士人教书

教书是儒士传统的职业选择，孔子就曾以教书为业。在读书氛围浓厚、文化程度较高的江南，子弟一般"六七岁以上，渐有知识，择端重乡塾为之师"①，如钱大昕在《严半庵墓志铭》（见《潜研堂集》）中记录："年四十始得子元照，甚慧，三四岁即能作擘窠书，君喜甚，思所以教子者，则曰：'浮而不实，非学也。'于是聚书数万卷，遇宋元孤本，不惜重价购之。元照既长，延名师督课，举业之外，兼及群籍。"再如《李君玉如墓志铭》（见张云章《朴村文集》）载"学行日有闻，远近争延为师"。

正如志文中所记，聘请塾师授课，或送子弟入馆，是许多家庭或家族必不可少的财政开支。据江苏常州李氏的支谱记载，如果族内学生有 3 人，该族每年支付塾师束修 60000 文铜钱，约等于 50 两银子。如果有 4 人以上，该族支付 80000 文铜钱。除此之外，塾师还可以得到学生家长自愿奉送的"孝敬费"。相对其他职业而言，这个职业具有很大的生存空间，而且不需要付出任何财力上的投资。取得功名者，皆可为之。因此，对于多数无经济基础的士人而言，身为塾师是他们的第一选择。如吴中叶氏的叶道源 1870 年中举。16 岁时，其父、其兄相继去世，没有留下什么财产。族人都担心他以后怎样生存。可他成为士人后，毅然选择教学维持生计，"馆谷所入，足给吾衣食所器。问有余者，以瞻亲族"②。

教书被认为是一种无害于士人养德的治生方式，理学家张杨园就指出："近世贫士众矣，皆将不免饥寒，宜以教学为先务。盖亦持之恒业也。凡人只有养德、养身二事，教课则开卷有益，可以养德；通功易事。可以养身。两益均有，舍此不事。则无恒业，何以养其身？无以养其身，不免以口腹之害为心害，便将败德。但此际须本忠恕之道，不可失其本

---

①　（清）陈确：《陈确集》，中华书局 1979 年版，第 514 页。

②　《刘氏宗谱》，第八册，江苏靖江，1987 年本，第 14 页，转引自张仲礼《中国绅士的收入》，上海社会科学院出版社 2001 年版，第 91 页。

心。"① 教学既能养身，又能养德，同时，教书还不影响士人参加高一级的科举考试，可以继续为举业做准备。所以对士人来说，教书不失为一种好的治生方式。

教书还有另一种形式，就是被聘至书院讲学。书院是中国宋元明清时期高于蒙学程度，但又不列入国家学制的一种教育机构，始于南唐长兴四年（933 年）。历经五代、宋辽金元的演变，入明，由于王守仁、湛若水之辈重视讲学之风，书院方大为发展。王门弟子徐阶继严嵩为内阁首辅，曾竭力提倡办书院、开讲会，故明代后期江南地区书院迅速发展。明清间，上海地区兴建书院甚多，如日新书院、求忠书院、云间书院、三林书院、观涛书院、诂经精舍、龙门书院、敬业书院、格致书院，等等。书院教授的聘金是非常高的，叶昌炽在《缘督庐日记钞》中说自己在苏州存古学堂的每年收入是 1200 两银子，这远远高于塾师的年平均收入 100 两，而且书院教授的地位也很高，他们大多是进士出身，或是名望很高的文人。②

根据《皇清诰授中宪大夫詹事府少詹事钱君墓志铭并序》（见清王昶《春融堂集》）记载，青浦王昶，嘉定王鸣盛、钱大昕都曾在苏州紫阳书院读书，钱大昕还主持过钟山、娄东、紫阳三书院。志文如："干降十三年夏，昶肄业于苏州紫阳书院，时嘉定宗兄凤嗜先中乙科。在院同学因知其妹婿钱君晓征，幼慧善读书，岁十五补博士弟子，有神童之目。及院长常熟王次山侍御询嘉定人材，凤错则以君对，侍御转告巡抚雅公蔚文，檄召至院，试以《周礼》《文献通考》两论。君下笔千余言，悉中典要。……是以归田三十年，厉主钟山、娄东、紫阳三书院，而在紫阳至十六年之久。门下士积二千余人，其为台阁、侍从、发名成业者不胜计。"钱大昕出身贫寒，其祖、父作为县学生都曾靠教书维持生计。钱大昕本人在获得生员的身份后，也曾一度教书为生，晚年主持书院，更以教书育人为主。"门下士积二千人"说明了书院的规模。

（二）士人从商

因科举之艰难，加之治生与逐利思想的影响，明清时期的士人从事商业活动已被大多数人们所认可。根据他们治生方式的不同，大致可分为三种类型。

第一类是出卖知识技能的商业活动，即以卖字、卖画获取生活所需。

---

① （清）张履祥:《杨园先生全集》，中华书局 2002 年版，第 1192 页。

② 刘铁军:《明清江南士绅话语研究》，硕士学位论文，南京师范大学，2005 年。

它是文人最原始的谋生手段。因与儒家道德不符，所以向来被以"辱"字冠之，陈确在《侮辱解》中就曾说卖文之为"未可为贱，矧可谓辱"①。由于这种方式可以使士人在短时间内获取一定的收入，所以成为士人落魄时的一种无奈选择。如郑板桥官罢窘迫时，女儿出嫁，他所送的妆奁竟然只是一个针线笸箩和一幅兰石画，可见当时囊中羞涩到何种地步。但随着社会的发展与观念的转变，士人阶层也逐步接受了这种商业行为。如郑板桥曾明码标价其所卖字画，李渔更是以"一艺即可成名"的信念著述卖文、填词造曲。另外，江南厚重的文化底蕴、雄厚的经济基础支撑起一个鉴赏字画、购买字画的群体，如《明旌表孝子沈公（辅）墓志铭》［见《新中国出土墓志（上海、天津）》］载："嘉定孝子曰沈公，讳辅，字良弼。……多收法书名画古物器，且善鉴定。每与贤士大夫游会，则雅歌□并弹丝吹竹以为乐。"他们不仅给予优秀作品极大的肯定，更赋予了它们相应的经济价值。②

第二类是从事某种文化产业的商业活动，比如以刻书为业。明中叶以后，江南城镇的兴起与发展导致市民阶层的产生与壮大，并形成了数量众多的读者群体，再加上士人对科举考试书籍的大量需求，江南的刻书业得到了迅猛的发展，尤以金陵、苏州为最，并且很快成为全国坊刻书籍的中心之一。这为士人步入文化产业提供了便利的条件，拓宽了施展才能的空间。李渔就是因为金陵繁荣发达的刻书业而移家至金陵。清代上海豪门刘镛家族所经营的嘉业堂于解放后捐献给国家，其中藏书 113978 册、碑帖 2528 份、自印书 27537 册、印书雕版 39559 片。③ 可见，当年士人群体藏书、刻书、印书的兴盛。

第三类是从事一般的商业活动。这部分人一般被称为"儒商"，多数儒商未从商先有儒，即具备士人身份，即使不能通过正规渠道获得士人身份者，也往往通过异途获取。再者，他们也以"从商养文"为宗旨，或资助族内贫困子弟读书，或修建学院，为子孙步入士人阶层提供经济基础。④ 如《施孟达墓志铭》（见《嘉定碑刻集》）载："君讳于德，生而孝友，与弟天长训导于政俱业儒，自以为颖悟弗及弟，乃喟然曰：'弟横

---

① （清）陈确：《陈确集》，中华书局 1979 年版，第 37 页。

② 刘铁军：《明清江南士绅话语研究》，硕士学位论文，南京师范大学，2005 年。

③ 宋路霞、童立德：《百年儒商——南浔小莲庄刘家》，浙江摄影出版社 2011 年版，第 124 页。

④ 刘铁军：《明清江南士绅话语研究》，硕士学位论文，南京师范大学，2005 年。

经，兄服贾，不亦可乎？岂必兄弟皆贵耶？'遂操奇赢、权子母，家以是益富厚，然非仅知有富者。"从志文可知，墓主与其弟开始都习举子业，后自认为不及兄弟颖悟，就服贾从商，为家庭、为兄弟举业提供经济基础。

墓志中，多数士人还是以传统儒士价值为重，对从商颇具鄙薄之意，称从商为"服贾"，认为如同服劳役一般。如《舅氏沈君墓志铭》（见钱大昕《潜研堂集》）载："君治家俭，交友信，口无戏言，乡党皆严惮之。少与陈山人雪笠善，雪笠工缪篆，镌竹器为人物山水，入能品，故君于二事皆能之。又善鼓琴，得前辈指法。久之，家日窘，乃屏诸嗜好，服贾三十余年，衣食粗能自给矣。"这一群体虽以从商为业，但仍然追求士人儒雅的生活方式，处处以儒者的身份标识自身。如《明表兄张次实（树声）暨嫂陆孺人合葬墓志铭》［见《新中国出土墓志（上海、天津）》］记："次实，讳树声，余姑出也。生而颖悟寡默，长业举子，颇逊志。甫弱冠，学圃君食指既繁，遂领家政。不逾年，母病且死，哀毁成疾，忧莫能解。学圃君命适意贾业，即出内唯勤，辄有赢息，家是用饶。然性厌纷华，喜恬淡，虽事货殖，手常不释书史，动中绳墨，绰有士者风。"与名人雅士一起喝茶、谈经、吟诗、作画、听琴、赋曲才是他们所向往的生活。

（三）士人从医

医儒同道，士人所读之书与医书有相通之处，这使士人习医相对容易一些。尽管医人的实际地位在以士为首的传统社会中不是很高，但出于种种目的，行医成为许多士人入仕外的一个重要选择。

医学作为专业性较强的职业，适合父子兄弟间传授，因此世医在江南极为普遍。一些士子祖上世代习医，家学渊源，如《抚州府学训导唐君墓志铭》（见《嘉定碑刻集》）所载："君姓唐氏，讳钦尧，字道虔。其先蜀人。宋时有以道者，为太医院提举，从康王渡江，因家浙之绍兴。其后世世为医官。元元贞中，永卿为平江路医学教授，始占名数于嘉定。"墓主为嘉定四先生之一唐时升的父亲，其祖上世代为医，是典型的医学世家。

济世救人是医者之道，也是儒家的美德。一些在科举考试中不得意的士人便转而学医，以医为业。如松江周诗攻读举业，科场屡屡失意，叹曰："不为良相，必为良医"，遂放弃举业，专习医术，"贫者疗治恒不求报"[①]，再如《明故俨山韩先生（瑄）墓志铭》［见《新中国出土墓志

① 见《双林镇志》卷二一《艺术》，浙江地方文献，1917年。

（上海、天津）》〕记载："先生姓韩，讳瑄，字汝温，别号养素……尝究岐黄之书，居良药以去人疾，以疾来告，即随告者往，不惮寒暑风雨。饥者或食糜粥，死者或施于衾檞。乡人德之。"所以说，从医治病救人也是实现士人"兼济天下"价值的另一途径。另外，"以医为孝"也是士人研习医术的一大原因。程颢曾说："病卧于床，委之庸医，比之不慈不孝。事亲者亦不可不知医。"① 一些士子因忧心父母病患而钻研医书，从而精通医术。② 当然，收入不菲也是士人跻身行医之路的一个原因。

也有的士人因为家境贫困，不得已而从医。如《清故竹竿山人何君（其伟）墓志铭》〔见《新中国出土墓志（上海、天津）》〕记载："自宋元来代习医，至曾大父、父尤有名。父不欲使习其业，故山人少以诗文游诸名士间。父卒，家大困，不得已习医。"从志文可知，墓主祖上世代习医，但其父不愿墓主习医。后因父亡，家境贫困，才不得已而习医为业。

除以上三种治生方式之外，还有以从事幕僚和占卜为生的士人，但人数相对较少。幕僚是知县、知府等官员的参谋、助手，帮助官员处理繁杂的行政事务。③ 他们不食国家俸禄，属官员私人延聘，其酬劳由官员私人支付，具有雇佣的性质。在样本墓志中也有所反映。如《明醒心陆君（广）墓志铭》〔见《新中国出土墓志（上海、天津）》〕录："君尝学问，期进取，以世业日拓，综理乏人，乃弃学干蛊。家益昌，名益有闻。……后历掌乡税……君性伉直，不能包容污秽，有弗顺者辄与辩白，无假借，人或不堪，以浮词圭误，竟亦不能害君。后有司录君善绩，以名闻于部使者，始受冠服之荣，盖终其身也。"再如《明故处士严南野（堂）墓志铭》〔见《新中国出土墓志（上海、天津）》〕所载："甫弱冠……性沉毅，善谋划……屡掌乡税，征科惟时，出纳惟允，上无逋负，下无□克，人咸称之。"其中，乡税即官员为收缴税费而延聘的幕宾。占卜也是士人治生的方式。因传统社会风俗，人们在婚丧嫁娶等日常生活中需要占卜给予行事的理由。正如《陈次公（模）墓志铭》（见《嘉定碑刻集》）所载："而公与张孺人第务织菑而拮据其家，复佐以星卜之入。久之，亦稍稍饶给。"可见，以占卜为业也是获得生存的又一条途径。

---

① （宋）程颢、程颐：《二程遗书》卷十二，上海古籍出版社 2000 年版。

② 桑荟：《明清时期江南士人习医原因初探》，《中国地方志》2008 年 5 月。

③ 刘铁军：《明清江南士绅话语研究》，硕士学位论文，南京师范大学，2005 年。

三　相关人口及身份特征

"学而优则仕"是传统中国士人的基本价值认同，因此，作为不能出仕的普通士人群体，无论是其自我认同还是社会评价，都与官宦士人有一定的差距。在经济生活条件方面，整体上也不如官宦士人富裕。当然，也有普通士人通过经商获得较多的财富，但毕竟是少数。所以说，普通士人家族群体在整个士人家族群体中属于中下阶层。下面就普通士人家族群体的相关人口及身份特征做一分析。

（一）死亡年龄与生育子女数特征

1. 死亡年龄

在 413 位有明确死亡年龄的男性中有 211 位属普通士人家族，占比为51.09%，多于官宦士人家族男性所占比例；在 219 位有明确死亡年龄的女性中有 122 位属普通士人家族，占比为 55.71%，同样多于官宦士人家族女性人数所占比例。有明确死亡年龄的普通士人家族男女总数为 333人，男性占比为 63.37%，女性占比为 36.63%。根据统计，就普通士人家族与士人家族总体成员的平均死亡年龄做一比较，具体如表 3-1 所示。

表 3-1　　明清普通士人家族与总体士人家族成员平均死亡年龄比较　　单位：岁

类别	男女综合	男性	女性
普通士人家族成员平均死亡年龄	63.33	63.02	63.89
总体士人家族成员平均死亡年龄	63.34	63.63	62.77
普通士人与士人总体平均死亡年龄之差	-0.01	-0.61	1.12

这里仅就普通士人家族与总体士人家族成员的墓志统计平均死亡年龄进行对比，不再根据婴幼儿早亡率进行修正，有关修正的平均死亡年龄可参见第二章第二节内容。此外，墓志文献及相关研究也难以区别普通士人与官宦士人家族婴幼儿的早亡率。

由表 3-1 可知，普通士人家族男女综合平均死亡年龄以及其中的男性平均死亡年龄均低于整个士人家族男女综合平均年龄以及其中的男性平均死亡年龄，只有普通士人家族中女性的平均死亡年龄高于总体女性的平均死亡年龄。根据这组数据的比较，笔者认为普通士人家族因生活条件、社会地位等方面在整个士人家族中处于中下水平，而这都会影响到寿命的长短，因此，普通士人家族男性的平均死亡年龄要低于总体士人家族男性的平均死亡年龄，而其中的女性平均死亡年龄之所以高于女性总体的平均死亡年龄，是因为官宦士人家族中的女性多受传统文化约束较多，这正如前文有关死亡年龄的分析中所言。

在普通士人家族中，男性死亡年龄最高者为 95 岁，嘉定人（见《嘉定碑刻集》中《文学曾祁川先生墓志铭》），死亡年龄最低者也为嘉定人，19 岁（见明归有光《震川先生集》中《姚生圹志》）；女性死亡年龄最高者为 98 岁，一为华亭人（见明孙承恩《文简集》中《蒋母俞孺人墓志铭》），一为嘉定人（见清唐文治《茹经堂文集》中《嘉定夏君琅云墓志铭》），死亡年龄最低者为 17 岁，嘉定人（见明娄坚《学古绪言》中《唐长君伯和墓志铭》）。

2. 生育子女数

在 400 位有明确生育子女数的男性中有 196 位属普通士人家族，占比为 49%，稍低于官宦士人家族所占比例；在 722 位有明确生育子女数的女性中有 358 位属普通士人家族，占比为 49.59%，同样稍低于官宦士人家族女性所占比例。

同样，这里也仅就普通士人家族与总体士人家族成员的墓志统计平均生育子女数进行对比，不再根据婴儿死亡率进行修正，有关修正的平均生育子女数可参见第二章第三节内容。此外，墓志文献及相关研究也难以区别普通士人与官宦士人家族婴儿的死亡率。

由表 3-2 可知，普通士人家族成员的平均生育子女数均低于整体士人家族成员的平均生育子女数。正如上文所分析，由于普通士人家族处于士人群体的低端，无论是在生活、营养、医疗等方面，还是在娶妻、纳妾等方面都同官宦士人家族有一定的差距，因此，其平均生育子女数自然要低于整个士人家族成员的平均生育子女数。

表 3-2　　明清普通士人家族与总体士人家族成员平均生育子女数比较　　单位：个

类别	男女综合	男性	女性
普通士人家族成员平均生育子女数	3.19	4.01	2.74
总体士人家族成员平均生育子女数	3.30	4.28	2.75
普通士人与士人总体平均生育子女数之差	-0.11	-0.27	-0.01

在普通士人群体中，男性生育子女数最多为 11 个，有三位，其中两位为嘉定人［分别见《新中国出土墓志（上海、天津）》中的《明醒心陆君（广）墓志铭》，《嘉定碑刻集》中的《处士王绳爵墓志铭》］，一位为青浦重固人［见《新中国出土墓志（上海、天津）》中的《清故竹

竿山人何君（其伟）墓志铭》]。生育数为 0 的男性有 9 位，在 196 位男性人数中占 4.59%；女性生育子女数最多为 10 个，有五位 [分别见《新中国出土墓志（上海、天津）》中的《明故沈君友梅（棣）墓志铭》，《嘉定碑刻集》中的《梦梅杨隐君墓志铭》《宣仲济先生墓志铭》，《俨山集》中的《沈母龚孺人墓志铭》，《震川先生集》中的《王君时举墓志铭》]。生育数为 0 的女性有 45 位，在 358 位女性人数中占 12.57%，远远高于男性的未生育比例。

（二）认同观念及行为

普通士人家族成员一般都知书达礼，深受传统儒家思想文化的影响。而儒家文化作为整个士人阶层的价值标准，导致了士人家族在人口观念及行为上的认同。但由于他们学品较低或者没有学品，也未出仕为官，在生活条件和社会地位上整体处于士人阶层的中低端，因此也具有自身的特点。

1. 重科举学业

普通士人主要由生员或者生员学品以下的读书人构成，有些举人没有担任官职，也归入此类士人群体，这部分人中绝大多数处于科举考试的初级阶段，还需要参加乡试、会试才能最终完成科举制度中的所有考试，前设目标很明确，因此他们都十分重学。由于科场艰辛，许多士子真正是"活到老学到老"，如果自己不能取得功名，还将这一愿望寄托到下一代儿孙身上。如在上海宝山区杨行镇发现的墓葬中，墓主戴乌纱帽，身穿官服，随葬品很少，只有一支毛笔和十四册线装书籍。由其墓志铭可知，墓主为韩思聪，明代嘉定人，生前为大兴县县丞，县丞主要是辅佐县令管理文书、仓库等。韩思聪自幼开始读书，曾入县级学校学习，长大后屡次参加乡试，都未中举。39 岁时，他终于以贡生的身份进入国子监，50 岁时他获得了任大兴县县丞的机会，三年之后即辞官回乡。或许是生前没有考取功名，成了韩思聪一生的痛苦记忆，所以他要求死后把生前所用的书籍携带入墓。这些书籍有《周易会通》八册、《论语》一册、《中庸章句》一册、《大学章句》一册，等等。可见，士人对科举学业的重视。

由于各种原因，有些人即使自己不能实现举业之志，但也雅尚儒家经籍。并且希望家族成员能够业儒入仕，获得功名。如《赠营缮司主事张祯墓表》（见《嘉定碑刻集》）所载："翁成童，即锐意用世。不幸失怙，惧陨其先业，乃力任门户，志弗克就。然雅尚《诗》《礼》，每涉《书》《史》，有得辄识之，积久成帙，曰：'他日以遗吾子。'中岁好吟咏。感物写怀，不事雕琢，亦时有新奇，为人所传颂，稿多散佚，今家藏

《梓庵集》，仅一二云。……抚弟祥情谊垦至，为择名师，遣就学，戒曰：'成吾志者，弟也。勉之，毋效尔兄竟濩落无所成。'终其身不累以家事，弟乃得肆力学问，蔚有文名。"再如《严半庵墓志铭》（见清钱大昕《潜研堂集》）所录："思所以教子者，则曰：'浮而不实，非学也。'于是聚书数万卷，遇宋元孤本，不惜重价购之。元照既长，延名师督课，举业之外，兼及群籍。既入庙庠，有名矣，则又曰：'博而不精，非学也。士以通经为本，穷经必通训诂，而文字声音，则又训诂之所由出，舍古训而以意说经，大道之多岐，必始此矣。'"由于普通士人一般都有科场受阻的经历，因此对举业更为重视，甚至成为其平生之志，特别重视儿孙的教育，希望后代能实现自己的志向。

2. 重世系门庭

普通士人由于受到儒家思想的洗涤，也非常重视家族世系门庭。因其学品不高，科举与出仕就成为他们非常看重的两个方面。所以在他们的墓志中，特别重视其祖辈和儿孙所担任的官职或取得的学品。如《处士南溪朱公墓志铭》（见明陆深《俨山集》）记载："处士讳晖，字文采，别号南溪，华亭人也。按：朱氏其先出亳之永城，汉有朱询者行相国参军事，传至孝友先生，讳仁轨，以德义闻于唐宰相，敬则其弟也，自宰相传五世为茶院制使，讳华，戍守婺源，因居黄墩，又传九世，讳焘者，宋徽国文公兄弟行也。焘官饶州教授，又为饶州人，自饶州又传五世，讳素者，仕元，为松江府推官，乃乐华亭风土居之，故今为华亭人，推官生佑之，武举进士，佑之生信国，朝永乐中仕，至工部营缮郎中，郎中生迪简，迪简生宓，号南庄，有隐操，婿于泗泾之李孺人，寔礼部员外郎宜散公之姑也。生三子，季即处士。"对汉代相国参军事、唐宰相之兄弟、茶院制使、宋饶州教授、元松江府推官、武举进士、工部营缮郎中等祖辈所担任的职位都非常详细地做了记录。再如《明陆横溪先生（琦）墓志铭》[见《新中国出土墓志（上海、天津）》]所录："先生姓陆氏，讳琦，字子温，别号横溪。其先扈宋渡江，家于江南。先生之大考纯，稍以勤啬起家。逮考广，而家益饶裕，始令先生与先生之弟瑶同学书，已同为县学诸生。……娶王孺人。子男三人：长允文，县学生，娶徐氏。次允武，娶张氏。侧室顾氏出。次允中，为县阴阳学训术，娶李氏。女二人：长适张省，次适鸿胪寺序班金乔。俱王孺人出。孙男三人：汝鸾、汝麟，俱卒。汝鹏。曾孙男三人。允文、允武先后先生蚤世，今举先生襄事者允中，暨其外孙太医院吏目张其威、县学生金大振也。"志文交代其祖上为扈宋南渡而安家于江南，这也突出了其出身于官宦之后。在介绍其子女时，也特别详细地记载了其"县学生""县阴阳学训术""鸿胪寺序班""太医院吏目"等不同学衔和职位。这无疑有助于显示其家族的士人身份特征。

3. 重子嗣孝道

大多数的普通士人生活并不富裕，有些甚至非常窘迫。但作为士人，还需按照传统儒家观念依礼行事，重子嗣、重孝道是比较突出的两个方面。

《明故沈（日昌）母徐孺人墓志铭》［见《新中国出土墓志（上海、天津）》］载："孺人长衣补丁之衣，食粗糲之食，夙作夜息，以治田庐。而独以无后为忧，数欲为嗣续计。余解之曰：将恐将罹，唯予与汝尚不能支，遑及其他。而孺人意不已，竟自捃拾其囊中以置侧室，今二子之母也。"家境虽然贫困，但由于没有子嗣传宗，墓主便省吃俭用，辛勤劳作，为丈夫置侧室生子。可见子嗣观念之重。又如《明故处士严南野（堂）墓志铭》［见《新中国出土墓志（上海、天津）》］言："处士讳堂，字惟正，别号南野。娶谈氏，继杨氏，俱不育。侍室陈氏生子男一，铣，娶杨氏。女一，适颜相。孙男二：泰、恭。孙女四。"为了子嗣传承，可一娶再娶，实在不能生育，还要纳妾生子。官宦士人可以"治国平天下"为人生理想，而普通士人由于身在庙堂之外，则主要以"孝亲扬名"为重。如《明故沈府君（自成）暨葛孺人墓志铭》［见《新中国出土墓志（上海、天津）》］记载："未弱冠，补县诸生。事母至孝，当倭奴蹴迹上海，家人仓皇四散，君独扶母以出，为贼所及，悉金宝遗之，涕泣求哀，乃免。"在孝亲面前，自身的生命和金钱都要抛弃。

明代徐尚贤的自撰誓碑可为我们了解普通士人的人口观念和行为提供一个很好的例证。兹摘录如下："始祖嘉定人，在元朝世为人杰，乡闻籍证，续刊墓石。十世祖殁葬长浜东墓，九世祖西墓主穴，八世祖葬昭穴，七世祖孟纯穆穴，六世祖用，邑人，举为万石长，葬兆穴。至高祖铣，奉诏出粟赈边，拜承事郎橄。铣至曾祖铠、铠至祖宪，相继行端，家业益盛，南北长运，概邑有名。别造新墓，新漕河南，铣主穴，铠昭穴。宪祖年65；祖母浦氏87卒，合葬顾泾南墓主穴。父潮，乡饮二次，寿九旬，慈母陆氏，寿七旬九岁，候父母合葬祖墓昭穴。娶妻严氏，生子三：长曰希圣，娶生员朱女为妻。次曰希文，娶生员严女为妻。又次曰希武，娶陆女为妻。生女三：长适乡进士子生员赵承易，次适乡进士孙李伯起，又次适乡进士弟朱懋恭。孙男五：荣先，圣生，娶徐氏；荣祖，文生，娶李氏；荣椿、荣世、荣界，武生，皆幼。孙女八：长适陆应解，次适钱广，次适俞墅，次受张氏聘，次适张江，余幼。曾幼四，复超、复奇，荣祖生；复巍、焕，荣先生，俱幼。"从志文中不难看出其重世系、重门庭、重科举、重子嗣的观念及其行为。

第二节　官宦士人家族

官宦士人家族在本研究中专指担任或曾经担任过朝廷官职（包括散官、义官）的士人及其家属所组成的群体。这一群体在整个士人家族群体中属于中上阶层，其社会地位较高，经济条件一般也比较富足，地方上的著姓望族绝大部分来自这个群体。在整个士人群体中，这部分人应该占少数。但从墓志资料来看，他们的比例占了将近一半，主要原因是大部分的普通士人家族没有条件或者没有能力为逝者撰写、刊刻墓志。而官宦士人家族相对富裕的经济条件则容易保证他们依丧礼置办墓志。

传统社会中，基本上所有担任官职的人都属于士人阶层，而士人阶层中只有少数的人能成为官员。正如前文分析，生员是士人群体中数量最大的部分，但生员即秀才还不能做官，要等到他们乡试中式成了举人，才有了做官的资格。举人做官有两种途径，一是"纳赀为郎"，即凡会试不第，自知中进士无望的举人可以花钱买官；二是"大挑"，即凡是举人参与会试多次不第的，可以去就大挑，大挑并不考试文章，只凭面貌身材，就挑的举人大致二十名为一班，分班进见，主试官拣选其中身材魁梧、声音洪亮、面貌端正的一二人取为一等，其余为二三等。一等的可以知县录用，二三等的则用为教职或丞倅卑官。做官的唯一正途是进士出身，也就是举人会试中式成为进士，就可以为官了。会试是每三年在京师举行的考试，各省举人都可参加，取中者为贡士，中试者一般为三四百名，得应殿试。殿试也叫廷试，由皇帝亲自"临轩策士"，把三四百名贡士甄别一下，分成三甲，称谓进士。

一　官宦士人及其家属的称谓

前文已提及，官宦士人家族主要是指朝廷命官及其家属，其中因官贵获得封赠的只有命官的妻子及其父母祖辈，其中对男性的封赠依官职，而对女性的封赠则有另一套命妇称谓。所以说，官宦士人家族成员的称谓包括官员称谓、品官命妇称谓两种类型。在文徵明所撰的《明故梅溪府君张公（熙）墓表》［见《新中国出土墓志（上海、天津）》］中就对有关封赠内容作了记录，其志文为："我国家之制，凡官七品，皆得以其官赠封其亲。"

（一）官员称谓

从样本墓志中墓主的身份来看，上至六部，下至州县、卫所官员以及散官，各种官职称谓纷繁复杂，也难以判断官职的高低及其职能。为厘清明清两代的官职称谓，更好地把握官宦士人家族的生活特征，下面就明清官制的基本内容列表做一简要说明（见表3-3、表3-4）。

就明代中央部门的官职来说，洪武十二年（1379年），废中书省，十五年（1382年）设大学士。仁宗以后，其位渐崇，掌实际上的宰相职权；吏、户、礼、兵、刑、工为明代六部，除户、兵二部各十三司外，其他四部均各四司；都察院巡按各道，世称"巡按"；明代之总督、总理、巡抚，均因事而设，以重臣任之。所辖地区亦不一致，如"总督宣大、山西等处军务兼理粮饷""总理河槽兼提督军务""巡抚浙江等处地方兼提督军务"等，是中央派出之大员，非地方官；明中叶以后，巡抚则渐为行省事实上之长官，与都察院系统之巡按，称为"二台"，而各行省之三司，反受其控制；六科为吏、户、礼、兵、刑、工，掌侍从规谏、补缺拾遗，稽查六部百官之事。

就明代地方官职来说，布政使司为一省之最高行政机构，布政使为一省之长官，布政使司之参政、参议分司诸道，谓之"分守道"；提刑按察使司掌一省刑狱之事，与布政司及管军事之都指挥使司合称一省中之"三司"，按察副使、佥事分司诸道，谓之"分巡道"；明代改路为府，府分上、中、下三等；明代之州有二种，一为属州（即散州），属于府，其地位略如县，但其下亦多有属县。二为直隶州，其地位如府，直属于布政司；县分上、中、下三等，明代之典史，典文移出纳，如县无丞、簿，则兼领之；明代在全国设十六个都司，除十三行省外，在辽东、大宁、万全三地亦设都司；各卫各统于都司、行都司或留守司；所统于卫。

就明代兵制来说，中央设五军都督府（另有皇帝亲统之上十二卫，成祖时增京卫为七十二）；地方设卫、所，省设都指挥使司（称都司）；洪武二十六年（1393年）规定全国设都司十七，留守司一，内外卫三百二十九，守御千户所六十五。其后又有所增改；明代京军，成祖时设三大道（五军、三千、神机），景帝时于谦编练十团营。英宗复辟后扩充为十二营选锋。武宗以后，又设东西两官厅；地方边地，有驻兵重镇九处，称为九边（辽东、宣府、大同、延绥、宁夏、甘肃、蓟州、太原、固原），九边统兵者为总督或总兵官。

表 3-3 明代职官制度

中央各主要部门			地方各主要部门		
部门	主要官职	品级	部门	主要官职	品级
三公 三孤	太师、太保、太傅 少师、少保、少傅	正一品 从一品	承宣布政 使司	左、右布政使 左、右参政 左、右参议	从二品 从三品 从四品
内阁	大学士（中极殿、建 极殿、文华殿、武英 殿、文渊阁、东阁）	正五品	提刑按察 使司	按察使 副使 佥事	正三品 正四品 正五品
六部	尚书 左、右侍郎 各司郎中 各司员外郎 主事	正二品 正三品 正五品 从五品 正六品	府	知府 同知 通判 推官	正四品 正五品 正六品 正七品
都察院	左、右都御史 左、右副都御史 左、右佥御史 十三道监察御史（末 年为十五道）	正二品 正三品 正四品 正七品	州	知州 同知 判官 吏目	从五品 从六品 从七品 从九品
总督 （总理） 巡抚			县	知县 县丞 主簿 典史	正七品 正八品 正九品 未入流
翰林院	学士 侍读学士 侍讲学士 侍读、侍讲 修撰（史官） 编修 检讨	正五品 从五品 正六品 从六品 正七品 从七品	都指挥使 司（都 司）	都指挥使 都指挥同知 都指挥佥事	正二品 从二品 正三品
国子监	祭酒 司业 五经博士 助教 学正	从四品 正六品 从八品 从八品 正九品	卫指挥使 司（卫）	指挥使 指挥同知 指挥佥事	正三品 从三品 正四品
六科	都给事中（每科一人） 左、右给事中 给事中	正七品 从七品 从七品	千户所 （所）	正千户 副千户	正五品 从五品
廿四衙门	十二监太监 四司司正 八局大使	正四品 正五品 正五品			

注：其他部门（从略）。

资料来源：《明史·职官志》《明会要》。

　　就清代中央部门官职来说，办理军机处始于雍正时，初称军需房，乾隆时发展为军机处，遂成定制，领班之章京称为达拉密；总理各国务衙门于咸丰十年（1860年）设，光绪二十七年（1901年）由于帝国主义的威胁，改为外务部，并位于诸部之上。

就清代地方部门官职来说：总督例兼带左、右都御史，又加兵部尚书衔。世称制军、制台，在清代，总督、巡抚为封疆大吏，称为督抚；巡抚为每省一人，为一省之长，与明代不同，有由总督兼者，如直隶、甘肃。巡抚均兼带右副都御史，又加兵部侍郎衔。山东、山西、河南等地，不设总督，巡抚之权如总督；布政使为每省一人，但江苏省设二员，一驻江宁，一驻苏州；另专职道，如粮储道、盐法道、兵备道、河务道、水利道、屯田道、驿传道等；直隶州的规制如知府，唯无倚郭县，其所治州，即以知州行知县事；以县之地大而事繁者可升为州；县有属之府者，有属之直隶州者，典史掌监察狱囚，如县无丞、簿，则兼领之；厅设于少数民族集中居住之地，或情况特殊之地，如江苏有太湖厅。

就清代兵制来说：八旗兵——满洲、蒙古、汉军各八旗（正黄、正白、正红、正蓝、镶黄、镶白、镶红、镶蓝）分驻京师及各省城、重要城市。统之者为将军、都统、副都统。正黄、正白、镶黄三旗称上三旗，为皇帝亲军。绿营——沿明旧制，统之者为提督、总兵、副将、参将、游击、都司、守备、千总、把总。太平天国起义后，清政府又命曾国藩练湘军，李鸿章练淮军，以镇压革命。清末袁世凯又练新建军，发展为以后之北洋军。

表 3-4　　　　　　　　　　　　清代职官制度

中央各主要部门			地方各主要部门		
部门	主要官职	品级	部门	主要官职	品级
内阁	大学士（保和殿、文华殿、武英殿、体仁阁、文渊阁、东阁，乾隆时定三殿三阁大学士之制） 尚书协办大学士 学士 侍读学士 侍读 中书	正一品 从一品 从二品 从四品 正六品 从七品	总督（辖一省至数省，一般辖两省）	总督（八人）（直隶、两江、闽浙、湖广即两湖、陕甘、四川、两广、云贵），另有河道总督、漕运总督，清末又增东三省总督	正二品（加尚书衔者从一品）

续表

中央各主要部门			地方各主要部门		
部门	主要官职	品级	部门	主要官职	品级
办理军机处	军机大臣：于满、汉大学士，尚书、侍郎、京堂内特简，无定员，世称"大军机"。军机章京：于内阁中书、郎中、员外郎、主事中派兼，世称"小军机"		行省	巡抚（世称"抚台"，文人又喜以古代之"方伯"称之）	从二品
六　部（吏、户、礼、兵、刑、工。清有"盛京"五部，无吏部，此略）	尚书 左、右侍郎 各司郎中（吏、户部礼、兵、工四部各四司。户部十四司。刑部十八司。） 各司员外郎 主事 笔帖式	从一品 正二品 正五品 从五品 正六品 七品至九品	学院（学道）	提督学政（提学使）（世称"学台"）	每省一人，以侍郎、京堂、翰林、科道、部属等官由进士出身者派充，各带原品衔
理藩院	尚书（一人） 左、右侍郎		承宣布政使司（藩司）	布政使（世称"藩台"）管理一省之民政、财政，与明代之布政使为一省之长者不同	从二品
都察院	左都御史（"右"为总督坐衔） 左副都御史（"右"为巡抚坐衔） 六科给事中 十五道监察御史（清末为二十二道）	从一品 正三品 正五品 从五品	提刑按察使司（臬司）	按察使（世称"臬台"）管一省司法	正三品
总理各国事务衙门	总理各国事务亲王、郡王、贝勒。（特简，无定员） 大臣（以军机大臣兼领，特简，无定员） 大臣上行走（由内阁部院满汉京堂内特简，无定员） 总办章京 帮办章京 章京		道	分守道、分巡道、道员（世称"道台"）	正四品

续表

中央各主要部门			地方各主要部门		
部门	主要官职	品级	部门	主要官职	品级
			府	知府 同知 通判	从四品 正五品 正六品
			直隶州	知州 州同	正五品 从六品
			州	知州 州同 州判	从五品 从六品 从七品
			县	知县 县丞 主簿 巡检 典史	正七品 正八品 正九品 从九品 未入流
			厅（直隶厅、散厅）	同知（或通判）	从六品

资料来源：《清史稿·职官志》。

唐中叶后，中国地方行政管理体制由郡、县两级发展为州、郡、县三级制，官僚体系指派的官员也只下达到县府一级。县官是乡民与士人统治系统之间的连接点。县官的主要职责是通过衙门征集国家规定的税收，监督公共秩序的维持，没有理由过多干预地方社区的管理，所以皇帝的权力根本无法达到基层，只有依靠传统的道德力量，即通过道统来约束管理。[①]

为了管理的需要，明代根据州县的地理、治安、教化等情况，设置儒学、巡检司、水马驿、仓、库等各种职能机构，分别设教谕、巡检、驿丞、大使等官以管理。他们或为从九品，或为未入流，人称微末之职。此外，各州县还设有一些不给禄的官，如医学（州典科、县训科）、阴阳学（州典术、县训术），分掌惠民药局和报时。杂职官需要定时向州县主官汇报事务，但在不关乎州县考绩的事务上，杂职官可以自行决定。[②]

（二）命妇称谓

明代命妇分内命妇和外命妇两类。"皇帝嫔妃及太子良娣以下为内命

---

① 刘铁军：《明清江南士绅话语研究》，硕士学位论文，南京师范大学，2005 年。

② 韩思思：《明代州县官吏管理的法律机制》，硕士学位论文，烟台大学，2014 年。

妇；公主及王妃以下为外命妇。"① 明代设官九品，部分官员的曾祖母、祖母、母亲、妻子可以经朝廷封赠成为命妇。命妇封赠品级如下：

> 凡文职官应得封赠者，正、从一品曾祖母、祖母、母、妻各封赠夫人，后称一品夫人；正、从二品祖母、母、妻各封赠夫人；正、从三品祖母、母、妻各封赠淑人；正、从四品母、妻各封赠恭人；正、从五品母、妻各封赠宜人；正、从六品各封赠安人；正、从七品母、妻各封赠孺人。②

> 武职有功，应封赠祖父母、父母、妻室者，照依钦定资格，一品封赠三代。二品、三品封赠二代。四品以下封赠一代……正、从一品曾祖母、祖母、母、妻各封赠夫人，正、从二品祖母、母、妻各封赠夫人，正、从三品祖母、母、妻各封赠淑人，正、从四品母、妻各封赠恭人，正、从五品母、妻各封赠宜人，正、从六品母、妻各封赠安人。③

命妇品级不同，得到的诰敕等级也不一样。万历《大明会典》记："一品至五品，皆授以诰命，六品至九品，皆授以敕命。妇人从夫品级。诰用制诰之宝，敕用敕命之宝，仍以文簿与诰敕，各编字号，复用宝识之，文簿藏于内府。"④ 因此，品官命妇中既有诰命夫人，也有敕命夫人。后来的规定更加明确具体，包括了封赠的世次和范围，并且把四品命妇的封号名称从"德人"改成"恭人"。此后，文武官命妇的封号和等级终明之世没有大的改变。文职官家属封赠归属吏部，武职官家属封赠归属兵部。⑤

可见明代没有"硕人"和"令人"之称，而此二封号实为宋代的命妇封号。《宋史·职官志》指出："外内命妇之号十有四：曰大长公主，曰长公主，曰公主，曰郡主，曰县主，曰国夫人，曰郡夫人，曰淑人，曰硕人，曰令人，曰恭人，曰宜人，曰安人，曰孺人。"⑥ 说明这些以"硕

---

① （唐）杜佑：《通典》卷三十四《职官典十六》，中华书局 1984 年版，第 197 页。

② （明）李东阳等纂，申时行等重修：万历《大明会典》卷六，"元明史料丛编" 19，文海出版社 1985 年影印本，第 125 页。

③ 同上书，第 1754 页。

④ 同上书，第 127 页。

⑤ 陈超：《明代女性碑传文与品官命妇研究》，光明日报出版社 2013 年版，第 39 页。

⑥ （元）脱脱等：《宋史》卷一六三《职官三》，中华书局 1977 年版，第 3837—3838 页。

人"和"令人"称之的女性墓主在明代并非命妇,是出于对她们的尊崇或赞美,撰文者将她们比附于宋代的命妇。如《明故唐(炯)硕人朱氏(兰英)墓志铭》(见《嘉定碑刻集》),《明(陈所蕴)先室敕封安人诰赠淑人王氏墓志铭》[见《新中国出土墓志(上海、天津)》]记:"姓王氏。父曰爱泉翁守思,母为唐硕人,寔生淑人。"

以命妇的封号称名的女性墓主不全是真的命妇,这类现象尤以称"孺人"者为突出。许多称"孺人"的妇女并没有得到过朝廷的敕命,因此并不是所谓的七品命妇中的一级。这是因为,命妇的称号是一种荣誉,士人为了尊崇女性而称其为"孺人"。明人邵宝明确指出:"近世士庶人之妻之卒,多以孺人称于铭志,而江之南尤盛。国典:命妇封号自一品夫人至孺人,凡七。称孺人者,盖取初名之虚名,以崇死者。"① 如《明徐(旒)母王孺人(素宁)墓志铭》 [见《新中国出土墓志(上海、天津)》],由志文可知,其夫、其子皆非命官,不可能获得封赠,在此,"孺人"仅为一种尊称而已。清代命妇称谓基本上沿袭明制。

除少部分专为女性撰写的墓志外,如《明故余(塾)母骆氏孺人墓志铭》,大部分是夫妇合葬墓志,如《清诰赠奉政大夫云南景东府掌印同知获滩谢公(鸿)暨配蒋太宜人合葬墓志铭》。从墓志内容看,其中品官命妇占多数,如《明诰封张(悦)夫人戚氏墓志铭》《封吏部员外郎鹿野张公暨配戴安人合葬墓志铭》《明刑部左侍郎赠都察院右都御史心泉何公(源)暨诰封淑人吴氏(贵弟)合葬内圹志》《明故萧[英]恭人孙氏(惠宁)墓志铭》《明(陈所蕴)先室敕封安人诰赠淑人王氏墓志铭》《清诰封奉直大夫晋赠朝议大夫掌浙江道监察御史加一级啸亭许公(云鹏)暨配诰封宜人晋封恭人陆太恭人墓志铭》《明故中宪大夫四川龙安府知府衷齐林公(有麟)暨配诰赠宜人惠淑徐氏之墓志》[均见《新中国出土墓志(上海、天津)》],《皇清诰封一品夫人钦旌节孝刘母邱太夫人墓志铭》(见《南浔小莲庄刘家》),《太学生五斋徐公配陆孺人合窆志铭》(见《弇州四部稿卷》),《明故硕人严氏墓志铭》《(清)都阃潘于王暨元继配两沈硕人合葬墓碣铭》(见《嘉定碑刻集》),《(清)钱太恭人墓志铭》(见《潜研堂集》),等等。

传统夫妻讲究夫唱妇随,因此,有许多女性除了女德、女红之外,也

---

① (明)邵宝:《陆光远妻戚氏墓志铭》,《容春堂后集》卷四,凤凰出版社 2011 年版,第 1258 册,第 274 页。转引自陈超《论"四库"名人文集中女性碑传文的特征及其史料价值》,《史学集刊》2017 年第 1 期。

多才学。如《皇清敕授文林郎诰赠武德骑尉晋赠通奉大夫湖南醴陵县知县王公（恩溥）墓志铭》（见《嘉定碑刻集》）记载："配秦氏夫人，同县太学生景礼女，恭顺勤约，于公同日殉于水，年六十三。著《肃霞阁吟稿》，与公所著《适斋诗文集》《碧萝山馆诗馀》《十三经考异补》《读史辨疑》暨诸杂着并轶。"由志文可知，墓主妻子秦氏著述颇丰，从所著题目可以判断，该女子具有极高的才学。

二　著姓望族

所谓著姓望族，就是指传统社会里颇有声望，并兼有权势的家族，他们多出于官宦士人家族。这类家族在当地政治、经济和文化等领域里具有举足轻重的地位，正所谓"其耳目好尚，衣冠奢俭，恒足以树齐民之望而转其风俗"①。

根据吴仁安的《明清江南著姓望族史》记述，上海地区较为典型的著姓望族有上海县东门陆深家族、上海县潘恩家族、华亭县董其昌家族、华亭县沈度家族、奉贤县陈良用家族、华亭县王端家族、华亭县塘南张氏、崇明县施氏等族。此外，尚有青浦县陆树声家族、华亭县徐阶家族、华亭唐文献家族、奉贤县宋征璧家族、上海县东门外高氏、南汇县新场镇朱氏、嘉定县张任家族、宝山县罗店镇金栩家族、奉贤县袁国休家族、金山县浦南焦正藩家族、金山县干巷曹豹家族、华亭县合掌桥冯海家族、奉贤县王明时家族和何氏医学世家、崇明县徐氏、崇明县盛氏、宝山县申氏、川沙县高桥沈璞家族、崇明县宋德宜家族、奉贤县横港彭应家族、金山县杨枝起家族、南汇县新场叶有声家族、奉贤县高桥钱士贵等数十个家族。书中主要根据地方府、县志以及有关文集的记载对这些家族世系进行了介绍。可以说，著姓望族是官宦士人家族的典型，为深入了解官宦士人家族特征，故专设本节，主要依据墓志资料对三个典型望族做一阐释。

（一）陆深家族

陆深，字子渊，号俨山，上海县浦东洋泾人，今浦东陆家嘴附近，《明史》中有传。他一生仕途顺利，明弘治十八年（1505 年）乙丑二甲第一名进士及第（俗称传胪），改庶吉士，授编修。曾先后担任四川布政使、太常卿兼侍读学士、詹事府詹事等职，死后赠礼部右侍郎，赐谥文裕。陆深文采出众，被誉为当时词臣之冠。陆深还是有名的书法家，他的书法遒劲有法，如铁画银钩，现藏于故宫博物院的《瑞麦赋》是陆深的

---

① 张海珊：《聚民论》，载贺长龄辑《皇朝经世文编》卷五十八《礼政》。

代表作之一。陆深一生著录丰富，有《俨山集》一百卷，《俨山集续集》十卷，《俨山外集》四十卷，它们主要是由其子陆楫整理而成。

陆深之子陆楫，字思豫，以父荫由廪生入太学，富有文名，曾主持编纂《古今说海》，这是我国古代一部比较著名的丛书。陆楫著有《兼葭堂稿》一书，其中部分内容汇为一卷以"兼葭堂杂著摘抄"之名刊行。

陆深嗣孙陆郯，字承道，以祖荫官都察院都事，后授石阡太守，颇多惠政。陆深族孙陆明扬，万历三十年（1603年）癸卯举人，官靖江教谕。陆深从曾孙陆壁，字文甫，官光禄寺典籍，迁兴都留守参军。陆深族曾孙陆起龙（陆明允之子），万历四十年（1612年）壬子举人，官永宁知县。陆深从玄孙陆晋锡（陆壁之子），字康叔，崇祯六年（1633年）癸酉副榜充恩贡，特赐中书，南都立补麻城知县。陆深族四世孙陆鸣珂（陆明允孙，陆河四世孙），字天藻，清顺治十二年（1655年）乙未进士，累官国子监丞，典试四川乡试，三充会试同考官，以布政司参议致仕。陆深从五世孙陆瀛亮（陆河五世孙），字熙载，雍正七年（1729年）己酉举人，瀛亮之子陆秉绍（陆深堂兄陆河六世孙），字绳山，乾隆十五年（1750年）庚午副贡。陆深另一位从六世孙陆秉笏（陆河六世孙），字长卿，乾隆六年（1741年）辛酉举人。秉笏之子陆锡熊（陆河七世孙，陆深从七世孙），字健男，乾隆二十六年（1761年）辛巳进士，累官光禄寺卿，转升大理寺卿。乾隆五十二年（1787年）丁未二月迁任都察院左副都御史，后任福建学政四年之久。陆锡熊之子陆庆勋（陆深从八世孙，陆河八世孙），字树屏，嘉庆二十一年（1816年）丙子举人，优叙改补兴平知县。陆深从九世孙陆锦章（陆深另一位堂兄陆汶的九世孙），字凤辉，恩贡生。可见，上海县陆深家族是门祚颇长的望族，由陆深在明朝弘治、正德年间进士及第起家到陆深从九世孙陆锦章，累传十代之多，贯联明清两代，历时四百多年。[①]

通过墓志资料，我们可以进一步了解到陆深的祖辈世系。《明通议大夫詹事府詹事兼翰林院学士赠礼部右侍郎谥文裕陆公（深）墓志铭》［见《新中国出土墓主（上海、天津）》］所录："公讳深，字子渊，姓陆氏，自号俨山，学者称为先生。其先自汉晋以来为三吴著姓。元季，讳子顺者，居华亭马桥镇，子曰余庆，公之高祖也。国初，以横累罹法，自沉于江，遗孤德衡，才五龄，伶仃孤苦。既长，稍振，迁居上海洋泾之原。公之曾祖也。长子讳睿，号筠松，生五丈夫，子仲讳平，号竹坡，公之祖

---

①　吴仁安：《明清江南著姓望族史》，上海人民出版社 2009 年版，第 66—70 页。

父、父也。竹坡初娶于瞿；继娶吴，有贤行，方娠，夜梦海潮涌一童子，以朱盒盛冠带，排户而入，觉而生公。"由志文可知，其先为"自汉晋以来的三吴著姓"，陆深的五世祖为元代居住于华亭县马桥镇的陆子顺，高祖为陆余庆，曾祖为陆德衡（迁居于洋泾之原），祖父为陆睿（号筠松），父亲为陆平（号竹坡）。

志文对陆深的才学和政绩都做了较为详细的记述。因其官贵，祖、父，祖母、母亲皆获封赠，甚至陆深的前母（非生母）瞿氏也被追赠为淑人，志文就此特别交代："国朝赠典不及前母，惟一二大臣有之，皆出自特恩。公得此，盖异数也。"可见其受朝廷的重视。其子陆楫受父荫而为国子生。皇上在其死后，特赠礼部右侍郎，谥文裕，命礼部遣官谕祭。工部奏遣中书舍人万寀董治丧事，赉终恩典，至隆极备。

望族即有人丁兴旺之意。陆深的曾祖陆德衡生有陆睿、陆玑、陆佩、陆瑾四子。陆睿生有陆平、陆太、陆定、陆震、陆寅五子。陆深的同父弟兄有陆沔（前母瞿氏所生）和陆溥、陆博（陆深庶母高氏所生）三人。陆深的从兄弟有陆涵、陆澜、陆淮、陆浙、陆沂、陆溶、陆渭、陆汉和陆深季叔陆寅所生的陆瀹、陆河、陆汀、陆瀚、陆洲、陆汶十四人。陆氏家族名士、名宦颇多，子孙后裔也甚多，这在其家族墓志中多有反映，如《先孺人墓志铭》（见《俨山集》卷七十六）："孺人姓吴氏，苏之嘉定人。父讳寔，母姜氏。蚤失恃，年二十三，归竹坡先生为继室，逮事筠松府君，尤夫人府君，夫人性严整，独孺人时时可其意，阅三十年无间也。前孺人瞿子曰沔，甫九龄，孺人即子之时，再举子一，举女，皆不育，年二十八始生深，又六年，生一女曰素英，八岁死……府君有男五人，诸孙无虑十数，率聚而教之，……深年二十五，谬举乡试，明年壬戌会试下第还业南雍，是时，孺人春秋五十余，两少儿曰溥曰博，育之，既长矣，遂奉以往。"该志文为陆深所撰，其母吴氏28岁生陆深，34岁又生一女，名素英，八岁就死了。陆深前母瞿氏生有一子叫陆沔。陆深还有两个兄弟，叫陆溥、陆博，为庶母所生，对庶母未做记录，可见其地位之低。根据以上资料，绘制陆深家族明确支系的家族世系如图3-1所示。

陆氏家族虽然人丁兴旺，但陆深一支却后继乏人。在陆深的墓志铭中记载："子男一，即楫，隽才伟器，克承公世。女一，赘贵州布政司副理问瞿学召。"从志文看，陆深只有一儿一女。而实际上，陆深前后生有十五个子女，但大多数或者不育或者夭折。在其所撰《京女志铭》《清女权厝志》《不成殇女权厝志铭》《不成殇儿子志》（均见《俨山集》卷七十六）都有反映。如《京女志铭》所录："余客南都，癸亥以

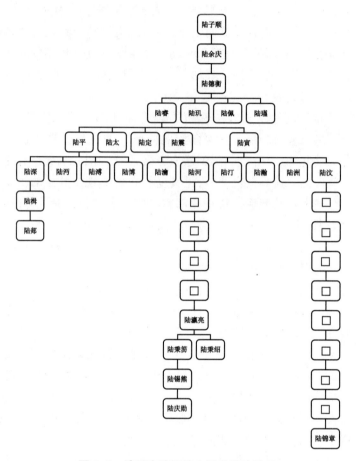

图 3-1　陆深家族明确支系的家族世系

七月哭吾女四岁者，明年三月哭吾儿两岁者，今丙寅客北都，亦以七月哭吾儿八日者，十月未尽一日，吾女京姐又死且三岁矣，余又哭之，三年之间四哭子女于客舍。"《不成殇儿子志》所载："呜呼！吾年二十有七始生汝，父母赖以有子，祖赖以有孙，汝之生在南雍，吾驰书归报吾之故人，慰之曰有子，内外族人贺汝之。祖曰：有孙，呜呼！今复何望耶！汝生两月，遭汝季姊之殇，吾恃汝而哭之不尽哀，今汝之死也，吾何恃而不哀耶。"而陆楫不到四十岁就病故了，也没有留下子嗣。为传宗接代，陆深在宗族中选择十岁的陆郊蓄养于家，后正式立为嗣孙。陆郊以祖荫官都察院都事，颇多政绩，死时和陆深并祀乡贤祠。但陆郊的子嗣后裔却罕有巍科人物或者闻名遐迩的达官显贵、学者、名士，远远不及陆氏宗族的其他支系。

（二）董其昌家族

董其昌，字玄宰，号思白，上海松江人，万历十七年（1589年）进士，授翰林院编修，官至南京礼部尚书，卒后谥文敏。擅画山水，倡南北宗论，为华亭画派杰出代表。其画及画论对明末清初画坛影响甚大。书法出入晋唐，自成一格，能诗文。存世作品有《岩居图》《秋兴八景图》《昼锦堂图》等。著有《画禅室随笔》《容台文集》等，刻有《戏鸿堂帖》。

吴仁安先生在《明清时期上海地区著姓望族》的附录有《董其昌宗族世系简表》，由该简表可知官一生仲庄，仲庄生思贤、思忠，思贤生冕，冕生华，华生悌，悌生汉儒，汉儒生其昌；思忠生真，真生纶，纶生怿，怿生继芳，继芳生体仁，体仁生傅策；董其昌生苑、权、履三子。该家族为明代至清初松郡上海县著名文化世族。

根据董其昌家族世系，绘制其家族世系如图3-2所示。

徐阶撰写的《明故通议大夫南京礼部右侍郎幼海董公墓志铭》［见《新中国出土墓志（上海、天津）》］的墓主人董幼海就是傅策，是董其昌的从侄。其志文摘录如下：

> 公讳传策，字原汉，自号幼海。其先自汴徙上海之竹冈。至公五世祖真生南京监察御史纶。纶子六人：其二举进士，皆至显官；一举乡贡，历磁、绵二州守，发监司吏奸藏，自免归。郡中所称清白吏守庵先生讳怿者，公曾祖也。绵州二子，长邑庠生，讳继芳，是为公祖，赠通议大夫、工部右侍郎；配张，赠淑人。生公父，讳体仁，少为郡庠生，有声，晚以贡上春官，未及仕，□。公为工侍，封□其官；配宋，封淑人。□时配李淑人，独有女，嫁太学生李自约。侧室王氏，生子玉柱，八岁；玉衡，今聘王吕州女者，三岁。弟乡进士传史竭赀力购捕。……公所著有《采薇集》十四卷、《幽贞集》十一卷、《籛尘稿》七卷、《邑歋稿》七卷、《奇游漫记》二卷、《霸绳》二卷、《中述》二卷、《忆远游》一篇、《述史》二十篇、《景献》三十篇，奏疏、序记、碑铭、应客绪言、读书杂着、谭道随笔，暨戌归诗歌又不下百卷。学者服其奇伟。其自谓：吾具刚肠，不能随世俛仰，世宜不吾容。又谓：男子祈不愧心。若世路升沉、人情赞毁，皆幻境，何有于吾等语！

另有文徵明所撰《明故大理寺少卿董公（恬）继室唐夫人墓志铭》

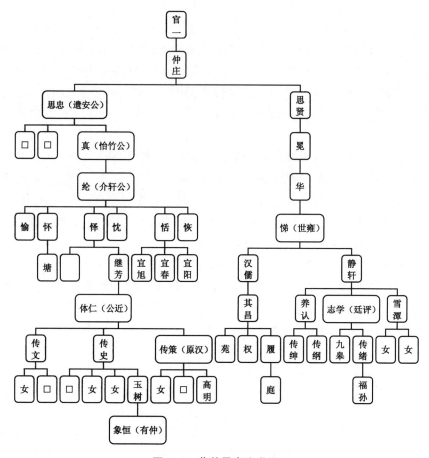

图 3-2　董其昌家族世系

[见《新中国出土墓志（上海、天津）》] 的墓主人为传策的从曾祖母，其志文言："故大理寺少卿，上海董公之继室唐夫人……国初，有讳春者，从高皇起义，累功至□卫百户；又从文皇靖内难，累迁大兴卫指挥使，夫人之八世祖也。父麟，袭官大兴卫指挥使，累赠□武将军、上轻车都尉。母张氏，累封太淑人。始大理公官京师，丧其先配乔，再娶复卒，乃慎择所继，得夫人而宜之。于时大理公方宦达，门户赫奕，而夫人执顺履谦，贞而不□，虽家世武弁，而能儒素自将，媲德丽义，雍然有仪。未几，从大理公归。事其姑太夫人执妇道惟谨，待族属、处娣姒尤甚诚睦。抚庶一如子，视前夫人之女如女。夫人子二人：宜阳为郡学生，娶应天府丞杨公璨之女，士宜女弟也。宜春早卒。庶子宜旭，娶南安府张公弼之孙女。乔夫人生女三，皆适名族。孙男二人：茂冲、茂亮。大理公讳恬，字

世良。"

通过世系表及两方墓志文可以看出，董其昌家族累世官宦，门庭显赫。家族成员中多有进士及第、中举以及入仕为官者。墓志撰写者徐阶官至宰辅，堪称江南望族，与董氏有姻亲关系，董其昌第三子董苑"雄于父赀，而其妻又为徐相国玄孙女，苏州申相国甥女"①，董其昌侄子董九皋娶礼部尚书陆树声之女②。文徵明世称"文衡山"，明代画家、书法家、文学家，曾官翰林待诏。在诗文上，与祝允明、唐寅、徐真卿并称"吴中四才子"。由当世名士撰写墓志显示出董氏家族的实力。

作为一地之著姓望族，特别是以读书发迹的文化世家，多为造福乡里，树齐民之望，领一地之风尚。而董其昌父子却因为强抢民女，残害无辜，导致了火烧董府的恶性事件。万历四十三年（1615 年）九月，董其昌次子率领家奴二百余人，在夜晚一更时分，明火执仗，闯入松江府学生员陆兆芳家，肆意扛抢打掳，抢走其使女绿英，"以致通国切齿，造黑白小传、五精八魂记，以丑诋之"③。歌谣词曲，自古有之，松江府近年来特甚，"凡朋辈谐谑，及府县士夫举措，稍有乖张，即缀成歌谣之类，传播人口"④，以此来讽喻时人，评议时事。《黑白小传》第一回有"白公子夜打陆家庄，黑秀才大闹龙门里"，董其昌号思白，故称"白公子"，生员陆兆芳面黑，故称"黑秀才"⑤。有苏州说书人钱二在街说唱觅钱，董其昌为泄其愤，认定为华亭生员范昶所指使，逼范昶与钱二对质，生员与说书人同跪于庭，范昶受辱，回家不过十日，含冤而死。范昶八十多岁的老母冯氏，带领儿媳龚氏（昶妻）、孙媳董氏及婢女四人前往董其昌家诉冤。冯氏恃自身为五品命妻，儿媳龚氏与董家为姨亲（其昌的妻妹），孙媳为董族孙女，两代姻亲，应该不会有祸。未曾料到董其昌父子，完全不顾亲戚之情，喝家奴将冯氏、龚氏殴打，随带的婢仆四人，被剥去其裙，百般辱治，令人发指。自此，合郡士民缙绅俱怒气冲天，骂声载道。

由此引发了松江府士人与民众对董其昌的讨伐抨击。人们采用歌谣、冤揭、讨伐檄等多种舆论工具来抨击为非作歹的乡官。特别是松江府学、华亭县学、上海县学、青浦县学、金山卫学五学共发檄，引起了社会的普

---

① （明）佚名：《民抄董宦事实》，刻本，昆山赵氏出版，1924 年。

② 见《敕封孺人徐氏墓志铭》，（明）莫如忠：《崇兰馆集》卷十九，齐鲁书社 1997 年版。

③ （明）佚名：《民抄董宦事实》，刻本，昆山赵氏出版，1924 年。

④ （明）范濂：《云间据目抄》卷二，《记风俗》。

⑤ 邓之诚：《骨董琐记》，《董思白为人》，中国书店 1991 年版，第 132 页。

遍共鸣，此事惊动了朝廷，被上奏到万历帝，但迫于舆论的压力，民怨还是得到了伸张。民抄董宦事件说明部分著姓望族在乡里仗势欺人、为非作歹、鱼肉百姓，不仅不能倡一乡之风尚，反而损害了乡人的利益，败坏了当地的风气。①

董其昌之所以能被后人记住，完全是因为他在书画艺术上的造诣和见地。其艺术主张得到了上海地区许多书画家的认同，他们经常在一起切磋交往，形成了以董其昌为首的独具一格的"松江画派"，他们推崇"平淡天真"，师法自然，讲究趣味，强调性灵、求真，正好符合明代晚期追求个性，追求自然的人文审美情趣，从而迅速成为当时绘画界的主要流派。

（三）潘恩家族

明代潘氏是上海的世家望族之一，家族之盛始于潘恩。潘恩字子仁，号笠江，南直隶松江府上海县。潘恩在《明史》中有传，他于嘉靖初年中进士后，步步擢升，累官至刑部尚书、左都御史。潘恩的兄弟潘惠、潘忠、潘恕皆相继出仕。潘恩有两个儿子，名允哲、允端，两人都以进士授官。由于潘氏家族官声显赫，因此，被时人称为"同门兄弟四轩冕，一家父子三进士"。该家族从明代至清初为松郡上海县名门望族。

本研究样本中共有三篇潘氏家族墓志，均来源于《新中国出土墓志（上海、天津）》，现将有关墓志文摘录如下。

王世贞撰《明敕进承德郎浙江温州府通判淞涯潘公（惠）墓志铭》[见《新中国出土墓志（上海、天津）》]记载：

> 故御史大夫上海潘恭定公偕其仲氏温倅公、叔氏比部公、季氏光禄公咸以笃老致其官归。……公之先，为邑名族，其详见恭定公状志中。元配王亦自孺人进安人。王有贤行，先公卒，公感而不复娶，恭定公尝为铭其葬。丈夫子四：允修，太学生，亦先公卒，娶赵，继宋。允征，光禄寺掌署监事，娶赵，继何，复继赵。允达，所谓封公者也，汀州府通判，娶顾，封孺人。俱王出。允光，太学生，娶倪，侧室张出。女二：长适太学生张所毅，侧室朱出；次适瞿弘词而夭，亦张出。孙男六：士彦，太学生，娶杨；云杰，邑诸生，娶顾；云棐，太学生，娶张；云章，娶俞；继芳，邑诸生，娶张；云皋，聘陆。孙女一，字朱长芬。曾孙男五：明屏，聘钦；明韩，聘支；明

① 冯玉荣：《明末清初松江士人与地方社会》，博士学位论文，复旦大学，2005年。

锡、明旸、明藩尚幼。曾孙女六：一字张氏子，一字徐氏子，余幼未字。

唐文献撰《明故修职佐郎光禄寺掌醢署监事文台潘公（允征）墓志铭》［见《新中国出土墓志（上海、天津）》］所载：

> 潘光禄者，讳允征，字叔久，别号文台。胜国时，有添二公者，占籍上海。四传而有赠左都御史公奎，奎生四男子，长即恭定公恩，次为温州公惠，是为君父。为慎择所偶，奉常曲江赵公女孙贤，择以偶君。君之外舅氏赵宦于浙，于是君从浙婚。时妇家盛车从逆之涂，君曰：我书生即为书生服，藉妇乘轩，非夫也。立却去之。寻丧母王安人，哀毁孺慕。君之配赵孺人者，亦竟以痛王安人死。王安人已亡，而温州公以子身宦长安。君配赵氏，继何氏，继复赵氏。子二：长云章，国子生，娶比部识轩俞君女；次继芳，邑庠生，娶余中表兄乡进士洞庭张君女，并继赵氏出。

徐学谟撰《明从仕郎直内阁诰敕房中书舍人潘君（云骥）墓志铭》［见《新中国出土墓志（上海、天津）》］所录：

> 方伯公既哭之动，而伤其未有一息之继。……君讳云骥，士远其字也，姓潘氏。自恭定公起家历都察院左都御史，而君之曾大父、高大父俱赠如其官，妣皆赠夫人。及其□□方伯公□□□联举进士，为方岳大吏。君配□氏，出男子一，肇定，未成殇而夭。有三女子，长适顾主簿子晋□，诸生；次□聘中允吴公子宗□，未字卒；次适乔方伯子一琦，郡诸生。

根据以上三篇墓志内容，绘制潘恩家族世系如图3-3所示：

从墓志的撰写者来看，唐文献为赐进士及第翰林院国史修撰儒林郎，而王世贞和徐学谟则为官居要位的名士。由此不难理解潘氏家族的地位和实力。

潘恩次子潘允端，即志文中的方伯公，就是今天上海豫园最早的主人，曾官至四川布政使。豫园的修建与当时的社会风俗有着密切关系。明代中晚期，由于经济的迅速发展，崇奢尚侈之风盛行，地产投资巨大，江南地区富豪士绅兴起了修建园林之风。范濂在《云间据目抄》中说："迄

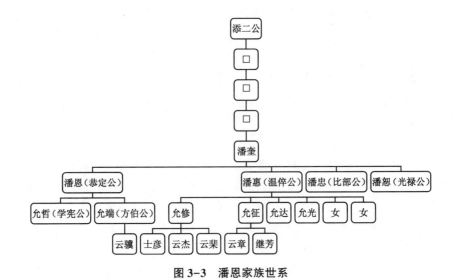

图 3-3　潘恩家族世系

今四十年来，仕宦富民，竞而兴作。朱门华屋，峻宇雕墙，下逮桥梁禅观，悉甲他郡。"明末清初，上海地区已有上百座私家园林，豫园是其中杰出的代表之一。当时就有人称赞道："吾松名园，称上海潘方伯豫园、华亭顾正谊濯锦园、披云门顾正心熙园。其间华屋朱楼、掩映丹霄，而花石亭台，极一时绮丽之盛。"① 明代王世贞游览豫园后称"其高造云，朱甍画栋、金碧照耀。左右两楹尤胜丽，……前为广除，临大池可十亩"②，足见其华丽。潘允端死后，园林日益荒芜。清初，豫园几度易主，园址也被分割。乾隆二十五年（1760 年），一些豪绅富商集资重修豫园旧址，以恢复其当年园林风貌。因当时已有建于城隍庙东侧的东园（今内园），遂又称豫园为西园。清末，小刀会、同业公所等相继占用豫园各处，对整个园林造成巨大破坏。中华人民共和国成立以后，豫园重新得到妥善的保护和维修。③

陆深在《方溪刘公墓志铭》（见《俨山集》）中言："呜呼！必有世德，乃有世望，必有世泽，乃有世家，夫世世有德焉，生长见闻必有

---

① （清）吴履震：《五茸志逸》卷一，转引自陈杰《实证上海史——考古学视野下的古代上海》，上海古籍出版社 2010 年版，第 227 页。

② （明）王世贞《豫园记》，载（清）《嘉庆松江府志》，转引自陈杰《实证上海史——考古学视野下的古代上海》，上海古籍出版社 2010 年版，第 228 页。

③ 陈杰：《实证上海史——考古学视野下的古代上海》，上海古籍出版社 2010 年版，第226—229 页。

超于风习之外，使人望焉，知为名流，夫是之谓泽渐濡所暨浓润固殊其于乡邑，郡国寔系观听有感化焉，此世家之所以重也。予于志敬之刘方溪之墓，盖致三叹于斯。刘故上海世家也，敬之早承父兄之泽，其生长见闻渊源复矣，加以通敏倜傥之才，发其深远丰硕之积，淹雅蕴藉望之于琴尊图史之间，非复寻常品流可企也。"可见，世家望族在士人心中的地位。

成为望族乃是多数士人家族的愿望，望族更体现为一种家族荣誉。因此，在墓志文中，多见以望族著称的世系。如《明故储（动）母居氏孺人墓志铭》［见《新中国出土墓志（上海、天津）》］所载"孺人姓居。父以宁处士，世为海乡着姓，敦朴好古，而不尚靡丽，人以忠厚长者称之。……为乡邦式，胡亦以数而终耶？男三：曰动，曰烈，曰熙。皆读书好礼，善生业而立门户。动娶李氏，烈娶蔡氏，熙娶张氏。咸能克瓒孺人之女事。女二：长适杨祚，次适吴经。悉望族之胄"；《詹事府正詹张鹏翀墓》（见《嘉定碑刻集》）所录"君讳鹏翀，字天扉，号抑齐，又号南华。世有名德，为嫪望族"；《明故处士宣君汝旸（升）合葬墓志铭》［见《新中国出土墓志（上海、天津）》］所记"嫪城之阳，著姓曰宣。德积久远，庆衍若川"。

三　相关人口及身份特征

"业儒入仕，光耀门楣"是传统读书人的最大的愿望。在朝为官不仅可以光宗耀祖，还可以实现士人治国、平天下的理想。因此，进入官宦阶层的士人被看作社会的精英，他们本身有着绝对的自信，生活也较为富足。当然，也有因厌倦官场、孝养父母或者潜心学问的士人会主动退隐，但即使这样，他们还是可以享有一定的官宦特权。下面就官宦士人家族的相关特征做一分析。

（一）死亡年龄与生育子女数

1. 死亡年龄

在413位有明确死亡年龄的男性中有202位属官宦士人家族，占比为48.91%，少于普通士人家族男性所占比例；在219位有明确死亡年龄的女性中有97位属官宦士人家族，占比为44.29%，同样少于普通士人家族女性所占比例。有明确死亡年龄的官宦士人家族人员总数为299人，男性占比为67.56%，女性占比为32.44%。根据统计，明清时期官宦士人家族人口与整个士人家族人口的平均死亡年龄比较如表3-5所示。

表 3-5　　　　明清官宦士人家族人口与总体士人家族人口的
平均死亡年龄比较　　　　　　　单位：岁

类别	男女综合	男性	女性
官宦士人家族成员平均死亡年龄	63.35	64.31	61.36
总体士人家族成员平均死亡年龄	63.33	63.63	62.77
官宦士人与士人总体平均死亡年龄之差	0.02	0.68	-1.41

同理，这里仅就官宦士人家族与总体士人家族成员的墓志统计平均死亡年龄进行对比。由表 3-5 可知，官宦士人家族人口中男女综合平均死亡年龄以及其中的男性平均死亡年龄均高于总体士人家族人口中男女综合平均死亡年龄以及其中的男性平均死亡年龄，只有该群体中的女性平均死亡年龄低于总体士人家族中的女性平均死亡年龄。比较数据说明，官宦士人家族因生活条件、社会地位等方面处于总体士人家族的中上水平，物质和精神条件相对较好，有助于延长该群体的平均死亡年龄，因此，官宦士人家族的平均死亡年龄要高于总体士人家族的平均死亡年龄，而其中的女性平均死亡年龄之所以低于总体士人家族女性的平均死亡年龄，是因为官宦士人家族中的女性在家庭中的地位相对于普通士人家族女性的地位低，其受到的约束也较多，精神方面的挤压可能降低了她们的平均死亡年龄。

在官宦士人家族中，男性死亡年龄最高的为 90 岁，是嘉定人（见娄坚《学古绪言》中的《征仕郎常德卫经历殷君墓志铭》），死亡年龄最低的为 22 岁，是嘉定南翔人（见徐学谟《徐氏海隅集》中的《登仕佐郎鸿胪寺序班金君墓志铭》）；女性死亡年龄最高的是 93 岁，为华亭人（见徐学谟《归有园稿》中的《诰封太宜人侯母朱氏墓志铭》），死亡年龄最低者为 18 岁，青浦人（见王昶《春融堂集》中的《芸书志略》）。

2. 生育子女数

在 400 位有明确生育数的男性中，204 位属官宦士人家族，占比为51%，稍高于普通士人家族所占比例；在 722 位有明确生育数的女性中，364 位属官宦士人家族，占比为 50.42%，同样稍高于普通士人家族女性人数所占比例。根据统计，明清时期官宦士人家族人口与整体士人家族人口的平均生育子女数比较如表 3-6 所示。

表 3-6　　　　明清官宦士人家族人口与总体士人家族人口的
平均生育子女数比较

单位：个

类别	男女综合	男性	女性
官宦士人家族平均生育子女数	3.42	4.58	2.77
整个士人家族总体平均生育子女数	3.30	4.28	2.75
官宦士人家族与总体士人家族平均生育子女数之差	0.12	0.3	0.02

同理，这里仅就官宦士人家族与总体士人家族成员的墓志统计平均生育子女数进行对比。由表 3-6 可知，官宦士人家族的男女综合平均生育子女数、男性平均生育子女数以及女性平均生育子女数均高于总体士人家族的相应平均生育子女数。正如前文所分析，由于官宦士人家族处于总体士人家族的中高阶层，在生活质量、精神满足、卫生医疗、娶妻、纳妾等各方面都远胜于普通士人家族，因此，其平均生育子女数相对要高于整个士人家族的平均生育子女数。

在官宦士人家族中，男性生育子女数最多者为 16 个，为嘉定人（见王昶《春融堂集》中的《诰封中宪大夫安徽和州州同知王君墓志铭》），其配陈氏生育 8 男 8 女，也成为生育子女数最多的女性。生育数为 0 的男性有 7 位，在 204 位男性人数中占 3.44%；生育数为 0 的女性有 37 位，在 364 位女性人数中占 10.17%，远远高于男性的未生育比例。

（二）认同观念及行为

因儒家文化的同一性，整个士人群体具有较为一致的认同观念，包括人口方面观念及行为。此外，官宦士人作为社会的精英，他们不仅具有深厚的儒学文化涵养，而且致仕为官，有机会、有条件去实现儒家"治国平天下"的士人理想。官宦作为传统社会的执政者和重要管理者，其所拥有的政治资源扩展了他们的生活世界，因此，除了一般士人的价值认同和行为之外，他们还表现出官宦群体自身的特点。下面就结合有关墓志资料对其认同特征作一简述分析。

1. 注重经世致用

在传统社会里，经世致用主要是针对士大夫而言的，其实就是我们这里所指的官宦士人群体。所谓"经世"，是指治国理民；所谓"致用"，是指对朝廷有用。这一表征在墓志中也多有反映。

《明故资德大夫正治上卿太子少保南京兵部尚书致仕张公（悦）墓志铭》［见《新中国出土墓志（上海、天津）》］记载："成化己丑，转金江西，政声丕着，知公者以学行，俱优。荐统两浙学政，凡行于身示诸人，皆大公至正之道，人伦日用之常。或有以士荐于公，果贤矣，岁贱贫所不遗，苟不贤，大官势人交言之，一不以为意。故浙之士皆归服。……宪宗升遐，与议山陵，今上嗣登大宝，在朝大臣相率上疏欲去位，公独不可，曰：更新之始，正当竭忠报国，岂可以去言耶？弘治元年，迁礼部，与议先皇大丧礼。己酉，再迁吏部，天下愈推为人望。"墓主政声卓著。以所学大公至正之道，身先士卒，以为表率。为报效朝廷，唯才是举，不附权贵，不弃贫贱。国之更替之际，勇于担当重任，而不明哲保身，是典型的经世致用之才。

《明故文林郎云南道监察御史南湖徐公（宗鲁）墓志铭》［见《新中国出土墓志（上海、天津）》］所录："公徐姓，讳宗鲁，字希曾，南湖其别号云。家华亭者，自中书静庵公始。至□教崇文教，首新学官，时时甄别士类，择其才且贤者而宾礼之，科第彬彬然以兴，自是声称籍甚，而荐公者相□。其善政种种，详在邑志及中丞一溪简公《去思记》中……闽去中州渐远，法念弊滋。公至，持宪饬纪，弹饕击餮，廉属吏不法者，俱置之理。马迹所至，丞尉以下，望风仍仍解绶去。"墓主崇文教，办学官，选贤与能，这些都是关系国之昌盛的大事，在社会管理中，以宪纪为纲，也正是经世致用之学的体现。

《清诰授中宪大夫湖北宜昌府知府冶山王君（春熙）墓志铭》［见《新中国出土墓志（上海、天津）》］所载："……特命御制七言排律诗，顷刻而成，天语称善，举朝咸谓郡守陛辞……宜昌在川蜀下流，所领七州县多深山丛箐，易藏奸。君莅任，正己率属，严禁吏胥滋扰，修茸墨池书院，增置膏火，文风日振。……时贼首林之华、覃加耀等聚众数万，屯长杨之榔坪，日事杀掠，县治危如累卵。君率本城乡勇亲赴长杨守御，而县但有土垣，高不及仞，人无固志。君誓众曰：贼众我寡，势不两立。宁杀贼而死，不可弃城！杀贼祸止及身，弃城则全家覆矣。由是，人皆思奋。……城以获全。"这段志文反映了墓主的才学和临危救国的才能。笔者以为传统社会中，科举制度对于选拔公家公职人员具有一定的合理性，科举考试的内容也符合国家治理的需要。由这段志文可知，才能是才学的体现，才学本身就是致用之学。

官宦士人也非常重视廉政之德。如《明封王（以中）宜人徐氏墓志铭》［见《新中国出土墓志（上海、天津）》］记载："绩由甲戌进士，拜行人司行人，将使于外，尝戒之曰：自尔祖宗来，以医为业，往往活人，不求报。或报□过□□□不自安，所以积而至今日。今尔使于外，衣食乘马，无往不仰朝廷，若更有他私，以辱君命，非好儿也。惟小心清慎，无顾家为。□升工部，戒益详肯。故居颇隘，家人欲别置广宅，宜人闻之，亟呼子及妇□□□□□尔父相继为医士，我从居京师者二十余年，东僦西赁，仅取容身□□□……身宽不如心宽，断不可也。"志文中母亲告诫儿子要报效朝廷，不辱君命。要谨慎小心，不要为家事分心，影响公干。劝阻其勿置广宅，认为"身宽不如心宽"。这种廉政之德对我们当今社会也具有一定的启示意义。

2. 注重显亲扬名

中国人注重孝道，对于士人来说，最大的孝莫过于"扬名后世，以显父母"。就为官之士而言，其入仕本已光宗耀祖，但荣亲不仅止于此，他们还希望通过朝廷考绩，封赠其亲，让父母获得尊贵的地位。所谓封赠，就是皇帝推恩臣下，将官爵授予其父母。父母存者称封，死者称赠。封赠之制，起于晋与南朝宋，至唐始备。最初仅及于父母，唐末五代以后，始上追曾祖、祖、父母三代，往往以子孙的官位为赠。宋洪迈《容斋四笔·宰相赠本生父母官》言："封赠先世，自晋宋以来有之，迨唐始备。然率不过一代，其恩延及祖庙者绝鲜，亦未尝至极品……唐末王季，宰辅贵臣，始追荣三代，国朝因之。"清赵翼《陔馀丛考·封赠》曰："元许有壬言：今制，封赠祖父母，降于父母一等。则元时封赠先世，亦尚有差别。本朝令甲，一二品封三代，三品以下封二代，六品以下封一代，皆用其本身官秩，并许以本身封典回赠其祖。则例封一代者，实亦得封二代。"对官宦配偶也有封赠之制，属命妇封赠制度。在官宦士人家族墓志中多见推恩封赠的记载。

《明故梅溪府君张公（熙）墓表》［见《新中国出土墓志（上海、天津）》］所载："吾张氏世家上海之高昌，而祖梅溪府君以俭勤起家，植义好修，尤有隐德，凡吾所为，有今日，皆而祖之致之也。自吾入仕，即思表扬先德，而事不副志，以迄于没。尔能无忘吾言，我即死不恨矣。……我国家之制，凡官七品，皆得以其官赠封其亲。列官藩省，阶四品，可谓显矣。而曾不得□命以荣其亲，盖于此有遗恨焉。于是，府君之葬四十有二年矣，始乞表于其墓。"由志文可知，七品以上官员都有获得封赠其亲的资格。《明故文林郎署兵部车驾司郎中事行人司司正前四川道监察御史韦室唐公（自化）墓志铭》［见《新中国出土墓志（上海、天津）》］记载："三载考绩，封柳溪翁如其官，母刘氏、戴氏为孺人。"可见，获得封赠是需要通过年限考绩的，不是所有的官员都可以获得封赠，具体还需要申报程序。明清上海官宦士人墓志中多见封赠，如《明故萧［英］恭人孙氏（惠宁）墓志铭》［见《新中国出土墓志（上海、天津）》］所载"恭人讳惠宁，明威将军佥金山卫指挥事孙公旭之女，萧公英之配，今公贞之母也。夫英历官十有三年，劳于王事，一以安边御侮，保民恤士为心，而略无内顾之忧者，皆恭人助之力也。成化年间，以夫贵，受诰封恭人"；《清诰赠奉政大夫云南景东府掌印同知荻滩谢公（鸿）暨配蒋太宜人合葬墓志铭》［见《新中国出土墓志（上海、天津）》］所记"公讳鸿，字奕山，号荻滩，金山卫庠生，以子……诰赠……同知。公系出晋太傅文靖公后，居会稽之上虞□门。明正德间，郡庠生岁贡养松公□讳青□□文正公讳迁，往来云间。养松公爱泖峰之秀，遂家□为由浙迁淞之□。青生仰松，仰松生敬松，敬松生吟泣，代有隐德。公之□，赠文林郎，姚钱氏，赠孺人。生三子，公居次。配蒋氏，诰赠宜人"；《清诰授奉政大夫云南景东府掌印同知锦湖谢公（颖元）暨配陈宜人祔葬墓志铭》［见《新中国出土墓志（上海、天津）》］所录"公讳颖元，字霞轩，号锦湖。祖考文林郎讳禧，祖姚钱太孺人；考奉政大夫讳泓，姚蒋太宜人。□世以公贵，赠如官"。

封赠不是一成不变的，而是随着官职的升迁，给予不同等级的封赠名号。如《钱太恭人墓志铭》（见钱大昕《潜研堂集》）所载："学士詹事，官阶崇隆。宜人恭人，重迭晋封。"墓主为清代著名学者、詹事府詹事钱大昕的母亲，因钱大昕官职的升迁，她先后获封宜人、恭人不同的称号。再如《明诰封张（悦）夫人戚氏墓志铭》［见《新中国出土墓志（上海、天津）》］："公以名进士发身，□历中外，□四十年，而夫人常与俱，防范周密，家政肃然。凡私卖私干，足迹不敢陷门阈，由是公得□尽忠厥职，而无内顾之尤者，夫人与有力焉。夫人以公贵，初封安人，进封淑人，已而加封夫人，诰敕辉煌，恩宠稠叠，式克□承，亦□遇也。"这是妻子因丈夫官职的晋升而获得安人、淑人直至夫人的尊贵称号。

对士人而言，入仕为官的最大价值是显亲扬名，而并非将个人价值的实现放在首位，这是孝道的体现，也是传统政治中人性方面的反映，是中国传统文化的特色。如《明义官承事郎李朝章（缙）墓志铭》［见《新中国出土墓志（上海、天津）》］所录："朝章，讳缙，李氏，别号静庵，练川名宦□轩先生尧臣之冢嗣也。姚徐氏。尧臣发身科第，仕至中宁大夫、瑞州府知府，朝廷推恩，封其父怡桂府君公纪南京刑部郎中，姚邹氏赠为宜人，是为朝章大父母也。朝章生有至性，事父母不亏子道。……常诲其子曰：吾生不辰，不能事于学，每念之戚戚靡宁。尔祖父以读书起家，为大官，官至良二千石，显亲扬名，振耀门户。""显亲扬名，振耀门户"才是士人群体对政治热衷的原动力。官宦士人最得意的事情就是衣锦还乡，为家族争门面，显扬父母宗亲。如《明故鸿胪序班东湖何公（文瑞）墓志铭》〔见《新中国出土墓志（上海、天津）》〕记载："江南土风，自宦游归，往往乘坚策肥，衣绣张盖，舆从塞途，阳阳自以得计。"所以说，传统士人的个人价值总是与家族荣誉捆绑在一起。

3. 注重等级礼仪

《左传·宜公十二年》曰："君子小人，物有服章，贵有常尊，贱有等威，礼不逆矣。"《左传·昭公七年》言："天有十日，人有十等。下所以事上，上所以共神也。故王臣公，公臣大夫，大夫臣士，士臣皁，皁臣舆，舆臣隶，隶臣僚，僚臣仆，仆臣台，马有圉，牛有牧，以待百事。"这种贵贱、大小、上下的等级观念久已浇铸于中国人的意识之中。

儒家圣贤更将等级观念化作礼仪，要求人们遵守。对于儒士来说，不仅要知书达礼，更要克己复礼。儒家之"礼"非今日"礼貌"二字如此简单，它是礼仪、是规范、是秩序、是信仰。礼仪之邦的传统中国需要礼来维护社会的秩序与稳定。《礼记·曲礼上》曰："道德仁义，非礼不成，教训正俗，非礼不备。分争辨讼，非礼不决。君臣上下父子兄弟，非礼不定。宦学事师，非礼不亲。班朝治军，莅官行法，非礼威严不行。祷祠祭祀，供给鬼神，非礼不诚不庄。是以君子恭敬撙节退让以明礼。"可见礼之重要。不同阶层的人需遵循礼之不同规定并实施礼之不同行为。《礼记·曲礼下》言："天子穆穆，诸侯皇皇，大夫济济，士跄跄，庶人僬僬。天子之妃曰后，诸侯曰夫人，大夫曰孺人，士曰妇人，庶人曰妻。""天子祭天地，祭四方，祭山川，祭五祀，岁遍。诸侯方祀，祭山川，祭五祀，岁遍。大夫祭五祀，岁遍。士祭其先。""天子死曰崩，诸侯曰薨，大夫曰卒，士曰不禄，庶人曰死。"

明清士人依然遵循《礼记》的规定，这在墓志中多有反映。如《明故资德大夫正治上卿太子少保南京兵部尚书致仕张公（悦）墓志铭》〔见《新中国出土墓志（上海、天津）》〕记载："曾大父华甫，事迹无所考。大父彦才，父宽□仕。公生禀纯粹，志行端庄，年踰十岁，知小学诗书史略大义，成童几废学。甫十八，从进士陈文壁习举业。一举登进士胪传三甲第一。进阶资政大夫，加赠祖与考如公官，祖母杨、母陆皆夫人。薨于正寝。配戚氏，□□封夫人□□□。"依墓主官职，按诸侯之礼，死曰"薨"，其配曰"夫人"。又如《明故通议大夫工部右侍郎谈公（伦）墓志铭》〔见《新中国出土墓志（上海、天津）》〕所记"忠肃公之**薨**也，公祀之别室"。《明故处士宣君汝旸（升）合葬墓志铭》〔见《新中国出土墓志（上海、天津）》〕录："葬二亲于邑城东姚浜原新茔，□君夫妇合葬于其次……《仪礼》曰：夫妇生时同室，死同葬之。又曰：合葬，所以固夫妇之道也。故《诗》曰：死则同穴。古礼然也。"可见，明清士人还是按古礼安排葬事。

命妇所为也俱依礼制。如《明（陈所蕴）先室敕封安人诰赠淑人王氏墓志铭》［见《新中国出土墓志（上海、天津）》］记载："逮予报西曹政，幸檄□□□□人拜安人之□□□□师制冠帔，归而进之淑人。淑人为一御，北向叩首谢□□□□恩，退而拜四世祖姑于家庙，已以次延见子侄女倩辈，家之男臧女获，毕来称贺。……其识大体、无世俗儿女态如此。"在其丈夫获得晋升后，其配则持制如礼，整冠束、行叩礼、拜家庙、延见子侄倩辈等礼仪程序使封礼表现得庄严肃穆。

而妾则因为地位低下，其生活就表现为另一番景象。如《亡妾谢氏圹志》（见孙承恩《文简集》）记载："谢氏名碧桃，系出江阴，故虽生长于北，而婉弱不类，娶时年十七，柔顺敦恪，事予并亡妻吴淑人甚谨。予性躁急，少不称意，即掊之，俛然不敢怨。每见予怒，则曰：妾不慧，责何辞，但愿公毋过恚损神也。吴淑人颇严，不甚，假借事之愈恭。虽大暑，据厕或与挥扇，淑人感其意，自后颇善视之。予母太淑人爱护尤甚。太淑人卒，谢哭之，独恸予。往岁使交南，谢忧思致疾，生二女三子，俱不育。予以年齿增长，急欲得嗣，每丧子，不能堪，谢氏默自忧楚，背予哭泣。而阳劝予曰：此数也，当是福薄，不足为公子。且公以一身承宗祀，可为怀抱中物过伤乎？谢氏质素薄，又以多姙损血，乃日赢瘠，无一日弗病。尝语予曰：妾病深矣，恐不能久事公，虽然，妾死有灵，岂忍远去公侧。惟公念之，辄呜咽不能已。初，吴淑人念谢屡生不育，尝以渠弟似斋子俾鞠之，谢爱之若己出，长名克懋，性懒不喜学。予每督责，弗顺。岁己亥，予赴召命，拟拉同行，谢氏请留。予问何？故答曰：克懋以随公宦不常，厥居致荒于业。妾今愿与之同，日并促之。予笑曰：吾以鞭朴惩其怠，犹漫尔也。又何有汝一妇人。谢固请予，亦误谓，或以母子故，其言当入，有省悟时也。许之，而克懋益纵恣废学，谢每对之泣，弗悛，乃忧愤，疾益甚，遂死，死时呼克懋曰：吾死命也，但以汝故不得与汝父面语，此恨何极。卒时年四十九岁。"由志文可知，妾之地位与妻不能同日而语，其所行所为都缺乏独立之人格，这种等级礼仪对于妾本人来说充满了不公，其完全不具备做人的尊严。

4. 讲求致仕归田

仕途的尔虞我诈和烦冗公务与致仕归田的自由生活相比，可以说是天壤之别，特别是正途出身的士人，饮酒作诗、填词赋曲、书画彝器、花鸟鱼池是他们向往的雅士生活，这使许多士人希冀早日抽身而退。如秀水朱十以七品官归田后，著书自娱，收藏日富。当时贵为尚书的长洲韩文懿公羡慕地说："吾贵为尚书，何如秀水朱十。以七品官归田，饭疏饮水，多读万卷书也。"①

徐学谟也赞其兄学礼多福，而认为自己为官五十年，多经忧患。其在《明太医院吏目徐公（学礼）暨配李孺人合葬墓志铭》［见《新中国出土墓志（上海、天津）》］所言："……未尝多读书，而作事有识……端坐而瞑，世咸指为福人。殆天之所与厚邪？抑有夙根在邪？于乎！谟自通籍至今几五十年，所经忧患之途不知凡几，而公无日不怡然乐也。"又如《明故文林郎云南道监察御史南湖徐公（宗鲁）墓志铭》［见《新中国出土墓志（上海、天津）》］记载："归则营别室于西郊，睿地为池，叠石为山，莳花种竹。暇则与二三同好，徜徉啸咏，傲倪物化，若悠然乐而忘老。……公所著有《南湖类稿》《家传汇集》《保治要议》《恩荣岁纪》，并藏于家。"对于官宦士人而言，为官从政更多是为了获得物质生活的富足，而其精神生活的满足则在于他们的个人雅好，从志文也可以认识到墓主人归田后的悠然快乐生活。

《四库全书总目》曾在论及明代士风变化时总结说："正嘉以上，淳朴未漓。隆万以后，运趋末造，风气日偷。道学多侈谈卓老，务讲禅宗；山人竞述眉公，矫言幽尚。或清谈诞放，学晋宋而不成；或绮语浮华，沿齐梁而加甚。着书既易，人竞操觚。小品日增，卮言叠煽。"②这种社会风气促使士人尚清谈、好诞放、淳朴渐远，从而导致隐逸、奢靡之风盛行。在儒家思想占主导地位的传统社会，人们将读书做官作为实现自我成就与家族利益的最佳道路，但皇帝失职、宦官专权、小人当朝，党争不止，不愿折节的士子不是专制君主的牺牲品，就是激烈党争的牺牲品，在这种进退失据的境遇中只有隐退是保全身家性命之道，因而山人隐士在嘉靖年间急剧增加。文人以洒脱的心态看待功名利禄，不再视求学为官为终极目标，而是宣扬及时行乐、隐逸悠闲、知足常乐。仕宦并无乐趣可言，远离庙堂，隐居山林者无论是在肉体上还是精神上都享有更多的自由、愉悦。

---

① （清）陈康祺：《郎潜纪闻初笔二笔三笔》初笔卷十二，中华书局1984年版，第263页。转引自刘铁军《明清江南士绅话语研究》，硕士学位论文，南京师范大学，2005年。

② 《四库全书总目》卷一三二，"杂家类"存目，中华书局1965年版。转引自吴承学、李光摩《晚明心态与晚明习气》，《文学遗产》1997年11月。

第三节　方外人士

方外人士原指言行超脱于世俗礼教之外的人，后指僧道。本研究样本虽然仅有四例方外人士的墓志（具体详见表3-7），但因该群体身份的特殊性以及塔铭等作为墓志中的一个专门类别，故特专设一节加以介绍分析。

根据墓志文，这四例墓志中有三位是和尚，有一位是道士。其中有三位有明确的死亡年龄，他们的平均死亡年龄为67.33岁，高于样本男性群体的平均死亡年龄63.63岁。因其信仰，自然不存在婚姻、生育等情况的记录。

明清族谱一般在卷首的编纂凡例中规定一些特殊身份的人被禁止入谱，僧道便是其中的一类，如明嘉靖宗谱凡例中对族人入谱权的限制性规定："异姓来继者不书，出继异姓者不书，从释老者不书，作恶逆者不书。"[1] 如此，在族谱中难以了解从释老者的相关信息，墓志无此限制，因而成为我们了解僧道群体的很好资料。

表 3-7　　　　　　　　　　　方外人士墓志

序号	墓志名称	身份	性别	年龄（岁）	来源
1	岩泉上人墓志铭	住持	男	56	娄坚《学古绪言》
2	鹤林法师塔铭	法师	男	不详	钱谦益《牧斋初学集》
3	清圆津禅院（童）振华（曜）长老塔铭	长老	男	63	《新中国出土墓志（上海、天津）》
4	法师刘君墓表	法师	男	83	王昶《春融堂集》

一　僧人墓志

下面就三篇僧人墓志做一介绍分析。

1. 《岩泉上人墓志铭》（见明娄坚《学古绪言》卷十一）

志文摘录如下：

---

[1]　明嘉靖十九年《泾川朱氏宗谱》卷一"凡例"，南京图书馆藏本，第20页。

自释迦授记，已有正、像、末法之分。其徒演之曰："教、理、行、果之全也，上也。次犹以行称果，弗逮矣。又其次，则理教存焉耳。"或曰："此以无为法也。"就使差别，不应至是。然则世衰道微，有定于数。时之穷也，理将安寄？夏商之末，寄在汤武。春秋其衰，寄在仲尼。世微圣人，理未尝亡。若贤不贤，各有攸识。嗟乎！宁独释氏？实鲜其人！伤今之儒，为叛弥甚。释虽妙悟，仍受具戒。苟有律师圣人之徒，是犹不得中行，思狂及狷。志不能高守，犹足尚有訾学佛。彼天穷民衣食，于是稗贩如来。予解之曰：胡不自量？彼之高者，儒也。则无其最下劣于儒，为常有能食不肉，饮不酒，货不殖，色不迩，虽于教未析，于心未了，其殆庶乎无轻议。彼若邑西隐僧，如可其人，解则未也，行有足多，于其空也。铭以贲之。幽辞曰：

西隐之兴始胜国，治城西偏稍迤北。有僧悦公嗣圆通，泰定之元 (1324) 肇厥域。广袤百畝民间庐，彼乐于迁我卜食。经营七年绩乃成，像设有严宫翼翼。中间小圮顷一新，其岁于今蹁二百。谁为葺者存仁师，如可承之更加饬。顾然而长愿以勤，人称薛师孙氏嫡。生于己未 (1559) 逝甲寅 (1614)，十五祝鬓腊卅一。虔修赡养开前荣，按以精庐观鼻白。东偏杰阁贮法宝，募者师乎施者德。三年坐阅龙象徒，示疾将迁弥澹泊。乃勑其孙罄所储，饭僧塑像尔其亟。问复有赢将何为？尽供斤削涂泥役。凡有为法靡不空，赖此提撕善知识。我作铭诗媿俗儒，临分涕泪沾胸臆。

墓主岩泉上人 (1559—1614 年)，为西隐寺住持，娄坚方外友。该志文同一般规范的墓志内容有所不同，因出家为僧，讲究四大皆空，因此，不述家族世系，也没有子嗣传承等内容，志文主要记录墓主在信仰方面的修行。撰文者为"嘉定四先生"之一的娄坚，为贡生，作为一名儒士，其开篇就佛教和儒教做了些比较，最后以"我作铭诗媿俗儒，临分涕泪沾胸臆"结束，反映了对当时一些世俗儒者的不满以及对墓主的崇敬。

僧人以寺为家，如同世俗之人重家世，僧人对寺院的建立及维护也非常重视，因此在其墓志中作了较为详细的记录。西隐寺位于嘉定西城七图。元泰定元年 (1324 年) 僧悦可建。明永乐二年 (1404 年) 僧护助，万历十八年 (1590 年) 僧存仁修。徐学谟、张其廉增建竺林院、藏经阁。清乾隆三十四年 (1769 年)，僧克复建大悲阁、斗姥阁。嘉庆初，僧竺林重修，凿池环寺，移建山门。咸丰末遭匪烧毁。同治四年 (1865 年)，僧成修重建前殿。光绪三年（1877 年）重建后殿。旧有古佛、罗汉松，今废。①

2.《鹤林法师塔铭》（见清钱谦益《牧斋初学集》卷六十八）

志文摘录如下：

> 常熟县治之巽隅，建聚奎塔，久而未溃于成。众君子聚而谋住持，咸曰鹤林法师其人也。师遁迹北山之藤溪，幡然而起，率其弟子仁方往莅焉。师律行精严，四方归仰。仁方能捐衣去食，伐木辇土，以专勤者事。不逾年，塔工大兴。崇祯三年七月，师示疾于塔院，说偈别众，坚坐而逝。又一年，仁方亦逝。其徒知通等奉全身塔于拂水岩之西岭，以仁方诇伞□讳大寂，嘉定赵氏子。甫龀髫遥得度于护国寺永敏和尚，受具戒于云栖大师，学经论于绍觉法师。单丁行脚，凡十余年。缚禅于庐山，游少林，礼五台，归虞山而老焉。师质貌朴愿，志气专壹。其尊严毗尼也，如法吏之守三尺，谨凛科条而已。其讲习经论也，如举子之穷六经，穿穴章句而已。繇定以发惠，因相以契性。遍参诸方，扣击宗旨。久之，于心地渐有所发明，然不敢高其举趾，轻言向上事，曰："吾株守吾经律而已。"说法为人，必提唱念佛法门，曰："吾所学于云栖者，如是而已。"坐虞山数夏，空林荒樾，午夜施食，鬼啸魑吟，与梵呗相应和。日不重食，夜不胁席，箧衍无一钱之藏，徒侪皆化之。仁方病亟，求一故絮籍体，竟不可得。诸方皆曰："此真鹤林之子也。"师之葬，实崇祯五年十一月。其上首弟子曰智妙，即仁方也，墓在师之左方十余步。铭曰：
>
> 柳子有言：儒以礼立仁义，佛以律持定惠。去律小经，佛道斯替。生死海中，风波淫斋。孰是船师，乱流而济？师之轨行，岂曰滞泥。涉生死流，回翔鼓汀□□魔民，横奔狂□制。读吾之铭，其亦思褰裳而揭厉也耶？

墓主鹤林法师为嘉定人，俗姓赵。正如一般士人重视其世系，该塔铭对墓主出家为僧的经历非常重视。由志文可知，墓主先得度于护国寺永敏和尚，后受戒于云栖大师，又拜绍觉法师学习经论。做行脚僧人十几年，历庐山、少林、五台，最后归于常熟虞山终老。志文对其才学、品行作了评价与总结。铭文最后指出："儒以礼立仁义，佛以律持定惠。"点出了

---

① 　张建华、陶继明主编：《嘉定碑刻集》，上海古籍出版社 2012 年版，第 1857 页。

儒佛的区别，具有一定的启示意义。

3.《清圆津禅院（童）振华（曜）长老塔铭》[《新中国出土墓志（上海、天津）》]

志文摘录如下：

> 圆津禅院历代诸长老皆以能绘事、工篆刻世其传，流风余韵，盖昉于语石。语公殁，贞朗蕉士继之，及旭林而名益盛。余少及见旭公，其画本诸家世，益以王翚为师。旭公老授笔法于振华，而篆刻尤工，然朴质沈静，退然不自见所长，是以其画虽散落四方，友人且梓行其印谱，而世之知之者绝少。院濒于漕溪，精舍皆清迥幽绝，为东南名士游赏地。振华饰其所未备，兴其所已废，又取名士诗文书画，装潢藏弆无损蚀、遗佚，以供来游者之玩。笔墨稍暇，率其徒侣从事于耕作，不以劳儋自解。又尝受歙人方楚崖医法，间出以应病者之求。县令念其诚恳，命司僧录，意故儵然，不屑也。呜呼！观此足以知师矣。振华童姓，名本曜，苏州吴县人，生康熙六十一年某月日，灭以乾隆四十九年十一月十三日，僧腊五十有六，世寿六十三。弟子二人，曰觉安、觉铭。师寂时，余方由西安移任云南，觉铭以书来，云：吾师将以五十二年十月廿三日，葬吴县之尧峰，愿有以铭于塔。余童丱时常往来于院，盖交于师者五十余年矣，铭何可辞？铭曰：弗问禅，弗缚律，唯艺事之能以穷日也。勤农功，兼医术，事理如如□□□实也。尧峰之山，云林蒙密，用为供养，永安其室也。

该塔铭为清代青浦大学者王昶所撰。墓主为圆津禅院童振华长老，圆津禅院在今上海青浦区朱家角漕港滩。振华长老为苏州吴县人，七岁受度为僧，世寿六十三岁。该铭文记录了振华长老之前的禅院长老，还交代了其两位弟子的法名，体例与普通墓志非常相似。在该铭文中，记录了圆津禅院历代长老能绘事、工篆刻的特长，以及他们与士人的日常交往，这都为我们深入认识僧人的生活提供了非常珍贵的资料。

二　道士墓志

本书收集到的道士墓志仅有一篇，即由清代著名学问家王昶所撰的《法师刘君墓表》（见王昶《春融堂集》）。现将志文摘录如下：

> 刘君名敏，字坤培，一字伴霞。其先上海人，迁青浦。幼从万寿

道院道士周邠裔受箓。弱冠，谢婚娶出家。邠裔待以严厉，劳苦之役
悉委之，君亦奋勉从事。阅数年，邠裔谓曰："人精力日用日强，筋
骨非练不固，智慧非苦不生，我用以玉女，女初心不退，可以语道
矣。"邠裔者，本传宏宣教，以西河真人萨守坚为祖，以雷霆三五、
火车灵官为佐，驱使风雷神鬼立验，故邠裔有名于时。至是则结坛剖
券，立君为真人二十五代嫡嗣，授以祈晴、祷雨、治邪、伐鬼、度
幽、察疾、飞符、运气之要。君耽思旁讯，日夜演习研练，凡灵宝妙
经、玉堂大法、金箓、黄箓、斋仪、道法、会元、道门、科范暨于女
青、天律，无不推穷其奥而用之如神。……性孝友，少时割股以疗母
疾。两弟贫时，时赒恤勿替。友有遗孤讬者，育其子并其女。亲戚弗
克葬，竭力助之，有十丧并葬者。君结喉露齿，佥谓非寿者相，而康
强逢吉，卒以老寿终，非修道为善之应与？君道术闻四方，延请者不
绝，檀施亦众。……中年喜吟咏，闲以弹琴作画。名士过访，必留连
信宿。近代如张伯雨辈，擅风雅而疏于道术；万环极辈，精道术而讪
于风雅。君可谓兼之已。君殁于五十五年二月初十日，年八十有三。
以六十年闰二月二十日，嗣法孙沈某葬君于道院西偏自营之生圹。予
识君三十余年，及予修县志，设书局于养素堂，以是与君益亲，知其
生平益悉。故因沈某之请，具列事实，揭于墓上。后有刘天素之徒撰
《仙源像传》者，当有徵于此矣夫。

　　从该志文体例来看，与传统墓志基本保持一致。其中对墓主的名讳、
生卒、生平、葬地等内容都按一般的墓志要求做了记述。不同的是，对墓
主家世的记录替换为对其师傅，甚至其师祖的记录，这也体现了道士的信
仰特征。志文对墓主学道、法术等内容做了详细的记载，这与一般士人的
求学、功德记述相对应。此外就是对墓主的品行孝友的记述，从其内容来
看，与儒家传统认同保持一致。文中还特别记载了墓主喜吟咏、能琴画，
与名士的交往活动。可见道士与一般士人的交往关系以及他们相同的文化
认同。

小结　士人认同的两重性——文与官

　　综上所述，作为拥有话语权的传统士人群体，其内部结构也非常复
杂。尽管他们都属于礼法社会界定的士人阶层，但因学品的高低、官职的
有无、家境富裕程度、家世门庭的渊源等综合因素，造成士人内部的高低
上下之分。

　　鉴于传统社会具有"官本位"的特征，"学而优则仕"的选人制度安排使"出仕"与否成为甄别社会地位的分水岭，故本章将研究对象分为普通士人家族和官宦士人家族。官宦士人需履行公职并享有俸禄，而普通士人则需一定的治生方式以养家糊口。墓志显示，普通士人家族与官宦士人家族尽管都奉行儒家礼仪，但由于生活状况与社会地位的差距，他们所关注的重点不同，官宦士人家族更强调显亲扬名、等级礼仪和经世致用，而普通士人家族则更看重科举学业、子嗣孝亲和世系渊源。著姓望族领一地之风尚，对地方社会的发展、建设发挥着重要的作用，史料表明，明清上海地区的著姓望族一般都有仕宦背景，所以在第二节中专门就代表性的著姓望族做了介绍。样本墓志中也涉及个别具有文士修养的僧道，虽然他们选择了出家的生活方式，但其所认同的文化或所崇尚的技能与儒士无二，甚至怀有同士人相似的政治认同。从他们与士人的频繁交往中可以窥得一定的政治动机以及对士人雅致生活的向往。

　　对普通士人家族与官宦士人家族的人口学特征的比较结果基本符合常识性的判断。从生育能力（即平均生育子女数）来看，官宦士人家族的男女平均生育子女数均高于普通士人家族的男女平均生育子女数，因为，官宦士人家族的经济条件、生活条件以及社会地位普遍优于普通士人家族。此外，官宦士人家族的男性纳妾的比例也高于普通士人家族的男性，这无疑也提高了其男性的平均生育子女数；从平均死亡年龄来看，官宦士人家族的男女综合平均死亡年龄与男性平均死亡年龄均高于普通士人家族的男女综合平均死亡年龄与男性平均死亡年龄，而女性平均死亡年龄却低于普通士人家族的女性平均死亡年龄。前者可以理解，因为官宦士人家族的物质生活精神生活条件较好，这为提高其死亡年龄提供了条件，而女性平均死亡年龄较低则不好理解，经对志文的仔细研读以及相关数据的分析，造成这一结果的原因是官宦士人家族中的女性在家庭中的地位要低于普通士人家族女性的地位。因明清社会只有男性才能担任官职，女性配偶尽管生活条件比较优裕，但其依附性更强，她们受到的约束也较多，精神方面的挤压可能是缩短她们平均死亡年龄的重要原因。

　　正如前文所述，尽管士人阶层作为一个整体具有区别于庶民阶层的身份认同，但由于士人群体内部的高下之分，特别是普通士人与官宦士人的明显区别，造成了这两大士人群体不同的认同特征。对于普通士人而言，因其未担任任何官职，故谈不上官员身份，而只享有文人身份。对于官宦士人来讲，他们首先是文人，同时又具官员的身份，这样，他们就具有文与官的双重身份。

　　对于明清的官宦士人来说，文与官两种身份的分裂大于两者的融合。从墓志记载来看，文人身份与官员身份一般分别撰述，这就意味着士人的双重身份出现矛盾。如何化解？一方面，尽力做一个"循吏"，他们笔下更多的也许是案牍公文；另一方面，要通过其他活动恢复其"文"的身份。这也就是官宦士人为什么要讲求致仕归田的生活，因为出仕为官可以光宗耀祖、治国平天下，实现政治上的认同，归田生活则可以摆脱仕途的尔虞我诈与烦冗公务，实现文化上的认同，特别是正途出身的士人，饮酒作诗、填词赋曲、书画彝器、花鸟鱼池是他们向往的雅士生活。

　　就普通士人而言，虽然其只有文人的身份，但他们也认同官员，因为"修身、齐家、治国、平天下"是传统士人的人生理想，这种理想包含着政治上的认同。所以说，士人的身份具有文与官的双重性。

第四章　典型士人家族案例

本章将在前文整体士人家族研究的基础上，于明清两代各选取一个典型的士人家族进行个案分析。一个为布衣之士的明代唐时升家族，另一个为一代儒宗的清代钱大昕家族。唐时升早年曾赴乡试，屡试不中，不到三十岁就放弃举业，安居乡里，博览群书，名闻乡里，与程嘉燧、娄坚、李流芳四位布衣之士并称"嘉定四先生"，成为地方文化史上的一个标志。钱大昕任詹事府少詹事、提督广东学政，官至四品，是清代的汉学大师，乾嘉学派的巨子，吴派学者的卓越代表，在当时就富有盛誉。王昶、段玉裁、王引之、凌廷堪、阮元、江藩等著名学者都给予他极高的评价，公推钱氏为一代儒宗。两位都是嘉定人，社会地位、个人成就不同，作为不同阶层士人代表具有一定的典型性。

第一节　明唐时升家族

唐时升字叔达，生于明世宗嘉靖三十年（1551年），卒于思宗崇祯九年（1636年），86岁无疾而终。唐时升青年时期便专意古学。晚年则闭门止酒，味庄周、列御寇之微言，修身养性，以全天年。每每论及国事，其精悍之色、英雄之气仍见于眉间。[1] 唐时升的诗文很受推崇，文章清雅恬淡，得震川先生文风。唐时升虽为布衣，但其出生于士人家庭，祖上为医学世家，其父唐钦尧为抚州训导。其叔父唐钦训通古今之学，因唐时升幼年丧父，常在叔父身边，受其影响颇深。因此，唐时升家族颇具中下层士人的代表性。1960年于上海大学嘉定校区内出土的多方唐时升家族墓志，为我们深入研究提供了较为充分的资料。

目前，搜集的唐时升家族墓志资料主要包括《（明弘治十三年）唐氏

---

① 王蓉：《"嘉定四先生"研究》，硕士学位论文，上海师范大学，2010年。

第墓志》《（明弘治十三年）唐氏世系志》《明故唐（侃）孺人左氏（懿正）墓志铭》《明故唐（炯）硕人朱氏（兰英）墓志铭》《（明嘉靖二年）梦羲先生墓志铭》《明故唐警斋先生墓志铭》《明梦义先生墓志铭》《明（唐）元载配陈孺人（懿宁）墓志铭》《明唐君道虔（钦尧）墓志铭》《明云涛唐先生（钦尧）配沈孺人墓志铭》《唐长君伯和墓志铭》《叔祖元吉墓志铭》《从弟叔美墓志》十三篇。其中，唐道虔（钦尧）为唐时升的父亲，唐伯和（时雍）为唐时升的同父异母兄长，梦羲为唐时升的祖父，唐元载为唐时升祖父的兄长，唐炯为唐时升的曾祖父，唐侃为唐时升的六世祖退庵的兄弟，元吉为唐时升叔祖，叔美为唐时升从弟，目前，暂不详唐警斋与唐时升的明确家族关系。

一　唐时升家族世系

从墓志记载可知，唐时升祖上原籍四川成都，为医学世家，在宋代曾为太医提举，扈从高宗南渡，先在绍兴定居。至元元贞年间（1295—1297 年），唐中和授嘉定州医学学录，遂在嘉定安家。中和子永卿，授平江路医学教授，为嘉定唐始祖；二世祖景良，为溧水州医学学正；三世祖守仁，先为元医官提举，后为明朝乡饮大宾，享年 91 岁；四世祖鼎，字公铉，为乐清县主簿；五世祖毓，字玉成，处士；六世祖俊，字仕英，号退庵；七世祖椿；八世祖炯、燧、焯、炜、耀等；九世祖坤、垶等；十世祖云涛，为唐垶之子，唐时升的父亲；十一世为唐时升等。

在本研究搜集的所有墓志中，唯有唐时升家族有第墓志与世系志，这为我们研究家族墓志提供了宝贵的资料，也为我们详细了解唐氏家族人口提供了线索。《唐氏第墓》（见《上海明墓》）记：

> 祖第以元至大戊申，始祖平江教授府君肇置，县治西南亲戚坊，后改从民，与伏虎祠相向，成化乙酉，先考府君重新建造，是今长兄训科所居，计历一百九十三年矣。其诸族居室不预焉。新第是椿景泰乙亥创置，伏虎祠去西五步，向南通北县治官衙，今男炯、燧、耀同居也。续又成化辛卯，置登平桥，去南四十五步，向东通西火弄，今男焯、炜同居也。
>
> 祖墓以元至正壬寅，教授府君逝世，卜建澄江门南湾西昃字□□□之原。逾岁，癸卯孟春壬申葬焉。二世祖栗水学正，洪武庚申卒，是岁孟冬葬。高祖考提举，后至元丁丑三月初日，寿九十一考终，戊申岁孟春庚寅葬。曾祖考主簿，至正庚子十月二十六日州卒，

宣德庚戌孟冬庚午葬。衣冠祖考处士，洪武己未九月十二日生，正统壬庚申葬。先考退庵，洪武壬午六月二十一日生，成化戊戌三月十七日卒，是月甲申葬。先妣王氏，洪武己卯十月十五日生，成化己丑十一月初二日卒，是月壬寅葬。先考以上咸祔于是，计六世，历今一百三十八年矣。□□□安林木蔚秀，此皆我祖宗积德邃远，佑阴子孙之□兆也。新墓肇创邑城坤隅何家浜之原，东至小河，西至何海田，南至何家浜，北至陶锦地，计六亩有零。先室李氏，宣德己酉正月十七日生，成化丙午八月十一日卒，弘治戊申仲冬甲申葬于是。万氏正统戊辰十月十九日生，弘治己未三月十四日卒，以是月甲申祔焉。予生于宣德己酉十月二十九日，已建寿藏居中，下命子孙依齿次序列葬，不可紊乱，以乖天伦，倘世久有君子见此，伏乞俯察，愚恫善赐掩护，则公之德。如古之□仲堪见江中流棺而葬，后任益宁二州军事。刘轲改葬人尸，策名科第，历任史馆陈亢浮，后任监司，子孙登仕相继，陈蒌室希女人，烹茗祠冢，后寿九十余。终罗道宗葬友，后任太学博士。季之纯掩骼，历任御史中丞。若公能体此而行，上天必佑比隆数，君子之贵显以及子孙。倘有故为残毁盗搬砖石，予在冥冥诉汝，神明必不容宥，定行降祸，使汝子孙夭亡，男女淫盗，本身遭刑恶疾也。皇明弘治庚申仲冬长至日，邑人唐椿，时年七十二，再拜告达。

该志文对祖第（生者居所）、祖墓（逝者葬所）都做了详细的说明与记载，如同房契、地契般刊刻于墓石之上，希望能存至永久。由志文可知，唐氏家族近300年间分为前后两个墓地。两墓地都紧靠家族居住区，前一个建在澄江门南湾西崀，从始祖教授府君永卿开始到六世祖退庵，时间从元至正壬寅（1362年）至弘治庚申（1500年），历时138年。后一个墓地由唐椿营建，在嘉定县城坤隅何家浜之原，面积六亩多。唐椿亲自撰写了《唐氏世系》和《唐氏第墓》志，以此告诫子孙后代家族世系，并命令子孙，家族墓葬排列要严格遵守"依齿次序列葬，不可紊乱"。《唐氏世系》（见《上海明墓》）记：

> 远祖以道，府君以蜀之成都人氏，仕宋太医提举，扈从高宗南渡，因家绍兴，有元元贞间，讳中和祖，授嘉定州医学学录，生二位，讳永卿，仕平江路医学教授，为唐始祖，妣徐氏生五位。二世祖讳景良，仕溧水州医学学正，妣袁氏，生高祖，讳守仁，仕元官医提

举，国朝制治，尝预邑乡饮大宾，妣陈氏，生二位，曾祖考讳鼎，字公铉，以贤良方正荐判乐清县簿，妣徐氏生祖考毓，字玉成，妣陈氏生先考暨两叔，先考讳俊，字仕英，号退庵，妣王氏生兄朴，字尚质，任本县医学训□椿字尚龄，叨承祖业，愧乏学识，不能克绍，底畏，惟恐有鉴于先志，是以□其愚陋，究诸医学群书，约其粹要，汇着原病集六卷，以资子孙习学之意，靡敢望□□是也。椿娶李氏，继方氏，生男：炯、燧、焯、炜、耀；女德妘。炯娶朱氏，生男：长坤，娶陈氏，生女素璋；次培，邑庠生，娶王氏；长女寿蓉，适毛天锡，次寿芸，适袁瀚。燧娶靡氏，生坦，娶颜氏；犀，娶浦氏；焯，娶杨氏，生女寿莒，适苏宙，寿慕幼。炜娶朱氏，皆李氏出。耀娶沈氏，生男女四：单□寿萱、寿蕖俱幼。女，德妘，适赵慨，方氏出也。凡人家赀不坠子孙，□□非彼自能卓立，恒由于上世积善，人之贻谋，我祖宗世以医道传家，读书重义，孝友持己，忠恕待人，凡有抱病求疗，不惮风雨寒暑，趋往视之，若贫乏者，则必施与，而富亦不视其利，邻族有患难，务周其急，童仆无大，故御以宽惠，虽重于上官，有怨未尝报复，见人主误囚系，必与其取辩于直，至若印行被诬，拒捕伤人，何秋卿莅邑决，何偶遘疾，召先考诊视，因得□其冤何为平之。彼临刑而获更生。邑人褚孟升偕商，寓里间室，误忘白金百余两于彼，先考收候三日，还之。景泰间饥疫，先考凡见困苦者，以药饵靡粥济之，以是累积善行，福我子孙。第恐湮没，谨述世系，余业泊椿一宗之□志于阳石。祖今居第前后坟茔于阴石，庶乎继久明远，而不□于范昧也。时黄明弘治庚申仲冬长至日孝云。孙唐椿，时年七十二岁，恭率子孙，百拜焚香告志。

该世系志如同家谱一般记载了唐时升家族的世系脉络，为我们了解其先祖、始迁祖以及近世祖的情况提供了非常准确的资料。

现根据以上两篇志文，绘制唐时升家族世系如图 4-1 所示，以求直观了解其家族脉络。

二　代表性墓志

以上就唐时升家族世系做了一般介绍，下面就其家族成员代表性墓志做一深入解读。根据所搜集的墓志资料，兹选择唐时升父亲、唐时升兄长、唐时升叔祖和唐时升从弟墓志为代表，详做说明分析。

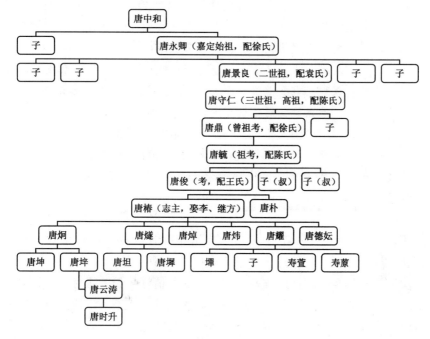

图 4-1　唐时升家族世系

（一）唐时升父亲墓志

该墓志由归有光撰写，名为《抚州府学训导唐君墓志铭》（见《震川先生文集》），志文摘录如下：

予友唐君道虔，以贡待选京师。居二年，得抚州训导以行。未至济州二十里，卒于舟中。时嘉靖三十五年六月十八日也。得年五十有六。其弟钦训，以是岁十一月二十九日，葬嘉定县何家港之先茔。来请铭。

君姓唐氏，讳钦尧，字道虔。其先蜀人。宋时有以道者，为太医院提举，从康王渡江，因家浙之绍兴。其后世世为医官。元元贞中，永卿为平江路医学教授，始占名数于嘉定。二世至守仁，以贤良方正荐于乡，为乐清主簿。又四世，君之考垺，为博士弟子，蚤卒。

君少孤，赘于沈氏。然事母孝，家虽儒素，甘旨常具。为学生，所得廪米，必以归其母。尝就试海虞，忽心动，亟归。母方遘危疾，祷于县之神以求代，疾良愈。每至岁旦，必焚香拜庙，以答神贶。于沈翁，欢如父子。沈氏所出一子时雍；其二子时叙、时升，皆庶出。比君之殁，而沈翁抚恤之必均。人以是贤沈翁，而益知君之所以事翁者。弟钦训少时，教育之，为之婚娶，兄弟友爱无间言。

　　君丰仪峻整，望之翛然。既声誉远出诸生上，试常第一。然不喜末俗剽窃之文，而好讲论世务，遇事发愤有大节。……

　　予与君同郡，尝同为诸生。见君所争李照事，御史与之反复问辨，欲穷之以辞。君抗首高论，辞气慷慨。时诸生群吏会者数千人，皆竦听叹息。予以为使君生两汉时，其风节即此可以显名当世矣，而世莫能识也。……瀚久不报，而以讣音至，可痛也已！

　　瀚与君交厚，为着其行状，予颇采次其语。君平生所为易说，及诗文数十卷，藏于家。而钦训示予以所答友人问疾书，言梦中事尤奇怪。……

　　唐钦尧（1498—1554）字道虔。嘉靖年间，以贡生待选京师，两年后得抚州训导之职。赴任途中，卒于舟中，得年五十有六。唐钦尧少孤，入赘沈家。事母极孝，扶弟友爱，与岳丈沈翁情好。长子唐时雍，为沈氏所出。其余二子时叙、时升皆为庶出。唐钦尧丰仪峻整，性情惆镜，多雄才大略，为江左名士之冠，博通古今之学，有济世之志。唐钦尧是归有光挚友，归有光赞其"声誉远出诸生之上，试常第一。然不喜末俗剽窃之文，而好讲论世务，遇事发愤有大节"。归氏的此段评语，唐钦尧当之无愧，其对唐时升一生的影响可想而知。虽然在唐时升四岁时，其父宦游离家，卒于赴任途中，即成永别，但父亲"嘉言善行犹仿佛识之"。唐时升后来成长为一位有韬略，怀经世志，慷慨豪宕的英雄式的人物，与其父唐钦尧的榜样作用不无关系。①

（二）唐时升兄长墓志

　　该墓志由娄坚所撰，名为《唐长君伯和墓志铭》（见《学古绪言》），志文引录如下：

　　嘉靖中邑之贤而不试者，唐先生道虔其尤也。其门内之化，以仁让相先，至今称于人人。有子三人，而伯和为嫡长。予不及识先生，而获从其季道述先生游，以父事焉。自年十六七时，已数过其家，见先生每顾从子而与之言，未尝不名之，而三子者亦未尝不肃然唯诺惟谨。其后予年渐长，每过见之，无不然者，盖是时伯和已逾壮而强矣。其年止四十有七而殁，距今不过二十余年之间耳。呜呼！尚复有

---

① 王蓉：《"嘉定四先生"研究》，硕士学位论文，上海师范大学，2010 年。

事其从父之恭而友爱其弟，若斯人者乎！此予所为叹息累欷而为之铭者也。

君讳时雍，母孺人沈氏，其娠君也晚，时二弟之母卢孺人已在侧室矣。君先仲一年生，父母怜爱之特甚，然君之视其弟，初若不知为异母也。道虔先生跧伏东海之滨，而名闻四方，然卒老于诸生，以贡选为抚州府学训导，又道病以卒，人谓必将大发之于子。君资性敏锐，虽孤童，能自奋励，既与仲同补邑学弟子员，顾屡进不遂，而家业日益落。乃去城居，力农田间，以谋其生，而以闲绩学缀文，务弸中而彪外，识者咸共推让，然终不为有司所知，岂非命哉？其后仲以病疡死，哭之而伤，又不胜其感触，乃复携家入居城中。……

元配陆氏，父曰乡进士浚，年十一而失所恃，舅姑怜之，即迎以归，又三年而成妇，俄而羸疾夭死，得年仅十七。所举唯一女，而女又以瘖废，何其薄祜也，然而妇德备。有姑老且病，夫妇同侍之寝，床笫近在姑傍，昼日常冥，而顾能安之。于户内之事，无不怡色柔声，非终日与居者，不能识其语音也。叔时尚稚，抚之尤有恩。继室以郭氏，同安县令山之孙，与陆孺人为中表姊妹，道述先生闻其婉嫕而聘焉。自幼习闻同安之孝养，其于烹饪滑甘尤精也。……伯和既殁，二子未成立，家益贫，孺人归田间昼耕夜舂，与僮仆均其劳苦，衰病侵寻，以万历乙巳冬十一月卒，年六十有四，即以明月辛酉穿窆而合祔焉。墓在何家浜先茔，直训导公墓南数步。而二子敏行、敏思来请铭。

君生于嘉靖己亥，卒于万历乙酉。陆孺人以癸卯生，己未卒。而郭孺人之生嘉靖壬寅，其卒也为万历乙巳。男子子二人：敏行、敏思也。女子子二人：长嫁周其位者，即瘖女也；次嫁诸生陆永熠。嫡孙男曰懋醇。敏行之言曰："先君先姊之葬二十有二年矣，惟是窀穸之事吾叔父任其劳费焉，所以赉诸幽者，将有待而请也。日者吾母之病亟矣，犹呼敏行使就督学御史试曰：'吾数病数起，儿勿忧也。'敏行泣不忍行，谓当奉侍汤药耳，而不幸遽至于大故，痛何如也！吾叔父之状吾父母，可谓具其概矣，此不肖孤所不能尽知也。幸怜而赐之铭。"

予受其状读之，至言君方成童时，父携至登寺阁，告以阁下藏儿衣所，其后过之，未尝不思母泣下。父殁之年，以六岁小弱弟，而所至必携与俱，一日不在侧，即凄然而不乐。平生负气不肯屈于人，及闻从父之规，则忿然不平者旋废然而反。呜呼，此岂可望于世之君子哉？……

　　铭曰：气之刚，或谓其不长；中之厚，夫何艰于下寿？嗟人生之不可期，胡拘拘谯谯以为疑。城西之原，从以二嫔，依尔先人。曰：是惟孝友唐长君之坟。

唐时雍（1539—1585）字伯和，是唐钦尧的嫡长子，为唐时升的同父异母兄长。在其18岁时，父亲去世。虽为孤童，但能自励奋进，为邑学弟子员。因家业衰落，不能继续为举子业，只好务农为生。空闲时绩学著文，为知者所称赞。妻子陆氏17岁因病而亡，所生一女，又以瞽废。其兄弟时叙后又以病疹死。几番人生残酷之遭遇后，唐时雍心灰意冷，不复有进取之心。每日与老朋友饮酒聚会，自娱解愁。娄坚为其表弟，对其知之甚深，他在志文中指出，墓主由于难舒平生之志，再加上至亲的相继离世，已经完全失去原有的精气神，几乎没有什么东西可以吸引他的心了。在此境遇中，终于积郁成疾，一旦遘疾不起。享年仅47岁。志文还对其两任妻子及其子女做了详细的记录。

（三）唐时升叔祖墓志

该墓志由唐时升所撰，名为《叔祖元吉墓志铭》（见《嘉定碑刻集》），志文引录如下：

　　维唐氏之先在蜀成都，宋靖康间我始祖以道从康王渡江，居浙东之绍兴。宋季，我十二世祖中和为嘉定州学录，子孙遂家焉，盖至于公十世矣。我先世多异人，十世之间谱与传志之所不能详，而后之人犹得闻者，则以公及见诸父诸兄而能述之也。公尝言，曾祖士英无疾而终。昼坐见两青衣童子蹁跹而来，长跪以迎，遂命沐浴正冠，坐而没。皇祖尚质预知死日，自调度丧事甚悉。盖二祖皆工于医，虽不学神仙度世之事，而法于阴阳、和于术数，自与道合。尚质生文盛，是为公之考。公六岁而孤，□□与母居，几无以自存。十八而娶，徐孺人乃以强力纤啬，支吾其家，遂能自给。公为人倜傥恺悌，与人语无亲□，必吐肺腑，干以私者，虽亲弗应。事母以孝闻，有寡姊居，养之二十余年，至于送死，皆从其厚。……盖公刚直踈大，而孺人以和柔缜密济之，用能持其家而睦于宗党之间。公讳宗佑，字符吉，号怀静，生于正德乙亥，卒于万历丙戌，孺人后公一年而生，后公二年而卒。子三：长虞世，次虞禅，县诸生，次虞际，诸子不同业而以克家为能，以不惧王宪为贤，皆公之教也。铭曰：

少而孳孳，老而怡怡，生也同心，死也同穴。于斯东门之外，清流萦纡，是为子孙世世之基。

墓主元吉，即唐宗佑（1515—1586），字符吉，号怀静。为唐时升高祖唐椿的兄弟唐朴之孙，为唐时升的叔祖。唐朴世业医，博闻高行，以医名世，光绪《嘉定县志·艺术》有传。志文对其世系做了记载，从内容看，与唐氏世系志及其他唐氏家族成员墓志中有关世系的记录基本一致。从志文可知，墓主的父亲为文盛，去世较早，所以元吉六岁就，与母亲徐氏相依为命，在母亲的强力支撑下，才勉强自给，维持窘迫的生活。虽然生活贫困，但墓主还是保持了士人的气节，事母以孝闻，养寡姊二十余年，养生送死皆从其厚。做好事从不为钱财，志文专门记录了其"却金而白其冤""公以金归其同伍""公以百金代输官"等善事。因其美名，以恩诏受冠服，有司聘为乡饮宾，题名于旌善亭。有三子，次子为县诸生，诸子不同业而以克家为能，以不惧王宪为贤，皆公之教也，强调了墓主对教育子女的重视。

（四）唐时升从弟墓志

该墓志由唐时升所撰，名为《从弟叔美墓志》（见《嘉定碑刻集》），志文引录如下：

呜呼！余从兄弟六人，余与叔美皆其季也。叔美讳时彦，卒年五十有一。方未病时，尝笑谓余诸子曰："古之达人，未尝讳死也。吾欲吾兄为吾志，吾且朝夕观焉。异日者纳之墓中，庸何伤乎？"诸子不敢言也，没后乃闻之。呜呼！余生辛亥，君生癸亥，相去十二年，意者恐余之不及为斯志也。呜呼！悲哉！乃今竟及此哉。我唐氏之先世居成都，宋之中叶，曰以道者为太医，事康王，遂从渡江，居浙之绍兴。曰中和者，为嘉定州学录，生永卿，为平江路医学教授，定居嘉定，殁而葬焉，是为嘉定之始祖。永卿生景良，溧水州医学正。景良生守仁，讳仁。仁生公铉，讳鼎。当洪武初举贤良方正，为工部主事，左迁乐清主簿。我先世或治方伎为医官，或治经为博士弟子，或成进士，多有通人高士交。当代名公卿，至今翰墨多藏于家。高大父讳椿，著《原病集》行于世。曾大父讳炯，四五岁试为五七言，一时词人不能及也。大父讳垆，学为醇儒，有子二人：长讳钦尧，为江左名士之冠，通古今学，有济世之志，以岁贡为抚州府训导，时升之考也；次讳钦训，博闻高行，自方古人，以医为业，时彦之考也。……君为童时，慧而开爽，意志轩轩然，家人皆异之，与余友爱尤至然。燕闲之会，起居非时，言笑失次，必加诮让。虽一时未及言，后必追数之，至老犹然，而恩意弥笃，其至性过人。二亲之丧，欲身殉之。长姊寡居而贫，朝夕念之不忘，及病甚，诸弟方欲经纪后事，而君为治木已毕。葬之日，匍匐土石之间，恐毫发有不坚密者，既封而后，寝食复焉。……呜呼！居穷阨而不悯，当强暴而不慑。以孝友协和其家，以忠厚之道弥缝其乡党朋友，是宜为天之所佑，而位不得以尽其材，年不得以终其志。可痛也已。

墓主唐时彦（1563—1613），字叔美。唐钦训之子，唐时升堂弟。因唐时升父亲去世较早，幼年就常跟随叔父唐钦训居住，因此与其堂弟交往多、感情深，所以为其撰写墓志。唐钦训，博闻高行，以医为业，雍容卒岁，无衣食之忧。因家境殷实，墓主早岁究心于制举之业，为县诸生，其为文精切峻拔，但终不得一遇，再进举业。后数年，始置田舍幽室，以图籍花竹自娱。父母之丧，欲以身殉之。长姊寡居而贫，朝夕念之不忘。季姊、仲兄居住于郊区，无十日内不去打探的。宗族无亲疏，皆联而合之。唐时升称其为"以孝友协和其家，以忠厚之道弥缝其乡党朋友"。志文对其婚配及子嗣未做记载，而对世系的记录则非常详细，可见时人对先祖的尊重与重视。

据嘉定后学时升晚辈侯峒曾所言："唐氏在嘉定三百年来，率以孝友诗书、方闻高行推挹于当世贤豪。"[1] 唐时升曾祖父唐炯、从高祖唐朴、叔祖父唐钦训等俱为医家，医术高明、医德高尚、妙手仁心，普济众生。在良好的家风影响下，唐时升少即怀鸿鹄之志，博览群书，妙思六经，涵咏百代，熟知各种典章制度，这些因素促使他成为一位超拔俗学的博雅君子、饱学之士，然而其所处之世，政治腐败混乱，社会动荡不安，科举败坏，仕路难通[2]。尽管如此，他也依然保持旷迟的心胸，并为当地文化做出了卓越的贡献。

第二节　清钱大昕家族

钱大昕，字晓征，一字及之，号辛楣，又号竹汀居士。嘉定人。精研

---

① （明）侯峒曾：《三易集小序》，见唐时升《三易集》卷首。

② 王蓉：《"嘉定四先生"研究》，硕士学位论文，上海师范大学，2010年。

经史、金石、文字、音韵、天文历算、舆地诸学。考史之功，号为清代第一。生于清雍正六年（1728 年），卒于嘉庆九年（1804 年），享年 77 岁。

钱大昕出身贫寒，他的祖、父都是县学生，依靠课徒维持家计。他自己在得到秀才的功名以后，乡试并不顺利，也曾一度操塾师生涯。乾隆十六年（1751 年），乾隆皇帝首次南巡，江浙士子纷纷献赋进诗，钱大昕是其中之一。由于诗赋入选，被特赐举人，授内阁中书，乾隆十九年（1754 年）中进士。钱大昕在仕途上一帆风顺，中进士后即被选为翰林院庶吉士，散馆后即授翰林院编修。乾隆二十三年（1758 年），擢右春坊右赞善。二十五年，擢翰林院侍读。二十八年，擢翰林院侍讲学士。三十八年，擢詹事府少詹事。三十九年，提督广东学政。这期间，曾先后充任山东、湖南、河南乡试正考官及浙江乡试副考官，并曾奉旨入直上书房，教皇十二子读书。乾隆四十年，因为丁父忧，加以母老，于是决计家居不出。归田三十年，历主钟山、娄东、紫阳三书院，而在紫阳至十六年之久。门下士积二千余人，其为台阁、侍从，发名成业者，不可胜计。归田期间，除了因居丧和自己生病的数年以外，未尝一日离书院。钱大昕晚年多病，为了培养莘莘学子，他勉力支持。这一时期也是他著述的丰收期，他的主要著作《廿二史考异》《十驾斋养新录》《潜研堂文集》等，都是在这一时期完成的。① 钱大昕在举业和仕途上都比较顺利，进士出身，官至四品，学术成就斐然，被人尊为"一代儒宗"，是上层士人的典型代表。

有关钱大昕家族文献资料主要有：《盛泾先茔之碣》《练祁先茔表》《先大夫赠奉政大夫府君家传》《先考赠中宪大夫府君家传》《先考小山府君行述》《钱太恭人墓志铭》《虚亭先生墓志铭》《舅氏沈君墓志铭》《皇清诰授中宪大夫詹事府少詹事钱君墓志铭并序》《亡妻王恭人行述》《鹤溪子墓志铭》《西沚先生墓志铭》《钱处士行状》，等等。

一 钱大昕家族世系

钱大昕撰《盛泾先茔之碣》以记其始祖。根据志文记载，由嘉定始祖至钱大昕已达 250 年之久，因始祖之迁失其谱系，远祖为谁不得而知。尽管江、浙钱氏多称吴越武肃王之后，但钱大昕遍访宗姻邻里，难得始祖遗事，因而不确定其远祖是否出于吴越。在志文中，钱大昕指出："近世

---

① 吕友仁：《钱大昕及其〈潜研堂文集〉述评》，《上海师范大学学报》（哲学社会科学版）1986 年第 12 期。

士大夫述家乘，往往崇饰虚誉，剿取一二故事可通用者，以文益之，此之谓诬其先人，非笃行者所取也。"由此说明，攀附贵胄以述家谱也是当时一种普遍的社会现象。从《盛泾先茔之碣》可知，钱氏嘉定始迁祖本为江苏常熟人，入赘于盛泾之管氏，因贫不能归，同时也喜欢当地的风俗，从而定居嘉定。至钱大昕时已有八九世，家族人口达百人，族人以耕读为生。为识其志文原貌，兹引录《盛泾先茔之碣》（见《嘉定碑刻集》）如下：

> 盛泾先茔者，钱氏始迁祖之所藏也。苏、松之水皆注于娄江、松江以入海，纵者为浦，横者为塘，其称泾者特小之者尔。盛泾介于吴塘、顾浦之间，广不过四五尺，不能容舟楫，相传昔有盛姓者居之，乡人读盛姓为直上切，并以氏斯泾焉。

> 吾始祖自常熟之双凤里来赘于盛泾之管氏，贫不能归，且乐其俗之朴而淳也，有田五亩，有屋两间，夫耕妇糯，足以自给，既殁而葬于泾之阳。江、浙钱氏多称吴越武肃王之裔，吾始祖之迁，失其谱系，其出于吴越与否，吾不敢知也。

> 自始祖之没，迄今二百五十年，先大父在日，尝访求始祖遗事，欲着之族谱，而宗姻邻里俱无有能言之者。近世士大夫述家乘，往往崇饰虚誉，剿取一二故事可通用者，以文益之，此之谓诬其先人，非笃行者所取也。

> 吾始祖行善于乡，不求人知，传序至今阅八九世，成丁者垂及百人，或稽田，或读书，皆安分量力不轻去其乡，无有作奸犯科而丽于刑辟者。此则吾始祖垂训之善，而流泽之长有自矣。

> 今秋，大人贻书大昕曰："汝备位侍从，为人作铭志多矣，而先茔尚未有碣，是不可以阙。"于是，大昕谨纪所闻，令族子坫以小篆书之，寄归刻于贞石。

> 乾隆三十有八年岁在癸巳冬十月丙戌朔二十九日甲寅，七世孙，日讲起居注官、翰林院侍读学士、尚书房行走兼充三通馆纂修官、加一级、纪录四次大昕谨述。

志文首先对先茔之地盛泾做了说明，然后述其始祖。在志文中没有其他祖辈的记载。据钱大昕撰写的《先考小山府君行述》所记，先世讳镒公，自常熟双凤里徙居嘉定之盛泾，生北郊公讳浦，北郊公生顺郊公讳炳，移居望仙桥，府君高祖也。曾祖侍郊公讳珠，祖公瞻公讳岐，父青文公讳王炯。钱大昕之父为钱桂发，字芳五，一字方壶，号小山。

钱大昕的族子钱塘在《练祁先茔表》（见《嘉定碑刻集》）中，记载了其五世祖以下祖辈情况。现引录如下：

> 古者，墓有志、有碑、有表、有碣，自卿相以及布衣，并得立。近世惟仕宦家犹碑志，若夫布衣之士，虽修行其笃，其子孙苟不好名，罕复有致士大夫文字刻石于墓者。是以，我家自始祖以来，四者俱阙。族父竹汀先生始表始祖之墓，所谓盛泾先茔者也。

> 我五世祖守郊公雅有盛德，而尚无表章之者，我安可弗述，以示后之人焉？方前明崇祯十四五年间，岁大祲，米十斗值白金五两，饿殍者载道。公恻然曰：嘻！人饿死尽矣！我安忍独馂，顾力不能及远，其有以振我里乎！因竭室中储，悉散诸贫者。明岁秋，木棉大熟，受贷者曰："赖钱公活我，不可以不报。"相率倍称偿之，公辞不获，始纳焉。时至者踵接，自晨至暮始止，公辄饱食而后启门。如是者数日，积木棉盈室。适价腾涌，获厚息，由是资雄里中。

> 嗟乎！我里诚仁里也！故被德者必报，然公始愿岂及此哉！流寇之起十余年矣，天下云扰，饥馑洊臻，明之亡直旦夕耳。使无一人偿者，公安从而取之？闻时富室闭籴，为饥民所剽掠者远近相望，公于此不可谓不智，然谓公薪以智取利则不可。受贷者皆癃残羸馁转死沟壑之余，安知其能待至来年也？即至来年矣，而时事之变更，年岁之丰歉，俱未可知，尚安知其他？且公苟思以免祸而已，则家非有万金之产，为众所指目者也，安知其不克自保，遂悉举而空之乎？故先君子每论此事，未尝不叹公为仁人也。

> 王师既定江南，烽火宁息，公优游乐二十余年而复殁。我高祖方麓公已早卒，犹抚我曾祖维亮以成人。曾祖有俊才，弱冠即食饩，不幸早卒，家至是始落。而自曾祖以后，遂世为儒生矣。

> 守郊公墓在顾浦之西、练祁水之阳，方麓公葬其左，维亮公葬其右。

钱塘字学渊，号鹿床，晚号溉亭，清乾隆间嘉定县望仙桥人，为钱大昕族子。乾隆四十五年（1780年）进士，授江宁府学教授。笃志励学，博涉经史，尤精历律。善吟咏，为"练川十二家"之一。根据志文可知，钱塘五世祖为守郊公，即钱珍，字守郊，处事公正，勤筹算。崇祯年间，嘉定遇天灾，倾其所有接济里人，第二年，木棉丰收，里人争相归还，家业愈丰。喜读书，延名师训导子孙，卒年六十九。钱塘高祖为方麓公。钱塘曾祖维亮即钱澄，天资聪颖，未成年即补县儒学生员。好读书，有大志，积劳成疾，年二十四卒。

钱塘在志文中指出，古时自卿相以及布衣，皆可有墓志、墓碑、墓表、墓碣等，但近世，则只有仕宦家族才做碑志，布衣之士虽重笃行，若其子孙不好名，就罕有墓志碑铭。以此，为其家族之前没有碑铭做了解释。

根据《盛泾先茔之碣》《练祁先茔表》《先考小山府君行述》以及《皇清诰授中宪大夫詹事府少詹事钱君墓志铭并序》绘制钱大昕家族谱系如图 4-2 所示。

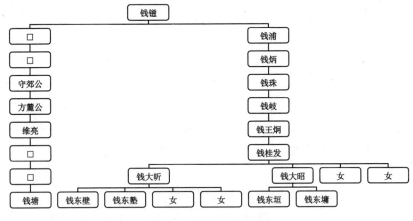

图 4-2 钱大昕家族谱系

钱大昕之前，其家族未有显人，故其家族世系不够完整。以上谱系仅根据所掌握的钱大昕和钱塘两支家脉资料所制，非钱氏完整谱系。

二 代表性墓志及有关家族资料

根据所搜集的墓志及其他家族资料，选取钱大昕本人、钱大昕父母、钱大昕妻子、钱大昕岳父等有关资料为代表，对其家族情况详做说明分析。

（一）钱大昕墓志

该墓志由青浦王昶撰写，名为《詹事府少詹事钱君墓志铭》（见《春融堂集》卷五十五），志文摘录如下：

……君讳大昕，号竹汀，晓征其字，生雍正六年正月初七日，以嘉庆九年十月二十日卒于书院，年七十有七。……

　　君先世自常熟徙居嘉定。曾祖岐、祖王炯、父桂发，皆邑诸生，两世耆年笃学，乡里称善。人以君贵赠祖奉政大夫、翰林院侍读。父中宪大夫、詹事府少詹事。宜妣朱赠宜人。妣沈封太恭人。配王恭人即凤喈妹，善记诵，有妇德，先君三十七年卒。

　　君事庭闱以孝闻，待乡党宗族以姻睦闻，而与弟大昭尤以古学相切劘，厥后以孝廉方正征，赐六品顶戴，亦称儒者。其余犹子江宁府教授塘，干州州判坫，举人东垣，诸生绎、侗等，率能具其一体。文学之盛，萃于一门，亦可以觇其流泽矣。子二：东壁，诸生；东塾，廪贡生，候补县学训导，咸克守家学。女二：一适同县诸生瞿中溶；一适青浦诸生许荫堂，皆侧室浦氏出。孙三：师慎、师康、师光，尚幼。东壁等自苏州奉柩归家，将以今年十二月初十日合葬王恭人于城西外冈镇火字之原，实来请铭。呜呼！昶长君四岁，回忆与君及凤喈同居学舍，时距今忽忽五十七年，逮同年通籍，同官同朝亦几二纪。……

　　铭曰：博文约礼道所基，下包河洛上睿玑。三才万象森端倪，君也阅览兼旁稽。海涵地负参精微，儒林艺苑资归依。龙蛇妖梦未告期，文昌华盖沈光辉。丸丸松柏临湖滨，三尺堂斧千秋思。

　　除以上墓志铭外，还有王引之为钱大昕撰写的神道碑铭，神道碑更注重墓主的功德善烈，就其家族信息而言，与墓志铭基本一致，这里就不再赘引。所引墓志文为王昶《春融堂集》所载，是其在事后加以精心修改的，与出土墓志对照有160多处修改，比出土墓志的文字更加精练，表述更为精确，文采大有增色，所列举的与大昕交往的诸多名士也被删去了几个，下葬的日期由十二月初六日改为初十。据墓志及其他家族资料，钱氏家族累世寒士，家贫无负郭田，祖父钱王炯、父亲钱桂发都是课读自给的乡村塾师。钱大昕五岁从塾师曾佳发蒙识字，十岁随祖父、父亲就读。十五岁从嘉定城内曹桂芳学经义。十八岁去本县东南坞城顾家坐馆。其家藏书颇多，他晨夕披览，通读了《资治通鉴》及《廿一史》残部，"始有尚论千古之志"。二十二岁，就以知识渊博，能文善诗闻名。钱大昕不仅在治学上，而且在为人处世上也深于道德性情之理，无不具有贤者的道德风范。他"淡于荣利，益以识份知足为怀。尚慕邴曼容之为人谓'官至四品可休'，故于奉讳归里即引疾不复出"。他负有盛誉但对前人的努力总是给予充分的肯定，其订伪规过，绝无短薄訾毁之意。他十分尊重他人的学术成果，在他考异廿二史时，若发现自己的结论与前人闻合者，即削而去之；若得于同学启示，亦必标其姓名。他以才论人，不分门第、资历，不惜折节交下，奖拔人才。众多学者，因钦其学行，乐趋涵丈，以师道尊礼之。因其贵，钱大昕祖父母、父母、妻子都获封赠。其二子为诸生与廪贡生，其两女也都嫁于诸生。可以说，钱大昕家族是士人家族的典范。

（二）钱大昕父母的行述与墓志

行述也称行状、行略、行实等，也是一种典型的人物传记文体。如同墓志一样，行述要叙述传主的世系、名字、生平等内容。一般而言，行述或是请人为死者撰写墓志；或是提供给礼官，向朝廷为死者请求谥号；或是提供给"史馆"，请求在史书中为死者立传。目前，搜集到的为钱大昕为其父亲撰写的行述和袁枚为其母亲撰写的墓志。现摘录钱大昕《先考小山府君行述》（见《潜研堂集》）有关内容如下：

> ……府君讳桂发，字芳五，一字方壶，号小山，姓钱氏。先世讳镃公，自常熟双凤里徙居嘉定之盛泾，生北郊公讳浦，北郊公生顺郊公讳炳，移居望仙桥，府君高祖也。曾祖侍郊公讳珠，祖公瞻公讳岐，俱隐德弗曜，父青文公讳王炯，博学笃行，有声庠序，享寿九十余，州县敦请为乡饮大宾，诰赠奉政大夫、翰林院侍读加一级。府君少读书不屑记问章句，习举子业，涤烦去滥，壹以先正为师，与同里王丈、鲸栖论文，尤有水乳之合。顾屡困童子试，年几强仕，始受知于学使礼部侍郎桐城张公廷璐，岁科试屡占优等。三上秋闱不遇，杜门课徒自给。初馆族父元礼斋，后馆族兄彦辉斋，皆携自随，晨夕督课。当是时，举业家多不习诗，生徒或私作韵语，则父师相诟病，以为妨于制义也。府君独喜教为诗，示以唐人安章宅句之法；又谓诗文非空疏无学者所能为，贷钱为购书，恣其翻阅。其后车驾南巡，以献赋召试通籍，海内传为殊遇。不数年，有诏乡会闱岁科试皆兼试诗，众乃服府君先识，且善教子也。
>
> 家故无负郭田，大父以授徒糊口，不足，则脱大母中物付质库偿之。岁时伏腊，四顾壁立，恒相对愀然。……府君以大母所钟爱也，每时祭及忌日，设位奠之终身。府君与族人敦睦无间，倡议立宗祠于外冈之西，春秋偕宗人设祭，年已耄耋，犹拜跪尽礼。又增修族谱，前有表，后有小传，义列谨严，无传会失实之病。性伉直，戚友有过失，面规之无所隐，及其有患难争竞，则委屈周全，惟恐不及，自为诸生，足迹不涉县寺。晚年，列官于朝，府君益避事远势，遇乡人益

恭谨，邑大夫或造庐访利病，则以年老重听谢之。惟乙亥岁大祲，议劝富民捐穀，于次年春，分四乡煮粥，以食饿者……

　　府君于世俗嗜好，罕所留意，独喜登临山水，自谓有济胜之具。中岁衣食奔走，足迹不能及远，比婚嫁毕，乃赋近游。常以春秋佳日，扁舟遨游苏杭间，访寻名胜，率旬日或涉月乃返……

　　府君生于康熙三十六年丁丑三月二日，卒于乾隆四十年乙未四月二十三日，享年七十有九，恭遇覃恩，诰封奉政大夫、日讲起居注官、翰林院侍读加一级。配，吾母沈恭人，处士讳时俊公女，诰封宜人。子二：长，乾隆甲戌进士，由编修累迁日讲起居注官、詹事府少詹事兼翰林院侍讲学士、上书房行走、提督广东全省学政，纪录四次，娶王氏，诰封通议大夫、光禄寺卿加一级、讳尔达公女，前卒；次，过学生，娶周氏，候选州同名铭公女。女一，适邑庠生陈名濂公子、附贡生考充四库馆誊录、候选州同名曦，例赠安人，前卒。孙男四：东壁，不孝大昕出，聘汪氏，内阁学士兼礼部侍郎名廷玙公女；东垣，不孝大昭出；东塾，不孝大昕出；东墉，不孝大昭出。孙女二，俱幼。……

　　钱桂发也为读书人，对钱大昕影响至深。幼习举子业，岁科试屡占优等，但却久困童子试，三上秋闱而不遇，于是杜门课徒自给。坐馆时，便带上钱大昕一起去，早晚督促其作习功课。贷钱为大昕购书，恣其翻阅。当时，习举业者一般不学习作诗，有学生私下作韵语为诗者，都会被老师诟病，以为妨于制义。但钱桂发唯独喜欢教大昕作诗，示以唐人安章宅句之法，又谓诗文非空疏无学者所能为。后来皇帝车驾南巡，钱大昕以献赋召试通籍，成就一代儒宗之业。作为士人，钱桂发极重礼法与家族建设。他与族人敦睦无间，倡议建立宗祠，春秋偕宗人设祭，年已耄耋，犹拜跪尽礼。还增修族谱，前有表，后有小传，义列谨严，无传会失实之病。这都对钱大昕产生了重要的影响。袁枚《钱太恭人墓志铭》（见《潜研堂集》）：

　　乾隆乙未，詹事府少詹事兼翰林院侍读学士、上书房行走钱辛楣先生，督学广东，奔封公丧归里。服阕后，因太恭人年高，不复起，侍养七年。今秋，太恭人薨于嘉定里第。先生卜葬有日，属枚铭墓。

　　枚伏念先生以续学清望，憼伏海内；于二千年金石文字，尤所详审。枚不文，何能为役？然此是何如重任，数百里外不他諈诿，独通书命枚，或者览所述作，其亦有以取之耶？知己之感，子姓之谊，均不敢辞。谨按其状而铭曰：

> 钱太恭人，黄渡沈姓，生而媞媞，其仪端静。习礼明诗，少成若性。长勤妇功，勋师以敬。归我封公，小山中宪。式好无尤，鸡鸣戒旦。旁和筑里，上顺尊章。小心精洁，令闻聿彰。饎爨雍雍，虔奉烝尝。执针织纴，罔闲曛黄。烦攘沛茜，衣柔膳香。两老康娱，戚邻交庆。……笃生二子，大昕、大昭。蒌室以居，折蓤以教。家素食贫，燃糠代膏。纺声书声，互答争高。育成名儒，羽仪圣朝。圣主南巡，大昕献赋。口衔日光，躬沾湛露。再捷南宫，再登瀛路。岭海衡文，青宫作傅。严徐抗肩，夔龙接步。学士詹事，官阶崇隆。宜人恭人，重迭晋封。……何图春秋，止八十一！辛丑重九，厥后五日，离瑜复位，灵萱掩色。卜葬练川，与封公台。郁郁佳城，南岸矩角。詹事与枚，垂老胶漆。赏奇析疑，益我知识。詹事益我，实太恭人德；我感德不让，敬撰铭文。千秋女史，视此贞珉。

袁枚，字子才，号简斋，晚年自号仓山居士、随园主人、随园老人，钱塘人。乾隆四年（1739年）进士，历任溧水、江宁等县知县。袁枚是乾嘉时期代表诗人之一，与赵翼、蒋士铨合称"乾隆三大家"。序文中，袁枚交代了撰写墓志的缘由，称"先生以续学清望，憼伏海内；于二千年金石文字，尤所详审"，表达了对钱大昕的敬仰之情。该墓志铭充分展现了袁枚的诗人才华，通篇以铭文为主，记述了钱大昕母亲的生平与女德。钱太恭人本姓沈氏，嘉定黄渡镇人，因子贵，封赠恭人。

（三）钱大昕妻子

钱大昕为其妻撰写了《亡妻王恭人行述》（见《潜研堂集》），摘录如下：

> 恭人姓王氏，讳顺媖，字正仲，世居昆山为右族，后迁嘉定，丹徒县儒学教谕赠通议大夫卓人先生焜之孙，新阳县学生封通议大夫虚亭先生尔达之女也。母朱淑人。恭人生而明慧，虚亭先生奇爱之，不欲轻字人，有议婚者，辄不应。予年十五，应童子试，甫出场，先生见其文，赏叹以为必售，已而果然。恭人兄礼堂，于□辈少可，亦极口称予，先生乃以恭人许予为配焉。予家贫无负郭田，或谓骨相寒陋，虽早慧，不能得功名，诸亲戚及僮奴辈窃议先生素奇幼女，何妄

许寒士为,先生终以为快女婿也。岁庚午,予始赘外家。明年,以献赋召试行在,特赐举人,授内阁中书,报至,亲尚皆喜过望。……甲戌,礼堂以第二人登第,予亦成进士,同入词垣,众皆为恭人贺,恭人谓予曰:"君与吾兄岂以一第为重轻者,所幸两家父母皆康强耳!"恭人性俭朴,布衣疏食,处之泊如。……予年三十余,尚无子,恭人屡劝予置箧,久之,乃纳浦氏,甚怜爱之。……恭人生于雍正六年七月十九日戌时,卒于乾隆三十二年六月二十九日酉时,得年四十。子一人,东壁。恭人归予垂二十年,离别之日殊少。比者俸入粗有余,辄谓寒士得此,已为过矣。……谨述其大略,将乞铭于当代立言者。

士人择婿重才,虚亭先生王尔达就是选婿于白身,看中了钱大昕的才学,将女儿许配给他。尽管钱大昕家贫,甚至王氏诸亲戚及僮奴还私下议论"先生素奇幼女,何妄许寒士为",但王尔达还是认为找到了乘龙快婿。王尔达先世显赫,世居昆山为右族,后迁嘉定。因家贫,钱大昕始赘外家,第二年,以献赋召试行在,特赐举人,授内阁中书。恭人讳顺姨,字正仲。其兄王鸣盛,字凤喈,号西庄,又号礼堂、西沚。乾隆十九年(1754年)与钱大昕同年中进士,历官翰林院编修、内阁学士兼礼部侍郎。工诗文,精史学,兼通经学,二人交往至深。由该行述可知,士人重才、重学,其交往、婚配也以才学为重要参考。

(四)钱大昕岳父

钱大昕为其岳父撰写墓志,名为《虚亭先生墓志铭》(见《潜研堂集》),兹引录如下:

外舅虚亭先生之葬,以乾隆四十四年十一月二十一日。先期,西庄、鹤溪使来告曰:"先文毅公墓志,其女夫周益公实为之文。今先君子井椁既卜,援吾家故事,属铭于子。"大昕曰:"以益公之文,犹不自名,而托张真甫名,况庸下如大昕者,夫何敢?"顿首故辞,不获。已乃泫然出涕,叙之曰:先生讳尔达,字通侯,号虚亭,姓王氏,先世与宋太尉魏国文正公旦同出。文正从子元,始居昆山县之新漕里,数传至左朝请大夫、崇政殿说书葆,即文毅公。文毅九传至明监察御史逊,逊子复,亦官监察御史。小御史之曾孙国子监司业同祖,司业生处士逢年,并知名前代。先生曾祖在畿,县学生,是惟处士之孙。祖镇圭,皇赠修职郎。考焜,康熙丙子举人,丹徒县儒学教谕,赠通议大夫。通议始卜居嘉定,而先生犹以新阳籍应试。……弱冠后补博士员，试辄冠其等。食廪饩，为诸生祭酒。屡试行省，不见雠。中岁以后，乃专意于教子。以为文章者不朽之盛事，科举之学非可以传后也，故导之以古文。又以为词章之学可以润身，未可言道，故进之以经学。近三十年来，东南士大夫言古学多推嘉定，而嘉定之好古学自王氏始。西庄既贵，先生优游林园，日手一编不置，或招朋旧为真率会，斗酒脱粟，无异老儒。好作诗，以放翁、后山为师，寓意目前，多自得之趣。书法险劲，不肯作圆软态。春秋七十有六，以乾隆三十三年五月二十八日捐馆，诰封通议大夫、光禄寺卿，加一级。

夫人朱氏，江宁府儒学训导金铨之女，诰封淑人，先五年卒，事尊章甚孝，处约而好施，先生之家事治，繄淑人之赖。先生有贤子二人：长鸣盛，甲戌进士第二人及第，官至内阁学士兼礼部侍郎，左迁光禄寺卿，学者称西庄先生；次鸣韶，新阳县学生，号鹤溪子。女子二人：长适县学生顾我澍，季即大昕妻。孙男若干人。

大昕年十五应童子试，先生丞赏其文，西庄亦谓予可以共学，因许以爱女，招为馆甥。尝言：李彦平、范致能、周子充皆吾先世门婿，所以期许甚厚。先生好誉儿，又兼誉予，人或笑之，则曰："久当信我言。"今荏苒四十年，文稍有名而德不加修，九原可作，愧其曷胜！

铭曰：学不必用，蕴而益纯。古训是式，以遗后人。岂惟后人，邑中之彦。闻其风者，古学大阐。夏驾之西，车塘之原，宰木郁然，四尺新阡。太丘坛耶？老翁泉耶？君子之泽，终勿谖耶！

墓主王尔达，其先世与宋太尉魏国文正公旦同出。文正从子元，始居昆山，数传至文毅公，文毅九传至明代监察御史王逊，王逊生王复，官至监察御史，御史之曾孙国子监司业同祖，司业生处士逢年，并知名前代。"元"当为玄即王玄，为避康熙帝玄烨讳而改为元，传为王旦弟王旭之子；王逊，字谦伯，元末明初昆山人，洪武十八年（1385年）中进士，初官江西上高县丞，因镇压当地农民起义有功，升江西道监察御史，颇得朱元璋亲近重用。王复，进士出身，初任南台行人司司副，升南台监察御史，独持风裁，贵戚敛手以避。王同祖，字绳武，号前峰，文徵明外甥。武宗正德十六年（1521年）选翰林庶吉士，授编修，后官至国子监司业；王逢年，初名治，字舜华，少为诸生，长属文，工书法。

墓主曾祖"在畿"，县学生，是惟处士之孙；祖"镇圭"，皇赠修职郎；考"焜"，康熙丙子举人，丹徒县儒学教谕，赠通议大夫，其始卜居嘉定。尔达弱冠后补博士员，食廪饩，为诸生祭酒。长子长鸣盛，进士及第，官至内阁学士兼礼部侍郎，左迁光禄寺卿；次子鸣韶，新阳县学生。长女适县学生顾我澍，季女即大昕妻。

由其世系子嗣，可知王氏乃簪缨之家，邑之望族。

小结 士人家族身份的构建——个体与整体

明清时期，江南地区出现了许多文化世家，这些家族尽管盛衰不一，显隐不定，但始终保持了诗礼传家的传统。这种对文化的重视保证了其家族的身份认同与士人特征，同时也获得了一种话语权利。墓志作为士人所需的丧礼之一，它不仅仅是一种仪礼，也是一种话语，更是士人家族身份建构的一种途径。从志文内容来看，逝者家族一般会尽力邀请名家撰文，这不仅保证墓志文的质量，更可因名家文集的传世而流传不朽。本章选取嘉定的明代唐时升家族和清代钱大昕家族为典型案例，以墓志资料为主，结合其他史料就其家族世系、交往、代表人物以及家族身份的建构等做了阐述。

分析表明，唐时升虽为布衣之士，但其祖上为医学世家，在宋代曾为太医提举，该家族历来重视读书，虽无显赫人物，但延续着书香门第的家风。其七世祖唐椿为家族撰写的《唐氏世系》和《唐氏第墓》成为嘉定唐氏家族士人身份的重要明证，其所载内容也反映了唐氏家族对士人的身份认同。唐时升父亲唐钦尧是归有光的好友，其墓志《抚州府学训导唐君墓志铭》由归于光撰写，并收入归有光的《震川先生文集》；唐时升兄长唐时雍的墓志《唐长君伯和墓志铭》由"嘉定四先生"之一的娄坚所撰，并收入其《学古绪言》文集。唐时升本人作为"嘉定四先生"之一，其为家族成员撰写的墓志也多收入其《三易集》文集。墓志所录家族世系、功德、门风等内容无疑成为家族认同、构建家族身份的重要精神资源。

同唐时升家族不同，钱大昕虽官至四品，学富盛誉，被王昶、段玉裁、王引之、凌廷堪、阮元、江藩等著名学者公推为一代儒宗。但其祖上未有显人，直至钱大昕辈，才由其本人撰写《盛泾先茔之碣》以记其始祖。据志文，嘉定始祖至钱大昕已达250年之久，因始祖之迁失其谱系，远祖为谁不得而知。尽管钱大昕遍访宗姻邻里，难得始祖遗事。钱大昕族子钱塘，乾隆四十五年（1780年）进士，授江宁府学教授，他撰写的《练祁先茔表》记载了其支系五世祖以下祖辈情况。志文指出"古者，墓有志、有碑、有表、有碣，自卿相以及布衣，并得立"，"我家自始祖以来，四者俱阙。族父竹汀先生始表始祖之墓"，"我五世祖守郊公雅有盛德，而尚无表章之者，我安可弗述，以示后之人焉？"从中不难看出墓志对家族身份建构的重要性。因钱大昕个人的成就，其家族社会地位得到极大的提升。其本人墓志《詹事府少詹事钱君墓志铭》由清代著名学者王昶撰写，并收入其《春融堂集》。其母墓志《钱太恭人墓志铭》由散文家袁枚撰写，并收入《小仓山房集》，钱大昕为其父、妻子、岳父等家族成员撰写的行述墓志均收入其《潜研堂集》中。因墓志被收入名人的文集中，随着文集的流传，其士人家族的身份也得到了建构与确认。

墓志一般会追溯家族世系，以此显示墓主的人生、德善不仅仅归属自己，更重要的是祖上先人的延续，个人价值最终服从于家族事业的传承与兴盛。唐时升家族甚至做世系志以图不朽，在其家族成员的个人墓志中也少不了对世系的追溯。世系志与一般家族成员墓志中对先祖的追溯充分地显示了家族中个体与整体的关系，个体以家族为归属，家族则正是通过个体的努力来构建其士人身份。钱大昕在《盛泾先茔之碣》中也追溯了自己家族的世系，但苦于缺乏谱牒，没有完整的记录，但也没忘提及与吴越王钱镠的联系。其族子钱塘在《练祁先茔表》更颂赞其五世祖，以表明家族先祖的荣耀。个体承载着传承家族史的使命，将个体生命融入家族的历史中，这是中国传统文化精神传承的内在要求。[1]

从墓志资料来看，两个家族都突出了文化认同。尤其是钱大昕墓志，虽然其官至四品，可谓显达，但墓志中大量的文字是记述其文化方面的成就。铭文"海涵地负参精微，儒林艺苑资归依"更突出了其学术的贡献。可以说，家族文化被士人看作家族发展的灵魂，是一种可以传承的确保家族身份的文化基因。而墓志的家史功能、身份认同特征及其融合的"祖先崇拜"信仰正是传统中国家族文化基因传承的载体。

---

[1]　赵青：《从〈太史公自序〉看司马迁对家族文化精神的传承》，《司马迁与史记论集》（第九辑），陕西人民出版社 2011 年版。

结论与讨论

中华五千多年文化延续不断，其中很重要的一个原因就是中国人注重家族文化的建设。因为在人的社会化过程中，最重要的是家庭教育。从父母兄弟姐妹那里学习其社会内在的文化、传统、言语、历史、习俗，才能成为一个人格体，家庭教育是自我形成的根本。①特别是士人家族，他们所拥有的知识与智力资源保证了这一文化事项的实施。因此，关注士人家族不仅有助于我们了解中华文化的传承，还可以认识士人家族的基本生活状态，弥补该群体家族人口史的不足。上海在明清属江南苏松地区，经济、社会的发展与繁荣以及优良的人文环境促使该地区的人们非常注重文化教育，从而形成了数量众多的士人家族。本书在对明清时期上海士人家族人口研究的基础上，形成了一些初步的结论，同时也发现了个别值得讨论的问题。下面仅做一简要的归纳。

第一节　结论

本书不仅对明清上海士人家族人口状况进行了微观历史人口学的分析，同时还运用文本解构方法，通过"身份认同"理论对士人身份认同与墓志的关系进行了解读，故而，形成了人口学以及士人身份认同两方面的结论。

一　人口学方面

根据墓志文献中的人口记录，本书主要从死亡、生育、婚姻与丧葬四个方面对其相关指标、观念及行为进行了整体性研究。初步结论如下。

---

① 见《儒学与当代世界——"孔子诞辰 2545 周年纪念与国际学术研讨会"综述》，《当代韩国》1994 年 11 月。

（一）平均死亡年龄较高

士人家族人口的平均死亡年龄相对全社会的平均死亡年龄要高一些。他们认为"终其天年者德高"。面对死亡，他们认为"父死子继曰生"，所以重视子嗣传承。因为个人的生命是家族生命的延续，传宗接代就是对个人生死的超越，生生不息的子嗣汇聚成不朽的家族生命；对于自身来讲，他们则希望通过立德、立功、立言获得善终，死后以功名令誉活在人们心中，获得后人的思念和子孙的世代敬祀。所以，中国传统非常重视家族祭祀，有关死亡教育通常也是在祭祖仪式中进行的。为了行孝或尽天年，一般的中国人是很珍惜生命的，所谓"天地之性人为贵"（《白虎通义》卷五）。人乃万物之灵，一定要珍惜自己的生命，不要冒不必要的险，去招惹祸端，给自己的生命带来危险。但是，如果一个人行孝履仁，为家国捐躯，这种死就能获得功名令誉，从而不朽。根据墓志中的生卒记录统计，人口综合平均死亡年龄为 63.33 岁，其中男性平均死亡年龄为 63.63 岁，女性平均死亡年龄为 62.77 岁，男性平均死亡年龄略高于女性。为客观反映样本墓志中明清士人家族人口的平均死亡年龄，早亡年龄取 0—14 岁的中间数 7岁，根据 1.68% 的殇折率，可推算男性夭折人数为 7 人，女性夭折人数为 4人。这样，测算结果为：420 位男性的平均死亡年龄为 62.69 岁；223 位女性的平均死亡年龄为 61.78 岁；男女综合平均死亡年龄为 62.37 岁。鉴于1.68% 的殇折率在明清社会显然太低，不符合历史实情。根据相关研究，选取 400‰ 为 0—14 岁的婴幼儿早亡率作为修正标准，计算得出的男性平均死亡年龄为 41 岁，女性平均死亡年龄为 40.46 岁。男性平均死亡年龄高于女性平均死亡年龄，这一研究结论与一般结论不同。

女性平均死亡年龄之所以低于男性，主要原因是传统文化的影响。因为传统文化重子嗣传承，婚姻的目的就在于繁衍子孙、承接宗祧。女性因不能生育或不能生育儿子对其本身造成极大的压力，传宗接代的文化压力缩短了女性的平均死亡年龄。总体而言，士人家族人口的平均死亡年龄较全社会的平均值要高，这主要是由于士人家族总体上处于社会中上阶层，生活水平较高，医疗卫生等保障水平也较高，加上他们本身具有一定的知识，注意修养等，延长了他们的平均死亡年龄。①

（二）平均生育子女数并非很多

士人家族继承了儒家子嗣传承的生育观念，认为婚姻的目的是通过有序生育，保持家族绵延不绝，上以事宗庙，下以继后世，因此，普遍认同

---

① 李宏利：《明清上海士人群体寿命探析——以墓志为中心》，《史林》2014 年第 6 期。

传宗接代、多子多福的观念，特别重视生男孩。由此也产生了纳妾置侧室、招赘婿、过继、收养、浅埋等人口行为。根据墓志资料统计，男女综合平均生育子女数为 3.3 个，其中男性平均生育子女数为 4.28 个，女性平均生育子女数为 2.75 个。由墓志统计发现，出生男性总数为 3587 人，出生女性总数为 2472 人，出生性别比为 145：100，这一数字无疑说明有许多出生的女孩在墓志中未予记载。因为人口学家及人类学家普遍认为，自然的出生性别比当在 105—106。若按自然的出生性别计算，则男性平均生育子女数为 4.85 个，女性平均生育子女数为 3.12 个。其中，在一夫多妻（妾）的家庭中，按墓志记录计算，男性平均生育子女数为 5.21 个，女性平均生育子女数为 2.11 个。若按自然的出生性别比计算，男性平均生育子女数为 5.76 个，女性平均生育子女数为 2.33 个；在一夫一妻的家庭中，按墓志记录计算，男性平均生育子女数为 3.59 个，女性平均生育子女数为 3.85 个。若按自然的出生性别比计算，男性平均生育子女数为 4.22 个，女性平均生育子女数为 4.49 个。再考虑婴儿死亡率因素，根据相关研究，本书选取 283‰ 作为婴儿死亡率，测算出的明清上海士人家族男性平均生育子女数为 5.97 个，女性平均生育子女数为 3.83 个；其中，一夫一妻家庭中的男性平均生育子女数为 5.86 个，女性平均生育子女数为 6.27 个。一夫多妻（妾）家庭中的男性平均生育子女数为 8 个，女性平均生育子女数为 3.24 个。[①] 因明清社会男性可置侧室，有些男性甚至有多名妻妾，家庭生育子女数以男性为主，这一特点与我们一般的生育研究不同，可为当前探讨男性生育率提供参考借鉴。

（三）门当户对、遵循古礼

士人家族的婚姻形式多以聘娶婚为主，受传统的影响以及传宗接代的需要，士人阶层保留了媵妾制的婚姻形式。根据墓志数据统计，在 464 位男性中有 104 位纳妾或置侧室，占总数的 22.41%，剩余的 77.59% 为一夫一妻类型，可见，作为社会中上层的士人群体，纳妾比例也并不高。此外，因男方贫困或者女方家族特别显赫，入赘婚也是普遍认同的一种婚姻形式。士人家族在择配时非常谨慎，一般遵循门当户对的原则，选择同为士人家族的男女成婚。凡具有官品或学品的儿女子孙或其配偶在墓志中都有记录，这也反映了他们以士人身份为荣的文化心理。在他们看来，士人家族联姻是保证优良遗传、形成显赫家族的重要因素。古人以婚姻为本，

---

① 李宏利：《明清上海士人家庭生育情况探析——以明清墓志为中心的考察》，《社会科学》2017 年第 5 期。

认为缔结婚姻是人生的重大站点，有了婚姻，才可能有夫妇、父子、姑舅、婆媳、姻亲乡党以及不同代际的各种关系。结婚早晚成为影响人生轨迹的重要时间维度。根据墓志数据的统计，明清士人家族的女性平均初婚年龄约为 17 岁，男性平均初婚年龄约为 20 岁。从男女初婚年龄的分布情况看，女性在 15 岁初婚的比例最大，占到总数的 32.88%；男性在 19 岁初婚的比例最大，占到总数的 25.01%。基本上符合古礼，即"男子二十而冠，有为人父之端，女子十五许嫁，有适人之道"。

（四）孝养厚葬、慎终追远

在丧葬方面，士人家族继承了传统丧、祭礼仪。"丧"是指对于刚刚去世的父母致以安葬、守丧等一系列程序性的活动与仪式。"祭"则是对过世已久的父母或祖先表达思慕之情的奠念活动。丧与祭合在一起构成了儒家慎终追远的完整观念。儒家传统认为"养生不足以当大事，惟送死可以当大事"，在士人看来，生前事亲固然重要，但这是作为一个人应该做到的，而死则是人生之大变故。对于孝子来说，除了为父母置办丧葬外，实际上没有其他更可以尽孝的事情了，所以士人家族非常认同丧葬礼仪。如何置办丧葬事宜，要求达到怎样的规格，这些内容在墓志中一般不做记录，但通过葬期的分析可以看出他们对丧葬事宜的重视。根据墓志中的葬期统计，20% 以上的葬期分别为 1—6 个月、7—12 个月、1—2 年三段期间，葬期为 2—5 年的比例为 14.79%，葬期在 5 年以上的占 16.08%。随着朱子家礼的传播以及明嘉靖十五年（1536 年）家庙和祭祖制度的改革，丧礼制度也有所突破，民间在丧葬仪式方面可以更多地表达对先人的心意，从而造成葬期的延长。绝大部分的葬期分布在一个月至两年，葬期的延长也进一步说明了士人家族重视丧葬事宜，需要一定时间完成必要的丧葬礼仪。而五年以上的超长葬期则主要是由于厚葬、卜葬、俟配同葬、家贫无力克葬等造成的。

二 士人家族身份认同

自韦伯以来的社会学传统认为经济情况并不只是社会分层化的唯一衡量标准，通过教育或文化建立起威望的群体往往有自身的文化认同，这种身份认同也是一种社会分层的标志。墓志作为传统士人家族要求具备的丧礼之一，成为其身份认同的标志。

（一）墓志成为士人家族身份的终极标志

从士人身份的获得以及特定的称谓可知，在明清社会，若想成为一名为主流社会所认可的士人，起码要成为一名秀才，这是对士人在"文"

上的最低要求与认同。而要通过正途出仕为官，则一般要成为进士，这对"文"的要求更高。在墓志中，家族成员中获的过官职或学品都会被一一列出，绝不漏缺，特别是官职，一般会将初任官职到最后最高级别的官职全部记载下来。这种对"学"与"官"的记录正是士人身份认同的标志。而家族中若有这样的士人成员，也不会忘记记录一笔，因为有这样的家族成员是整个家族的骄傲。

士人家族具有文人与官员的双重身份认同。在世系的记录中，以获得学衔或功名为家族的荣耀，无论是祖辈、子孙还是姻亲成员，若能晋升士人之列都忘不了记录一笔，对科名的注重已然成为一种家族的认同，而获得功名的家族成员无疑成为家族身份构建的重要条件。可以说，士人家族重视家族文化的构建与传承促进了家族的持续发展。

早在周代产生的"明旌"就是标识墓主的丧具之一，二字急读称"铭"。《礼记·丧服小记》云："复与书铭，自天子达于士，其辞一也。"可见，由明旌衍生出的墓志是士人阶层直至天子的身份标志。墓志是对士人一生的盖棺定论，是士人的终极标志。传统士人不惧死亡，只怕一生未得任何功名令誉，从而消失殆尽，所以，士人极其重视墓志，墓志固有的对"学"与"官"的记述正是士人家族身份认同的终极标志。

（二）墓志是凝聚家族、建构士人身份的一种途径

家族文化在传统士人家族中扮演着极其重要的角色，对人的出生、成长、婚嫁、死亡等过程和行为都具有塑造作用。从某种意义上说，人口状况是家族文化形塑的结果。这种文化将个体的生命价值完全纳入整个家族，个体也因家族的繁荣而获得"永生"。对待死，士人家族关注的并不是死亡本身，而是生时的仁义孝悌和功德善烈，借此功名令誉获得后世的祭祀并享得永生。由于家族文化本身就是一种传统生育文化，蕴含着生育观念的实质，所以士人家族也以男性宗姓的继替、传承为首要目的。在这种文化认同下，其人口行为和观念必然是传宗接代和多子多福。从样本统计中可以发现，男性注重生卒岁月，女性注重生育子女，这也反映出士人家族对男女价值的不同认识。士人身份认同也体现在士人家族的婚姻中，士人家族联姻是他们的基本认同。儒家传统认为婚姻不仅仅是两个人的结合，而是要以家族利益为重。男女双方家庭，甚至是家族，都会随着他们的婚姻结合而成为牢固的联盟①，壮大家族的力量。祭祀关乎家族的延续

---

① 宋燕鹏：《浅谈"家族本位"观与中国家族文化》，《河北省社会主义学院学报》2005年第1期。

与发展,是凝聚家族人心、强化家族认同、构建家族身份的主要途径,所以士人家族对治丧致祭都极为重视。丧与祭合而构成儒家慎终追远的完整丧葬观念。在儒家看来,子女对父母或祖辈的孝道没有终结,永远在路上。除了为父母祖辈治丧等各项礼仪外,丧礼之后的祭礼就成为日常生活中孝养父母祖辈,并与之沟通对话的途径。可以说,祭祀关乎家族的盛衰沉浮。士人家族之所以重视墓志、家谱、家庙等家族文化建设,很重要的一个方面就是为了祭祀祖先,通过祭祀来强化家族认同,发展家族势力,光宗耀祖,垂裕后昆。

士人家族身份认同不仅体现在对墓志文本的解读上,还反映在相关的人口学指标方面。墓志一方面为我们提供了士人家族的人口信息;另一方面其选择性叙述的特征为我们提供了一份极具人文属性的人口学数据,而这一"人文数据"恰恰揭示了该群体的身份认同特点。

就平均死亡年龄而言,420 位男性的平均死亡年龄为 62.69 岁,223 位女性的平均死亡年龄为 61.78 岁,男女综合平均死亡年龄为 62.37 岁。该数据显然高于科学意义上的平均死亡年龄统计,笔者以为这一数据正反映出士人家族认同的特征。因为墓志传名,士人家族希望能传美名,因此撰写墓志也有一定的选择对象,为了家族的荣誉,只能进行选择性的叙述,"仁者寿"的观念可能使短寿者不立墓志,从而造成死亡年龄较低者的漏缺。这一"人文数据"对于我们认识士人家族人口及其认同特征具有极其重要的价值。

就生育而言,墓志统计显示男女出生性别比为 145:100,这显然不符合自然生育中的男女性别比例,这也再次说明了墓志人口信息的人文特色,传宗接代、注重举业的观念使部分士人家族在墓志生育记载中只记男而不记女,这是造成出生性别比偏高的主要原因。再有,士人家族中普遍存在一夫多妻(妾)的情况,通过分类统计,一夫一妻的家庭中,男性平均生育子女数为 3.59 个,女性平均生育子女数为 3.85 个;而在一夫多妻(妾)的家庭中,男性平均生育子女数为 5.21 个,女性平均生育子女数为 2.11 个。[①] 显然,置侧室尽管降低了女性的平均生育子女数,却极大地提高了男性平均生育子女数,即增加了士人家庭的平均生育子女数,这无疑为士人家族维持士人身份提供了更多的可能性,也可说是对士人家族的一种建构。

---

① 李宏利:《明清上海士人家庭生育情况探析——以明清墓志为中心的考察》,《社会科学》2017 年第 5 期。

　　在婚姻方面，464 位男性中有 104 位纳妾或置侧室，占总数的 22.41%，这也体现了士人阶层婚配的特点，一方面，反映了他们对传统士人礼俗的认同，即通过纳妾这种婚姻状况可以彰显士人的身份；另一方面，多妻妾则意味着多子女，通过多置侧室可繁衍子孙，保持发展家族的势力。此外，入赘这种婚姻形式在明清上海士人家族中比较普遍，这也反映出士人身份认同的特点，士人身份可成为婚配的资本，获得显赫女方家族（基本也属士人家族群体）的认同并结为夫妇。在墓志中，一些姻亲因具备学品或官品也被记录其内，尽管关系疏远，但因士人身份而获得青睐，体现了家族对其身份的认同。从男女初婚年龄的分布情况看，女性在 15 岁初婚的比例最大，占到总数的 32.88%；男性在 19 岁初婚的比例最大，占到总数的 25.01%。基本上符合古礼，即"男子二十而冠，有为人父之端，女子十五许嫁，有适人之道"，这也反映了士人家族对传统婚礼的认同。

　　按照文本解构的方法，士人的身份也不是静止的，而是处于身份认同的过程中。士人家族的丧祭礼仪就成为士人不断追求身份认同的动态过程。从葬期统计来看，显然突破了古礼的限制，因朱子家礼的传播以及明嘉靖十五年家庙和祭祖制度的改革，民众在祖先祭祀上有了更多的权利，正是由于丧礼制度的突破，民间在丧葬仪式方面才能更多地表达对先人的心意，从而造成葬期的延长，葬期的演变恰恰说明了明清士人对身份认同的一种构建。

　　总之，士人身份认同正是在儒家传统文化的影响下，把传统的价值、规范和信仰等内化为自身人格的一部分，形成与普通庶民相区别的观念和行为特征，从而获得自身的优越感以及士人群体间的认同感，以"士志于道"的精神引领社会的发展。

　　（三）墓志不仅重"官"也重"文"的记录

　　尽管士人阶层作为一个整体具有区别于庶民阶层的身份认同，但由于士人群体内部的高下之分，特别是普通士人与官宦士人的明显区别，就造成了这两大士人群体不同的认同特征。对于普通士人而言，因其未担任任何官职，故谈不上官员身份，而只享有文人身份。对于官宦士人来讲，他们首先是文人，同时又具官员的身份，这样，他们就具有文与官的双重身份。

　　对于明清的官宦士人来说，"文"与"官"两种身份的分裂大于两者的融合。从墓志记载来看，文人身份与官员身份一般分别撰述。一方面，他们希望出仕为官，以光宗耀祖、治国平天下，实现政治上的认同；另一方面，要通过其他活动恢复其文人的身份，因为归田生活可以摆脱仕途的尔虞我诈与烦冗公务，饮酒作诗、填词赋曲、书画彝器、花鸟鱼池是他们向往的雅士生活，从而实现文化上的认同。

对于普通士人而言，虽然其只有文人的身份，但他们也认同官员，因为"修身、齐家、治国、平天下"是传统士人的人生理想，这种理想包含着政治上的认同。所以说，士人的身份具有文与官的两重性。

（四）墓志是家族文化构建的重要载体

家在传统士人的观念中不仅仅是一个生存的场所，个人安身立命的所在，更是人的精神家园与情感的归宿。所以说家族文化不仅体现为伦理道德，同时也是人的价值理想和一种终极关怀。个人价值的体现始终以家族利益的实现和祖传功业的发扬光大为最终目标。① 墓志一般会追溯家族世系，以此显示墓主的人生、德善不仅仅归属自己，更重要的是祖上先人的延续，个人价值最终服从于家族事业的传承与兴盛。唐时升家族甚至做世系志以图不朽，在其家族成员的个人墓志中也少不了对世系的追溯。钱大昕在《盛泾先茔之碣》也追溯了自己家族的世系，苦于缺乏谱牒，没有完整的记录，但也没忘提及与吴越王钱镠的联系。其族子钱塘在《练祁先茔表》更颂赞其五世祖，以表明家族先祖的荣耀。个体与家族的关系是一个历史学命题，个体承载着家族史传承的使命，因此将个体生命融入族类的历史之中，是中国传统文化精神传承的内在要求。②

从墓志资料来看，两个家族都突出了文化认同，尤其是钱大昕墓志。虽然钱大昕官至四品，可谓显达，但墓志中大量的文字是记述其文化方面的成就。铭文"海涵地负参精微，儒林艺苑资归依"更突出了其学术贡献。可以说，家族文化被士人看作家族发展的灵魂，是一种可以传承的确保家族身份的文化基因。将这种基因遗传下去正是家族文化传承过程中精神感召的力量。③ 而墓志的家史功能、身份认同特征及其融合的"祖先崇拜"的精神信仰正可担当这种感召的精神力量。通过对家族墓志资料的解构，即深入到墓志的撰写过程中，我们可以认识到墓志不仅是家族传记、个人档案，更是家族身份认同、构建以及传播的重要载体。

---

① 赵青：《从〈太史公自序〉看司马迁对家族文化精神的传承》，《司马迁与史记论集》（第九辑），陕西人民出版社 2011 年版。

② 同上。

③ 同上。

第二节　讨论

尽管本书在研究资料和研究方法上都有所突破，即数据资料建立在一种新拓展的微观历史人口资料——墓志文献的基础上，但在此研究中，墓志也并非仅仅作为简单的辅助资料，而是跃升到实施研究的中心位置，从实践层面运用历史人口学和后现代史学中的文本解构方法进行人口研究，在补充明清上海士人家族人口相关研究的同时，还揭示了士人家族身份认同与墓志的内在关系。但由于数据有限，以及研究不够深入，还是存在许多不足，特归纳如下，以便再做进一步的深入研究。

一　数据方面

本书掌握的明清墓志的数量，存在一定程度的不均衡，在544篇样本墓志中，明代墓志有385篇，而清代墓志只有159篇。尽管上海地区的墓志文化的发展在明代达到鼎盛，之后日渐式微，但限于时间及对古代文献查阅的不足，笔者以为清代墓志样本数量还是较少，希望日后通过深入挖掘清代文人文集，再获取较为丰富的清代墓志资料，补充本研究的不足。

从本书所研究的明清上海士人家族成员所在地区分布来看，居嘉定的人数较多，其主要原因是样本墓志多来源于《嘉定碑刻集》，由嘉定区地方志办公室和嘉定博物馆主编的《嘉定碑刻集》共收录明清墓志262篇，这无疑构成了本书样本墓志的主体。其他区县如松江、青浦、浦东、崇明、南汇等尽管历史悠久，明清时期的文人也较多，但因尚未编制有关的碑刻集，笔者也无力一一搜集，故造成样本墓志中士人所在区域的不均衡。期待以后能在各区县碑刻集编著的基础上，再做进一步的统计分析和研究。

从样本墓志总量来看，笔者认为还是不够丰富，难免会造成相关人口指标统计测算不够准确，也不能进行时期队列分析，只有留待日后做进一步的补充研究。

此外，墓志本身也是一种具有较强样本选择性偏差的资料，与利用家谱、户口册作为资料的历史人口研究相比，有些指标差距较大，例如依据墓志统计的平均死亡年龄明显偏高，而家谱与户口册在资料的全面性上要高于墓志。所以，根据墓志资料所进行的历史人口研究主要涵盖的是士人家族群体，与家谱或户口册相比，人群覆盖面较窄。

二　人口学指标方面

墓志作为丧礼的一部分，主要流行于传统社会的士人家族，所以本研究所针对的人口群体较为狭窄。本书在人口学指标、观念上的结论仅限于士人家族人口群体。

生育子女数的统计分析还存在不足。笔者以为墓志中的男性、女性生育子女数为我们探讨男性生育能力、女性生育能力以及他们两者的关系提供了一个非常好的案例，因为墓志中的男女基本为配偶关系，男性、女性平均生育子女数以及他们所对应的男女人数或许可为当代男性生育率的研究提供借鉴参考，尽管在研究中也做了一些初步的判断，但限于笔者的学力，还是没有发现它们之间内在的规律，只能留待今后作进一步的研究。

再有，在墓志的研读中，笔者还对其他相关的人口学指标，如死亡与季节的关系，进行了一定样本的统计，但因没有找寻到两者间的关系，故未做论述，只能留待以后搜集更多的样本，进行深入的分析。

三　其他方面

墓志可以说是墓主的个人档案，甚至是其家族史。它不仅记述墓主的世系、生卒、婚姻、家庭，还记录了其生活习惯、兴趣爱好、社会交往、政治功绩等，其中也会有山川地理、村镇变迁、传闻趣事的记载。这就为全面、立体地了解当时的人口、社会、文化、经济、政治、环境等提供了微观的资料，但限于本书的研究主题，未能对其做出充分的挖掘与分析，可在日后做进一步研究。

此外，由于本研究涉及人口学、历史学、社会学、民俗学等多门学科，在解读文本、论述观点方面一定还存在许多不足，特别是丧葬文化中针对不同性别、不同年龄的人适用不同的礼仪，在墓志记录中也有一些体例上的变化，一些行为活动反映出许多鲜活的信仰观念。限于笔者的学力，本书对于以上内容的分析不够到位，还请方家指正，并做进一步的讨论。

在研究过程中，特别是在人口学指标统计分析中，笔者受到许多启发，认识到在历史人口学的相关研究中应该充分运用已有的研究成果，对探求的数据进行修正。如对平均死亡年龄和平均生育子女数的修正，就是重点参考彭希哲、侯杨方、李中清、王丰、张仲礼等前辈的研究成果，同时结合明清上海士人家族的人口特征选取具体的婴幼儿早亡率和婴儿死亡率进行测算，从测算的结果来看，比较接近真实情况。

　　我们知道，历史人口学多以非常规的微观人口资料为研究对象，而这样的研究资料不可能得到理想的人口统计分析数据，能提炼出某一方面的数据已属不易，在对其进行综合分析时，难免受某些指标欠缺的制约，如果因此放弃探求确实可惜，也浪费了已获得的数据。在这种情况下，应该充分利用已有的成果。本书选取的婴幼儿早亡率和婴儿死亡率就主要参考了明清时期上海曹氏家族的统计数据，因曹氏为典型的士人家族，其指标极具参考价值。另外，一般的历史微观人口资料都具有文件性质，比较真实可靠，也具有一定的普遍意义。针对不同的研究参考相应的研究成果，不仅可以拓展我们的研究领域，还可进一步进行比较研究。希望以上个人的一些体会能有助于历史人口学研究的深入推进。

附录一　明代墓志列表

编号	名称	来源
1	徐文定公墓前十字记	《徐汇区文物志》
2	沈高士公路墓志铭	（明）董其昌《容台文集》
3	王母季太恭人墓志铭	（明）董其昌《容台文集》
4	明故江西按察司副使致仕过公墓表	（明）顾清《东江家藏集》
5	永嘉张氏世表	（明）顾清《东江家藏集》
6	故静庵处士刘翁配凤孺人合葬墓表	（明）顾清《东江家藏集》
7	阙氏三世墓表	（明）顾清《东江家藏集》
8	慎庵钱君配徐孺人合葬墓表	（明）顾清《东江家藏集》
9	都察院右副都御史张公神道碑	（明）顾清《东江家藏集》
10	明故湖广参议张公墓志铭	（明）顾清《东江家藏集》
11	南京府军卫百户周君墓志铭	（明）顾清《东江家藏集》
12	沈处士墓志铭	（明）顾清《东江家藏集》
13	先姊封孺人陆氏墓志	（明）顾清《东江家藏集》
14	明故翰林院编修周公配太安人朱氏合葬志铭	（明）顾清《东江家藏集》
15	友竹处士胡君墓志铭	（明）顾清《东江家藏集》
16	广昌县知县岳君墓志铭	（明）顾清《东江家藏集》
17	封工部主事墅西赵翁墓志铭	（明）顾清《东江家藏集》
18	故泾府右长史致仕任先生墓志铭	（明）顾清《东江家藏集》
19	薇庵洪武甲戌进士先生以成化丙午乡荐适九十三年赠刑部主事张君墓志铭	（明）顾清《东江家藏集》
20	故湖州府儒学训导封刑部主事胡先生墓志铭	（明）顾清《东江家藏集》
21	礼部郎中西园唐君墓表	（明）顾清《东江家藏集》
22	海鸥居士卫君生墓志铭	（明）顾清《东江家藏集》
23	止亭居士张君墓志铭	（明）顾清《东江家藏集》

续表

编号	名称	来源
24	马湖府知府碧潭顾君墓志铭	（明）顾清《东江家藏集》
25	赠工部主事杨君配太安人宋氏合葬铭	（明）顾清《东江家藏集》
26	封宜人孙母王氏墓志铭	（明）顾清《东江家藏集》
27	亡室赠淑人张氏墓志铭	（明）顾清《东江家藏集》
28	封工部主事富翁墓志铭	（明）顾清《东江家藏集》
29	绸庵姚先生墓志铭	（明）顾清《东江家藏集》
30	乡贡进士徐君墓志铭	（明）顾清《东江家藏集》
31	明故朝列大夫湖广承宣布政使司左参议徐君墓志铭	（明）顾清《东江家藏集》
32	南京车驾司员外郎张君墓志铭	（明）归有光《震川先生集》
33	外舅光禄寺典簿魏公墓志铭	（明）归有光《震川先生集》
34	鸿胪寺司宾署丞张君墓志铭	（明）归有光《震川先生集》
35	建安尹沈君墓志铭	（明）归有光《震川先生集》
36	乐清丞沈君墓志铭	（明）归有光《震川先生集》
37	叶县丞苏君墓志铭	（明）归有光《震川先生集》
38	抚州府学训导唐君墓志铭	（明）归有光《震川先生集》
39	昭信校尉崇明沙守御千户所正百户晁君墓志铭	（明）归有光《震川先生集》
40	例授昭勇将军成山指挥使李君墓志铭	（明）归有光《震川先生集》
41	朱隐君墓志铭	（明）归有光《震川先生集》
42	冯会东墓志铭	（明）归有光《震川先生集》
43	曹子见墓志铭	（明）归有光《震川先生集》
44	沈贞甫墓志铭	（明）归有光《震川先生集》
45	朱肖卿墓志铭	（明）归有光《震川先生集》
46	金君守斋墓志铭	（明）归有光《震川先生集》
47	王邦献墓志铭	（明）归有光《震川先生集》
48	李惟善墓志铭	（明）归有光《震川先生集》
49	张克明墓志铭	（明）归有光《震川先生集》
50	陈君厚卿墓志铭	（明）归有光《震川先生集》
51	王君时举墓志铭	（明）归有光《震川先生集》
52	潘用中墓志铭	（明）归有光《震川先生集》
53	潘府君室沈孺人墓志铭	（明）归有光《震川先生集》
54	沈母张孺人墓志铭	（明）归有光《震川先生集》

编号	名称	来源
55	张太孺人墓志铭	（明）归有光《震川先生集》
56	唐孺人墓志铭	（明）归有光《震川先生集》
57	姚生圹志	（明）归有光《震川先生集》
58	怀庆府推官刘君墓表	（明）归有光《震川先生集》
59	赠文林郎邵武府推官吴君墓碣	（明）归有光《震川先生集》
60	宣节妇墓碣	（明）归有光《震川先生集》
61	处士宣孝先墓志铭	（明）娄坚《学古绪言》
62	徐震庵先生墓志铭	（明）娄坚《学古绪言》
63	邱先生墓志铭	（明）娄坚《学古绪言》
64	金伯醇墓志铭	（明）娄坚《学古绪言》
65	唐长君伯和墓志铭	（明）娄坚《学古绪言》
66	瞿君幼真妻沈氏墓志铭	（明）娄坚《学古绪言》
67	征仕郎常德卫经历殷君墓志铭	（明）娄坚《学古绪言》
68	王君墓志铭	（明）娄坚《学古绪言》
69	罗溪唐处士墓志铭	（明）娄坚《学古绪言》
70	宣仲济先生墓志铭	（明）娄坚《学古绪言》
71	张君綦仲墓志铭	（明）娄坚《学古绪言》
72	潜山县学训导沈君墓志铭	（明）娄坚《学古绪言》
73	龚母朱氏墓志铭	（明）娄坚《学古绪言》
74	沈见吾先生继室周氏墓志铭	（明）娄坚《学古绪言》
75	岩泉上人墓志铭	（明）娄坚《学古绪言》
76	徐君孺卿墓志铭	（明）娄坚《学古绪言》
77	前承德郎刑部主事张君墓志铭	（明）陆深《俨山集》
78	中宪大夫云南临安府知府致仕瞿公墓志铭	（明）陆深《俨山集》
79	特进荣禄大夫柱国宣城伯卫公墓志铭	（明）陆深《俨山集》
80	中顺大夫广南府知府顾公墓志铭	（明）陆深《俨山集》
81	散官省轩顾公墓志铭	（明）陆深《俨山集》
82	顾母陆孺人墓志铭	（明）陆深《俨山集》
83	竹泉黄先生夫妇合葬墓志铭	（明）陆深《俨山集》
84	敕赠承德郎刑部主事松云沈公合葬墓志铭	（明）陆深《俨山集》
85	太学生谈君墓志铭	（明）陆深《俨山集》
86	副千户唐公墓志铭	（明）陆深《俨山集》

续表

编号	名称	来源
87	方溪刘公墓志铭	（明）陆深《俨山集》
88	致仕新淦县丞荣隐余公墓志铭	（明）陆深《俨山集》
89	朱夫人秦氏墓志铭	（明）陆深《俨山集》
90	西郊先生瞿公墓志铭	（明）陆深《俨山集》
91	曹母顾孺人墓志铭	（明）陆深《俨山集》
92	将仕佐郎刑部司务黄溪孙公墓志铭	（明）陆深《俨山集》
93	孙孺人胡氏墓志铭	（明）陆深《俨山集》
94	散官北园唐公墓志铭	（明）陆深《俨山集》
95	乡贡进士钱公墓志铭	（明）陆深《俨山集》
96	乔母陆孺人墓志铭	（明）陆深《俨山集》
97	俞孺人墓志铭	（明）陆深《俨山集》
98	太学生竹溪唐君墓志铭	（明）陆深《俨山集》
99	王母刘孺人墓志铭	（明）陆深《俨山集》
100	陈母严孺人合葬墓志铭	（明）陆深《俨山集》
101	处士思岩唐君墓志铭	（明）陆深《俨山集》
102	勅封太安人赵氏墓志铭	（明）陆深《俨山集》
103	黄良式妻陈氏权厝志铭	（明）陆深《俨山集》
104	碧溪先生孙公墓志铭	（明）陆深《俨山集》
105	唐母梅孺人墓志铭	（明）陆深《俨山集》
106	诰封太恭人顾氏墓志铭	（明）陆深《俨山集》
107	中宪大夫湖广提刑按察司副使张公墓志铭	（明）陆深《俨山集》
108	将仕郎景宁簿雪庄韩公墓志铭	（明）陆深《俨山集》
109	勅封承德郎南京祠祭主事赵公墓志铭	（明）陆深《俨山集》
110	承直郎汀州府通判宜亭刘公墓志铭	（明）陆深《俨山集》
111	竹溪韩公夫妇合葬墓志铭	（明）陆深《俨山集》
112	奉训大夫宁海州知州沈君墓志铭	（明）陆深《俨山集》
113	沈母龚孺人墓志铭（与深有世姻）	（明）陆深《俨山集》
114	进阶亚中大夫黎平府知府郁公宜人王氏合葬墓志铭	（明）陆深《俨山集》
115	广东布政司理问王公配侯孺人墓志铭	（明）陆深《俨山集》
116	赠征仕郎中书舍人隐西张公墓志铭	（明）陆深《俨山集》
117	省轩莫先生墓志铭	（明）陆深《俨山集》

编号	名称	来源
118	处士南溪朱公墓志铭	（明）陆深《俨山集》
119	九槐乔君夫妇合葬墓志铭	（明）陆深《俨山集》
120	处士西庄王公墓志铭	（明）陆深《俨山集》
121	先孺人墓志铭	（明）陆深《俨山集》
122	京女志铭	（明）陆深《俨山集》
123	清女权厝志	（明）陆深《俨山集》
124	不成殇女权厝志铭	（明）陆深《俨山集》
125	不成殇儿子志	（明）陆深《俨山集》
126	鹤坡王先生墓表	（明）孙承恩《文简集》
127	潮州府知府适斋周君墓表	（明）孙承恩《文简集》
128	朝列大夫湖广布政司右参议张公墓志铭	（明）孙承恩《文简集》
129	廷评姜君墓志铭	（明）孙承恩《文简集》
130	巡尉龙川顾翁墓志铭	（明）孙承恩《文简集》
131	故麻哈州知州进阶朝列大夫约庵陈先生墓志铭	（明）孙承恩《文简集》
132	陕西参议东滨戴公墓志铭	（明）孙承恩《文简集》
133	定辽左卫经历李君古愚墓志铭	（明）孙承恩《文简集》
134	兴宁县知县封承德郎南京刑部主事静虚顾墓志铭	（明）孙承恩《文简集》
135	刑部郎中北野周先生同配吴张二宜人合葬墓志铭	（明）孙承恩《文简集》
136	固始县知县苎城吴君墓志铭	（明）孙承恩《文简集》
137	乡进士玉斋杨君墓志铭	（明）孙承恩《文简集》
138	东圃陆翁墓志铭	（明）孙承恩《文简集》
139	封承德郎刑部主事慎斋沈君墓志铭	（明）孙承恩《文简集》
140	若愚翁君并配顾孺人合葬墓志铭	（明）孙承恩《文简集》
141	济轩处士王翁同配陆孺人合葬墓志铭	（明）孙承恩《文简集》
142	太学生雪怀汤君墓志铭	（明）孙承恩《文简集》
143	故南京礼部尚书顾文僖公墓志铭	（明）孙承恩《文简集》
144	河东盐运司判官前尚宝司司丞兼翰林院五经博士董朗洲墓志铭	（明）孙承恩《文简集》
145	太学生芦江姚君墓志铭	（明）孙承恩《文简集》
146	兄守斋先生墓志铭	（明）孙承恩《文简集》
147	东皋陆翁墓志铭	（明）孙承恩《文简集》

续表

编号	名称	来源
148	菊庄陆翁墓志铭	（明）孙承恩《文简集》
149	柳塘叶翁墓志铭	（明）孙承恩《文简集》
150	月宾张翁墓志铭	（明）孙承恩《文简集》
151	史仲子简斋墓志铭	（明）孙承恩《文简集》
152	从侄明善夫妇合葬墓志铭	（明）孙承恩《文简集》
153	亡侄克嗣墓志铭	（明）孙承恩《文简集》
154	董母张孺人墓志铭	（明）孙承恩《文简集》
155	蔡孺人墓志铭	（明）孙承恩《文简集》
156	王孺人谈氏墓志铭	（明）孙承恩《文简集》
157	杨宜人周氏墓志铭	（明）孙承恩《文简集》
158	敕封孺人亡妻吴氏墓志铭	（明）孙承恩《文简集》
159	蒋母俞孺人墓志铭	（明）孙承恩《文简集》
160	杨母王孺人墓志铭	（明）孙承恩《文简集》
161	高室张氏孺人墓志铭	（明）孙承恩《文简集》
162	张室杨孺人墓志铭	（明）孙承恩《文简集》
163	亡姊孙孺人墓志铭	（明）孙承恩《文简集》
164	贾母金孺人墓志铭	（明）孙承恩《文简集》
165	诰封宜人杨氏墓志铭	（明）孙承恩《文简集》
166	亡妾谢氏圹志	（明）孙承恩《文简集》
167	诰封武略将军王君墓志铭	（明）唐时升《三易集》
168	曹毅峰先生墓志铭	（明）唐时升《三易集》
169	俞府君墓志铭	（明）唐时升《三易集》
170	朱府君墓志	（明）唐时升《三易集》
171	张君日墓志铭	（明）唐时升《三易集》
172	徐海城先生墓志铭	（明）唐时升《三易集》
173	叔祖元吉墓志铭	（明）唐时升《三易集》
174	龚震轩先生墓志铭	（明）唐时升《三易集》
175	从弟叔美墓志	（明）唐时升《三易集》
176	奉政大夫兵部职方司郎中殷公墓志铭	（明）唐时升《三易集》
177	旌表节妇庄氏墓志铭	（明）唐时升《三易集》
178	李子化室陈孺人墓志铭	（明）唐时升《三易集》
179	金隐君墓志铭	（明）唐时升《三易集》

编号	名称	来源
180	秦汝克墓志铭	（明）唐时升《三易集》
181	徐汝廉墓志铭	（明）唐时升《三易集》
182	明嘉议大夫云南提刑按察司按察使虚江张公墓志铭	（明）王世贞《弇州四部稿卷》
183	明中宪大夫云南等处提刑按察司按察副使九华杨公墓志铭	（明）王世贞《弇州四部稿卷》
184	明文林郎四川重庆府推官南滨康君墓志铭	（明）王世贞《弇州四部稿卷》
185	文林郎知奉化县事贞宪徐先生墓志铭	（明）王世贞《弇州四部稿卷》
186	明封承德郎礼部祠祭署郎中东娄徐公暨配陈安人合葬志铭	（明）王世贞《弇州四部稿卷》
187	封吏部员外郎鹿野张公暨配戴安人合葬墓志铭	（明）王世贞《弇州四部稿卷》
188	故刑科给事中顾公配陆太恭人墓志铭	（明）王世贞《弇州四部稿卷》
189	处士质斋钱翁墓表	（明）王世贞《弇州四部稿卷》
190	程君汝义墓碣铭	（明）王世贞《弇州四部稿卷》
191	金逸斋处士暨配潘孺人合葬志铭	（明）王世贞《弇州四部稿卷》
192	征仕郎吏科右给事中云峯许君墓志铭	（明）王世贞《弇州四部稿卷》
193	封征仕郎吏科给事中凤冈汤公墓志铭	（明）王世贞《弇州四部稿卷》
194	故文学企斋郁君墓志铭	（明）王世贞《弇州四部稿卷》
195	永城知县张君暨配赵孺人合葬志铭	（明）王世贞《弇州四部稿卷》
196	文林郎宁陵知县秦君墓志铭	（明）王世贞《弇州四部稿卷》
197	赠奉政大夫春山乔公暨配封太宜人储氏墓志铭	（明）王世贞《弇州四部稿卷》
198	故听泉张翁暨配洪孺人合葬志铭	（明）王世贞《弇州四部稿卷》
199	刘大夫配顾孺人墓志铭	（明）王世贞《弇州四部稿卷》
200	刘母瞿孺人墓志铭	（明）王世贞《弇州四部稿卷》
201	明故奉政大夫光禄寺少卿直文渊阁制勅兼翰林院典籍事赐四品服色小川顾公墓志铭	（明）王世贞《弇州四部稿卷》
202	光禄寺监事京庵宋君墓志铭	（明）王世贞《弇州四部稿卷》
203	承德郎温州府通判淞涯潘公墓志铭	（明）王世贞《弇州四部稿卷》
204	守愚时君暨配沈孺人合葬志铭	（明）王世贞《弇州四部稿卷》
205	乐田高翁暨配李太孺人合葬志铭	（明）王世贞《弇州四部稿卷》
206	太学生五斋徐公配陆孺人合葬志铭	（明）王世贞《弇州四部稿卷》
207	中宪大夫陕西按察司提督学校按察副使蘅斋潘公墓志铭	（明）王世贞《弇州四部稿卷》

续表

编号	名称	来源
208	新安程君墓志铭（嘉定四先生程嘉燧父亲）	（明）王世贞《弇州四部稿卷》
209	处士乐耕侯翁暨配丘孺人墓表	（明）王世贞《弇州四部稿卷》
210	通奉大夫都察院右副都御史赠兵部左侍郎张公神道碑铭	（明）王世贞《弇州四部稿卷》
211	嘉议大夫南京兵部右侍郎赠都察院右都御史观海顾公神道碑	（明）王世贞《弇州四部稿卷》
212	巡抚山东都察院右金都御史前中大夫太仆寺卿阜南陆公神道碑	（明）王世贞《弇州四部稿卷》
213	明李（汝箕）母程氏墓志铭	（明）徐学谟《归有园稿》
214	明故淮安府学训导方斋殷先生墓志	（明）徐学谟《归有园稿》
215	时处士暨配王孺人合葬墓志铭	（明）徐学谟《归有园稿》
216	诰封太宜人侯母朱氏墓志铭	（明）徐学谟《归有园稿》
217	娄翁夫妇合葬墓志铭	（明）徐学谟《归有园稿》
218	朱隐君墓志铭	（明）徐学谟《归有园稿》
219	严伯阜墓志铭	（明）徐学谟《归有园稿》
220	沈礼卿夫妇合葬墓志铭	（明）徐学谟《归有园稿》
221	姚国祥先生夫妇合葬墓志铭	（明）徐学谟《归有园稿》
222	明故处士原仁徐君暨继室潘孺人墓志铭	（明）徐学谟《归有园稿》
223	梦梅杨隐君墓志铭	（明）徐学谟《徐氏海隅集》
224	亡妻欧王二安人祔墓志铭	（明）徐学谟《徐氏海隅集》
225	六岁儿五岁女圹志	（明）徐学谟《徐氏海隅集》
226	陆子温墓志铭	（明）徐学谟《徐氏海隅集》
227	明故钱塘主簿诰封中宪大夫严州府知府张公墓志铭	（明）徐学谟《徐氏海隅集》
228	登仕佐郎鸿胪寺序班金君墓志铭	（明）徐学谟《徐氏海隅集》
229	明故处士封君墓志铭　君年七十五复举一子	（明）徐学谟《徐氏海隅集》
230	李翁夫妇合蕐墓志铭	（明）徐学谟《徐氏海隅集》
231	王母戚孺人墓志铭	（明）徐学谟《徐氏海隅集》
232	勒封太安人唐母卢氏墓志铭	（明）徐学谟《徐氏海隅集》
233	陈次公墓志铭	（明）徐学谟《徐氏海隅集》
234	亡友忠伯朱君墓志铭	（明）徐学谟《徐氏海隅集》
235	王氏姬圹志	（明）徐学谟《徐氏海隅集》
236	凤凰山（张弼）墓志铭	（明）张弼《张东海文集》

续表

编号	名称	来源
237	陈士源墓志铭	《嘉定碑刻集》
238	傅春皋墓志铭	《嘉定碑刻集》
239	明处士朱光远墓志铭	《嘉定碑刻集》
240	封饶州府同知任继祖墓志铭	《嘉定碑刻集》
241	陈孺人墓志铭	《嘉定碑刻集》
242	傅履常墓志铭	《嘉定碑刻集》
243	孙处士墓志铭	《嘉定碑刻集》
244	隐君王益墓志铭（入赘）	《嘉定碑刻集》
245	明故儒林郎浙江布政使司经历陆公孺人张氏合葬墓志铭	《嘉定碑刻集》
246	翟允高墓志铭	《嘉定碑刻集》
247	傅藏春墓志铭	《嘉定碑刻集》
248	草堂先生王经墓	《嘉定碑刻集》
249	赠营缮司主事张祯墓表	《嘉定碑刻集》
250	傅素轩墓志铭	《嘉定碑刻集》
251	侯廷昭妻墓志铭	《嘉定碑刻集》
252	承事郎洪用楫邹孺人墓志铭	《嘉定碑刻集》
253	荣禄大夫工部尚书蒲川公墓志铭	《嘉定碑刻集》
254	明故硕人严氏墓志铭	《嘉定碑刻集》
255	庞母李孺人墓志铭	《嘉定碑刻集》
256	吴鹤洲先生夫妇合葬墓志铭	《嘉定碑刻集》
257	医学训科颐善傅公墓志铭	《嘉定碑刻集》
258	诏安令尤敷墓志铭	《嘉定碑刻集》
259	沈才备墓志铭	《嘉定碑刻集》
260	张贞女墓表	《嘉定碑刻集》
261	山东副使张意墓志铭	《嘉定碑刻集》
262	明故顾公近塘墓志铭	《嘉定碑刻集》
263	诰封尚宝司少卿须读墓志铭	《嘉定碑刻集》
264	广西右布政使龚公元配诰封宜人葛氏祔葬墓志铭	《嘉定碑刻集》
265	生员娄应轸墓志铭	《嘉定碑刻集》
266	明故文学吴一吾先生墓志铭	《嘉定碑刻集》
267	瞿心畴墓志铭	《嘉定碑刻集》

续表

编号	名称	来源
268	瞿幼真墓志铭	《嘉定碑刻集》
269	萧山县主簿沈文圃墓志铭	《嘉定碑刻集》
270	黄一山暨配秦孺人合葬墓志铭	《嘉定碑刻集》
271	处士王绳爵墓志铭	《嘉定碑刻集》
272	封陕西道御史赵府君墓志铭	《嘉定碑刻集》
273	尚宝司少卿须之彦墓志铭	《嘉定碑刻集》
274	李长蘅墓志铭	《嘉定碑刻集》
275	亡友宣成叔夫妇墓志铭	《嘉定碑刻集》
276	处士朱君墓志铭	《嘉定碑刻集》
277	上林苑典簿瞿还初墓志铭	《嘉定碑刻集》
278	曹氏（孺人）淑贞墓志铭	《浦东碑刻资料选辑》
279	艾可久墓神道碑	《浦东碑刻资料选辑》
280	（明弘治十三年）唐氏第墓志	《上海明墓》
281	（明弘治十三年）唐氏世系志	《上海明墓》
282	梦羲先生墓志铭	《上海明墓》
283	故陆严秋君墓志铭	《上海明墓》
284	（明）义授承事郎宣尧卿墓志铭	《上海明墓》
285	先妣孺人张氏墓志	《上海明墓》
286	明太学生潘叔慎夫妇合葬墓志铭	《上海明墓》
287	明故奉议大夫登州府同知李新斋配程宜人墓志铭	《上海明墓》
288	明奉议大夫登州府同知李君墓志铭	《上海明墓》
289	（明）孙承恩墓志铭	《松江文物志》
290	明修元倪云林（瓒）墓铭	《新中国出土墓志（上海、天津）》
291	明修前元从仕郎浙东道宣慰使司都事朱公妻孙氏（妙清）宜人之墓志	《新中国出土墓志（上海、天津）》
292	明故太仓卫指挥王将军（得）圹志铭	《新中国出土墓志（上海、天津）》
293	明吴淞江守御所千户施武略室宜人钟氏之墓志	《新中国出土墓志（上海、天津）》
294	明中奉大夫广东等处承宣布政使司右布政使王公（寅）墓志	《新中国出土墓志（上海、天津）》
295	明故松江府儒学生廷璧王公（瑺）墓志铭	《新中国出土墓志（上海、天津）》
296	明故松崖处士梅公（葬）圹志铭	《新中国出土墓志（上海、天津）》

编号	名称	来源
297	明萧氏贞一（淑婉）孺人墓志铭	《新中国出土墓志（上海、天津）》
298	明故处士陈汝敬（钦）墓志铭	《新中国出土墓志（上海、天津）》
299	明故唐（侃）孺人左氏（懿正）墓志铭	《新中国出土墓志（上海、天津）》
300	明范宗常（彝）室邵孺人（淑清）墓志铭	《新中国出土墓志（上海、天津）》
301	明故迪功郎顺德府知事潘公（誉）墓志铭	《新中国出土墓志（上海、天津）》
302	明故处士陈公（昭）墓志铭	《新中国出土墓志（上海、天津）》
303	明封王（以中）宜人徐氏墓志铭	《新中国出土墓志（上海、天津）》
304	明故承事郎大兴县丞致仕韩公（思聪）墓志铭	《新中国出土墓志（上海、天津）》
305	明故（徐博）妻张氏（贞）墓志铭	《新中国出土墓志（上海、天津）》
306	明柴幽人（贵）墓志铭	《新中国出土墓志（上海、天津）》
307	明故致仕教谕陈公（瑜）墓志铭	《新中国出土墓志（上海、天津）》
308	明故处士黄孟瑄墓志铭	《新中国出土墓志（上海、天津）》
309	明故宋谏妻范氏（秀清）墓志铭	《新中国出土墓志（上海、天津）》
310	明故刑部郎中奚君（昊）墓志铭	《新中国出土墓志（上海、天津）》
311	明故昭信校尉徐公（勉）墓志铭	《新中国出土墓志（上海、天津）》
312	明故乐闲处士刘公（宗海）墓志铭	《新中国出土墓志（上海、天津）》
313	明故储（动）母居氏孺人墓志铭	《新中国出土墓志（上海、天津）》
314	明故义官怡晚宣公（孟宗）妻陆孺人（妙安）合葬墓志铭	《新中国出土墓志（上海、天津）》
315	明故处士宣君汤旸（昇）合葬墓志铭	《新中国出土墓志（上海、天津）》
316	明故宾桂处士方公（浩）墓志铭	《新中国出土墓志（上海、天津）》
317	明封奉政大夫南京刑部郎中李公（纲）继配朱宜人墓志铭	《新中国出土墓志（上海、天津）》
318	明先考封奉政大夫南京刑部郎中李府君（纲）墓志	《新中国出土墓志（上海、天津）》
319	明故俨山韩先生（瑄）墓志铭	《新中国出土墓志（上海、天津）》
320	明故处士杨寅菴（达）墓志铭	《新中国出土墓志（上海、天津）》
321	明故芸轩处士刘公（宗湜）墓志铭	《新中国出土墓志（上海、天津）》
322	明故范（时彦）孺人俞氏（秀英）墓志铭	《新中国出土墓志（上海、天津）》
323	明故足菴唐公（珣）墓志铭	《新中国出土墓志（上海、天津）》
324	明故奉议大夫福建汀州府同知潘公（龄）墓志铭	《新中国出土墓志（上海、天津）》

续表

编号	名称	来源
325	明先考州判侯府君（爵）墓志	《新中国出土墓志（上海、天津）》
326	明徐（旒）母王孺人（素宁）墓志铭	《新中国出土墓志（上海、天津）》
327	明故颜（钛）母唐孺人（玉英）墓志铭	《新中国出土墓志（上海、天津）》
328	明故橘逸吴公（惟学）妻苏氏（妙贞）墓志铭	《新中国出土墓志（上海、天津）》
329	明萧［英］恭人孙氏（惠宁）墓志铭	《新中国出土墓志（上海、天津）》
330	明故资德大夫正治上卿太子少保南京兵部尚书致仕张（悦）墓志铭	《新中国出土墓志（上海、天津）》
331	明故通议大夫工部右侍郎谈公（伦）墓志铭	《新中国出土墓志（上海、天津）》
332	明陆溪云处士（瑜）并室张孺人合葬墓志铭	《新中国出土墓志（上海、天津）》
333	明伯姑张（友梅）孺人杨氏（瑛）墓志铭	《新中国出土墓志（上海、天津）》
334	明诰封张（悦）夫人戚氏墓志铭	《新中国出土墓志（上海、天津）》
335	明义官承事郎李朝章（缙）墓志铭	《新中国出土墓志（上海、天津）》
336	明旌表孝子沈公（辅）墓志铭	《新中国出土墓志（上海、天津）》
337	明故武略将军伯明臧公（鉴）太宜人郭氏（宁）合葬墓志铭	《新中国出土墓志（上海、天津）》
338	明故沈君友梅（棣）墓志铭	《新中国出土墓志（上海、天津）》
339	明故义授郎南畊尹公（希）墓志铭	《新中国出土墓志（上海、天津）》
340	明江东沈处士（梁）墓志铭	《新中国出土墓志（上海、天津）》
341	明故陆处士（纯）墓志铭	《新中国出土墓志（上海、天津）》
342	明故义授承事郎宜尧卿（廷政）墓志铭	《新中国出土墓志（上海、天津）》
343	明故南京兵部车驾清吏司主事顾君（伦）墓志铭	《新中国出土墓志（上海、天津）》
344	明故唐（炯）硕人朱氏（兰英）墓志铭	《新中国出土墓志（上海、天津）》
345	明太学生沈公（阶）墓志铭	《新中国出土墓志（上海、天津）》
346	明故唐警斋先生（迭）墓志铭	《新中国出土墓志（上海、天津）》
347	明故鲁斋严公（浩）墓志铭	《新中国出土墓志（上海、天津）》
348	明梦义先生（唐垶）墓志铭	《新中国出土墓志（上海、天津）》
349	明（唐）元载配陈孺人（懿宁）墓志铭	《新中国出土墓志（上海、天津）》
350	明故梅溪府君张公（熙）墓表	《新中国出土墓志（上海、天津）》
351	明故先妣夏孺人（妙玄）墓志铭	《新中国出土墓志（上海、天津）》
352	明醒心陆君（广）墓志铭	《新中国出土墓志（上海、天津）》

续表

编号	名称	来源
353	明故大理寺少卿董公（恬）继室唐夫人墓志铭	《新中国出土墓志（上海、天津）》
354	明故封（卫）南埜侧室周氏墓志铭	《新中国出土墓志（上海、天津）》
355	明海宁少尹王公（瑞）合葬墓志铭	《新中国出土墓志（上海、天津）》
356	明通议大夫詹事府詹事兼翰林院学士赠礼部右侍郎谥文裕陆公（深）墓志铭	《新中国出土墓志（上海、天津）》
357	明故处士严南野（堂）墓志铭	《新中国出土墓志（上海、天津）》
358	明故倪（镛）孺人陶氏合葬墓志铭	《新中国出土墓志（上海、天津）》
359	明故宋（蕙）配吴孺人墓志铭	《新中国出土墓志（上海、天津）》
360	明故鸿胪序班东湖何公（文瑞）墓志铭	《新中国出土墓志（上海、天津）》
361	明故余（塾）母骆氏孺人墓志铭	《新中国出土墓志（上海、天津）》
362	明祁南李君（澈）配朱孺人墓志	《新中国出土墓志（上海、天津）》
363	明故敕封文林郎广西道监察御史一默宋公（蕙）墓志铭	《新中国出土墓志（上海、天津）》
364	明表兄张次实（树声）暨嫂陆孺人合葬墓志铭	《新中国出土墓志（上海、天津）》
365	明故文林郎署兵部车驾司郎中事行人司司正前四川道监察御史韦室唐公（自化）墓志铭	《新中国出土墓志（上海、天津）》
366	明云涛唐先生（钦尧）配沈孺人墓志铭	《新中国出土墓志（上海、天津）》
367	明故文林郎云南道监察御史南湖徐公（宗鲁）墓志铭	《新中国出土墓志（上海、天津）》
368	明故凤梧文学沈君（世瑞）墓志铭	《新中国出土墓志（上海、天津）》
369	明陆横溪先生（琦）墓志铭	《新中国出土墓志（上海、天津）》
370	明故通议大夫南京礼部右侍郎幼海董公（传策）墓志铭	《新中国出土墓志（上海、天津）》
371	明故郁林州吏目陆公（瑶）配苏孺人墓志铭	《新中国出土墓志（上海、天津）》
372	明故郓城令徐公（应解）墓志铭	《新中国出土墓志（上海、天津）》
373	明诰封中大夫南京太仆寺卿南滨林公（正蓁）暨配赠淑人王氏合葬墓志铭	《新中国出土墓志（上海、天津）》
374	明故中宪大夫四川龙安府知府衷齐林公（有麟）暨配诰赠宜人惠淑徐氏之墓志	《新中国出土墓志（上海、天津）》
375	明故修职佐郎光禄寺掌醢署监事文台潘公（允徵）墓志铭	《新中国出土墓志（上海、天津）》
376	明从仕郎直内阁诰敕房中书舍人潘君（云骥）墓志铭	《新中国出土墓志（上海、天津）》

续表

编号	名称	来源
377	明太医院吏目徐公（学礼）暨配李孺人合葬墓志铭	《新中国出土墓志（上海、天津）》
378	明故兵部车驾司郎中赠奉政大夫韦室唐公（自化）配敕封孺人诰赠宜人杨氏墓志铭	《新中国出土墓志（上海、天津）》
379	明（陈所蕴）先室敕封安人诰赠淑人王氏墓志铭	《新中国出土墓志（上海、天津）》
380	明徐尚贤自撰誓碑	《新中国出土墓志（上海、天津）》
381	明刑部左侍郎赠都察院右都御史心泉何公（源）暨诰封淑人吴氏（贵弟）合葬内圹志	《新中国出土墓志（上海、天津）》
382	明故沈府君（自成）暨葛孺人墓志铭	《新中国出土墓志（上海、天津）》
383	明故沈（日昌）母徐孺人墓志铭	《新中国出土墓志（上海、天津）》
384	明王公先考淳宇府君（□）先妣张太安人李安人迁墓记	《新中国出土墓志（上海、天津）》
385	明故王府教授致仕叶公墓志铭	《新中国出土墓志（上海、天津）》

附录二　清代墓志列表

编号	名称	来源
1	张朴村墓志铭	（清）方苞《方苞文集》
2	武显将军福建海坛镇总兵官丁公神道碑铭	（清）龚自珍《碑传集补》
3	澄城知县徐君墓碣	（清）归庄《归庄集》
4	钱君少唐（体仁）墓志铭	（清）黄宗起《知止庵文集》
5	钱眉士先生（元亮）墓志铭	（清）黄宗起《知止庵文集》
6	文林郎徐州府教授王公（元恸）墓志铭	（清）李赓芸《稻香吟馆诗稿》
7	施孟达墓志铭	（清）陆陇其《三鱼堂文集》
8	唐吉臣墓志铭	（清）陆陇其《三鱼堂文集》
9	张南松墓志铭	（清）陆陇其《三鱼堂文集》
10	黄损之墓志铭	（清）毛岳生《休复居文集》
11	黄潜夫墓志铭	（清）毛岳生《休复居文集》
12	封资政大夫大理寺卿加十四级王公神道碑	（清）钱大昕《潜研堂集》
13	工部左侍郎汪公墓志铭	（清）钱大昕《潜研堂集》
14	太子太保兵部尚书湖广总督世袭二等轻车都尉毕公墓志铭	（清）钱大昕《潜研堂集》
15	翰林院侍读邵先生墓志铭	（清）钱大昕《潜研堂集》
16	日讲起居注官翰林院侍讲学士曹君墓志铭	（清）钱大昕《潜研堂集》
17	封通议大夫日讲起居注官文渊阁直阁事翰林院侍读学士加三级陆公墓志铭	（清）钱大昕《潜研堂集》
18	严半庵墓志铭	（清）钱大昕《潜研堂集》
19	优贡生候选儒学训导杨君墓志铭	（清）钱大昕《潜研堂集》
20	大理府知府张公墓志铭	（清）钱大昕《潜研堂集》
21	凌竹轩墓志铭	（清）钱大昕《潜研堂集》
22	瞿封翁墓志铭	（清）钱大昕《潜研堂集》
23	黄氏先茔表	（清）钱大昕《潜研堂集》

编号	名称	来源
24	盛泾先茔之碣	（清）钱大昕《潜研堂集》
25	布衣陈君墓碣	（清）钱大昕《潜研堂集》
26	钝闲诗老张先生墓志铭	（清）钱大昕《潜研堂集》
27	陆淞园墓志铭	（清）钱大昕《潜研堂集》
28	鹤溪子墓志铭	（清）钱大昕《潜研堂集》
29	西沚先生墓志铭	（清）钱大昕《潜研堂集》
30	虚亭先生墓志铭	（清）钱大昕《潜研堂集》
31	日讲起居注官翰林院侍讲学士曹君墓志铭	（清）钱大昕《潜研堂集》
32	吏科给事中赠太常寺少卿侯君墓志铭	（清）钱谦益《牧斋初学集》
33	嘉定张君墓志铭	（清）钱谦益《牧斋初学集》
34	金府君墓志铭	（清）钱谦益《牧斋初学集》
35	封太孺人赵氏墓志铭	（清）钱谦益《牧斋初学集》
36	旌表节妇李母沈孺人墓志铭	（清）钱谦益《牧斋初学集》
37	鹤林法师塔铭	（清）钱谦益《牧斋初学集》
38	薛更生墓志铭	（清）钱谦益《牧斋初学集》
39	潘文学墓志铭	（清）钱谦益《牧斋初学集》
40	嘉定夏君琅云墓志铭	（清）唐文治《茹经堂文集》
41	崇明龚母陈夫人墓志铭	（清）唐文治《茹经堂文集》
42	上海曹豫材先生墓志铭	（清）唐文治《茹经堂文集》
43	宝山瞿君祥芝墓志铭	（清）唐文治《茹经堂文集》
44	秦佩鹤先生墓志铭	（清）唐文治《茹经堂文集》
45	雷君谱桐墓志铭	（清）唐文治《茹经堂文集》
46	沈君蓉汀墓志铭	（清）唐文治《茹经堂文集》
47	袁君汝舟墓志铭	（清）唐文治《茹经堂文集》
48	王君霭亭墓碣	（清）唐文治《茹经堂文集》
49	广西柳州府通判朱君墓志铭	（清）王昶《春融堂集》
50	诰封中宪大夫安徽和州州同知王君墓志铭	（清）王昶《春融堂集》
51	湖北布政使朱君墓志铭	（清）王昶《春融堂集》
52	四川监茶道王君墓志铭	（清）王昶《春融堂集》
53	都察院左副都御史陆君墓志铭	（清）王昶《春融堂集》
54	内阁中书舍人张君墓志铭	（清）王昶《春融堂集》
55	刑部员外郎汪君墓志铭	（清）王昶《春融堂集》

编号	名称	来源
56	浙江按察使陆君墓志铭	（清）王昶《春融堂集》
57	前经筵讲官都察院左都御史吴君墓志铭	（清）王昶《春融堂集》
58	含山县训导蔡先生墓志铭	（清）王昶《春融堂集》
59	岁贡生陈先生墓志铭	（清）王昶《春融堂集》
60	文学杨君墓志铭	（清）王昶《春融堂集》
61	候选员外郎李君墓志铭	（清）王昶《春融堂集》
62	砀山县教谕瞿君墓志铭	（清）王昶《春融堂集》
63	邵珉高墓志铭	（清）王昶《春融堂集》
64	苏州府教授俞君墓志铭	（清）王昶《春融堂集》
65	叶孺人墓志铭	（清）王昶《春融堂集》
66	亡妻邹氏志略	（清）王昶《春融堂集》
67	法师刘君墓表	（清）王昶《春融堂集》
68	芸书志略	（清）王昶《春融堂集》
69	许孺人志略	（清）王昶《春融堂集》
70	贡生吴君偕朱孺人合葬墓表	（清）王昶《春融堂集》
71	邵西樵墓表	（清）王昶《春融堂集》
72	金孺人墓表	（清）王昶《春融堂集》
73	兵部尚书都察院右都御史湖广总督赠太子太保毕公神道碑	（清）王昶《春融堂集》
74	恤赠光禄寺少卿户部主事赵君墓志铭	（清）王昶《春融堂集》
75	宋幼清墓志铭	（清）吴伟业《吴梅村全集》
76	钱太恭人墓志铭	（清）袁枚《小仓山房文集》
77	敕赠文林郎翰林院检讨提督贵州学政前顺治甲午科举人先府君曾余先生墓表	（清）张大受《匠门书屋文集》
78	菊隐陆先生墓志铭	（清）张云章《朴村文集》
79	欧翁刘君墓志铭	（清）张云章《朴村文集》
80	太常寺少卿高公神道碑	（清）张云章《朴村文集》
81	顾文学贯斋先生墓表	（清）张云章《朴村文集》
82	梅华源沈隐君墓志铭	（清）张云章《朴村文集》
83	吏部候选州同知徐君亮臣墓志铭	（清）张云章《朴村文集》
84	下殇男子阿述墓铭	（清）张云章《朴村文集》
85	儿昕殡志	（清）张云章《朴村文集》
86	下殇女子墓志	（清）张云章《朴村文集》

续表

编号	名称	来源
87	李君玉如墓志铭	（清）张云章《朴村文集》
88	周君文涛墓志铭	（清）张云章《朴村文集》
89	舅氏李方禹先生墓志铭	（清）张云章《朴村文集》
90	前明锦衣卫左所千户屯田都司王翁子万墓志铭	（清）张云章《朴村文集》
91	诰授朝议大夫华亭许君墓志铭	（清）周凯《内自讼斋文选》
92	嘉定张君墓志铭	（清）朱彝尊《曝书亭集》
93	岁贡生潘君墓志铭	（清）朱彝尊《曝书亭集》
94	华卿公（廖文耀）墓志铭	《嘉定碑刻集》
95	毂似公（廖寿丰）墓志铭	《嘉定碑刻集》
96	先考孟扬府君（廖寿铺）墓志	《嘉定碑刻集》
97	皇清诰封奉直大夫晋赠朝议大夫掌浙江道监察御史加一级啸亭许公暨配诰封宜人晋封恭人陆太恭人墓志铭	《嘉定碑刻集》
98	广西巡抚李公神道碑	《嘉定碑刻集》
99	皇清诰封奉直大夫布政使司经历加二级国子监生啸农郁君墓志铭	《嘉定碑刻集》
100	周江墓志铭	《嘉定碑刻集》
101	皇清敕授文林郎诰赠武德骑尉晋赠通奉大夫湖南醴陵县知县王公（恩溥）墓志铭	《嘉定碑刻集》
102	兵部右侍郎徐公（致祥）神道碑铭	《嘉定碑刻集》
103	清荣禄大夫从一品封二品衔直隶候补道嘉定顾公（溶）墓志铭	《嘉定碑刻集》
104	上海顾君（式章）墓志铭	《嘉定碑刻集》
105	卫宗陈墓志铭	《嘉定碑刻集》
106	国子监生孙光祖墓志铭	《嘉定碑刻集》
107	国子监生陈启贤墓	《嘉定碑刻集》
108	山东布政使徐恕墓志铭	《嘉定碑刻集》
109	浙江分巡宁绍台海防兵备道印宪曾墓志铭	《嘉定碑刻集》
110	练祁先茔表	《嘉定碑刻集》
111	国学生陈国祥墓志铭	《嘉定碑刻集》
112	国学生朱克昌暨配沈孺人合葬墓志铭	《嘉定碑刻集》
113	詹事府正詹张鹏翀墓	《嘉定碑刻集》
114	文学乡饮宾赵萼墓表	《嘉定碑刻集》

续表

编号	名称	来源
115	定陶知县赵君墓志铭	《嘉定碑刻集》
116	翰林院庶吉士王晦墓志铭	《嘉定碑刻集》
117	翰林院修撰王敬铭墓志铭	《嘉定碑刻集》
118	勅赠儒林郎钱起蛟墓志铭	《嘉定碑刻集》
119	苏州府教授俞昌言墓志铭	《嘉定碑刻集》
120	处士徐昌期墓志铭	《嘉定碑刻集》
121	文学曾祁川先生墓志铭	《嘉定碑刻集》
122	文学乡饮介宾曾君墓表	《嘉定碑刻集》
123	充甫公暨徐孺人合葬墓志铭	《嘉定碑刻集》
124	张孺人墓志铭	《嘉定碑刻集》
125	皇清敕授修职郎安徽太和县教谕慎斋诸君（仁熙）墓志铭	《嘉定碑刻集》
126	王泰际墓志铭	《嘉定碑刻集》
127	都阃潘于王暨元继配两沈硕人合葬墓碣铭	《嘉定碑刻集》
128	敕赠文林郎徐州府教授晋阶奉直大夫王思渠墓	《嘉定碑刻集》
129	王氏墓志铭	《嘉定碑刻集》
130	舅氏沈君墓志铭	《嘉定碑刻集》
131	赠奉直大夫国子生金乐墓志铭	《嘉定碑刻集》
132	赠中宪大夫诸生章树经墓志铭	《嘉定碑刻集》
133	赠奉政大夫诸生夏锦书墓志铭	《嘉定碑刻集》
134	施维翰墓志铭	《浦东碑刻资料选辑》
135	朱恒墓志铭	《浦东碑刻资料选辑》
136	卜、费二公记碑	《浦东碑刻资料选辑》
137	左都御史朱椿墓记碑	《浦东碑刻资料选辑》
138	陆雪香先生墓志铭	《浦东碑刻资料选辑》
139	清修元郡守达鲁花赤故冢碑记	《新中国出土墓志（上海、天津）》
140	清修孔宅衣冠墓碑记	《新中国出土墓志（上海、天津）》
141	清诰赠奉政大夫云南景东府掌印同知荻滩谢公（鸿）暨配蒋太宜人合葬墓志铭	《新中国出土墓志（上海、天津）》
142	清诰授奉政大夫云南景东府掌印同知锦湖谢公（颖元）暨配陈宜人祔葬墓志铭	《新中国出土墓志（上海、天津）》
143	清诰赠资政大夫大理寺卿王公（士毅）墓志铭	《新中国出土墓志（上海、天津）》

编号	名称	来源
144	清诰封奉直大夫晋赠朝议大夫掌浙江道监察御史加一级啸亭许公（云鹏）暨配诰封宜人晋封恭人陆太恭人墓志铭	《新中国出土墓志（上海、天津）》
145	清圆津禅院（童）振华（曜）长老塔铭	《新中国出土墓志（上海、天津）》
146	清诰授中宪大夫湖北宜昌府知府冶山王君（春煦）墓志铭	《新中国出土墓志（上海、天津）》
147	清钱敬亭（肇然）墓志铭	《新中国出土墓志（上海、天津）》
148	清诰授中宪大夫詹事府少詹事钱君（大昕）墓志铭	《新中国出土墓志（上海、天津）》
149	清故刑部右侍郎王公（昶）墓志铭	《新中国出土墓志（上海、天津）》
150	清诰授朝议大夫浙江杭州府知府柳泉张君（允垂）墓志铭	《新中国出土墓志（上海、天津）》
151	清例授奉直大夫候选主事加一级胡君（澄）墓志铭	《新中国出土墓志（上海、天津）》
152	清故竹竿山人何君（其伟）墓志铭	《新中国出土墓志（上海、天津）》
153	清敕授文林郎浙江金华县知县子涵庄君（东来）墓志铭	《新中国出土墓志（上海、天津）》
154	清诰授中宪大夫道衔贵州贵阳府知府前翰林院编修椅城廖君（惟勋）墓志铭	《新中国出土墓志（上海、天津）》
155	清诰封朝议大夫候选州同胡君（泰）墓志铭	《新中国出土墓志（上海、天津）》
156	清故松江府学优廪生族弟（朱）伟卿（士祺）权厝铭	《新中国出土墓志（上海、天津）》
157	清诰授奉政大夫五品衔广东候补县丞陈君（敬熙）墓志铭	《新中国出土墓志（上海、天津）》
158	皇清诰赠荣禄大夫诰授奉政大夫工部虞卫司郎中刘君墓志铭	童立德、宋路霞《南浔小莲庄刘家》
159	皇清诰封一品夫人钦旌节孝刘母邱太夫人墓志铭	童立德、宋路霞《南浔小莲庄刘家》

主要参考文献

一 上海方志

民国《川沙县志》，载《中国地方志集成》，上海书店出版社 2010 年版。

民国《上海县志》，载《中国地方志集成》，上海书店出版社 2010 年版。

明崇祯《松江府志》，载《日本藏中国罕见地方志丛刊》，书目文献出版社 1991 年版。

明正德《金山卫志》，上海辞书出版社 2013 年版。

清光绪《宝山县志》、民国《宝山县续志》、民国《宝山县再续志》，载《中国地方志集成》，上海书店出版社 2010 年版。

清光绪《金山县志》，载《中国地方志集成》，上海书店出版社 2010 年版。

清光绪《南汇县志》、民国《南汇县续志》，载《中国地方志集成》，上海书店出版社 2010 年版。

清光绪《青浦县志》、民国《青浦县续志》，载《中国地方志集成》，上海书店出版社 2010 年版。

清光绪重修《奉贤县志》，载《中国地方志集成》，上海书店出版社 2010 年版。

清光绪重修《华亭县志》，载《中国地方志集成》，上海书店出版社 2010 年版。

清康熙《崇明县志》，载《中国地方志集成》，上海书店出版社 2010 年版。

清康熙《嘉定县志》，载《中国地方志集成》，上海书店出版社 2010 年版。

清乾隆《娄县志》、光绪《娄县续志》，载《中国地方志集成》，上海书店出版社 2010 年版。

《上海府县旧志丛书·松江府卷》，上海古籍出版社 2011 年版。

《云间志》，方志出版社 2008 年版。

二　明清文人著述

（明）董其昌：《容台文集》，载《明代艺术家集汇刊》，（台北）"国立中央图书馆" 1968 年版。

（明）范濂：《云间据目抄》，载《丛书集成三编》，（台北）新文丰出版公司 1997 年版。

（清）方苞：《方苞集》，载《中国古典文学丛书》，上海古籍出版社 2008 年版。

（明）顾清：《东江家藏集》，载《四库明人文集丛刊》，上海古籍出版社 1991 年版。

（明）归有光：《震川先生集》，载《中国古典文学丛书》，上海古籍出版社 2007 年版。

（清）归庄：《归庄集》，载《中国古典文学丛书》，上海古籍出版社 2010 年版。

（明）娄坚：《学古绪言》，载《四库明人文集丛刊》，上海古籍出版社 1993 年版。

（明）陆深：《俨山集》，载《四库明人文集丛刊》，上海古籍出版社 1993 年版。

（清）陆陇其：《三鱼堂文集》，载《清代诗文集汇编》，上海世纪出版公司、上海古籍出版社 2010 年版。

（清）毛岳生：《休复居文集》，宝山滕氏 1936 年版。

（清）钱大昕：《潜研堂集》，载《清代学者文集丛刊》，上海古籍出版社 2009 年版。

（清）钱谦益：《牧斋初学集》，载《中国古典文学丛书》，上海古籍出版社 1985 年版。

（明）孙承恩：《文简集》，载《四库明人文集丛刊》，上海古籍出版社 1993 年版。

（清）孙希旦撰，沈啸寰等点校：《礼记集解》，中华书局 1989 年版。

（明）唐时升：《三易集》，载《四库禁毁书丛刊》，北京出版社 2000 年版。

（清）唐文治：《茹经堂文集》，载《民国丛书》，上海书店 1991

年版。

（明）王世贞：《弇州山人四部稿》，明万历五年（1577 年）吴郡王氏经堂刊本。

（明）王世贞：《弇州四部续稿》，载《景印文渊阁四库全书》，台北商务印书馆 1983 年版。

（清）王昶：《春融堂集》，上海文化出版社 2013 年版。

（明）文徵明：《文徵明全集》，大道书局、九州书局 1935 年版。

（明）吴梅村：《吴梅村全集》，载《中国古典文学丛书》，上海古籍出版社 1990 年版。

（清）吴伟业：《吴梅村全集》，载《中国古典文学丛书》，上海古籍出版社 1990 年版。

（明）徐学谟：《归有园稿》，载《四库全书存目丛书》，（台南）庄严文化事业有限公司 1997 年版。

（明）徐学谟：《徐氏海隅集》，载《四库全书存目丛书》，（台南）庄严文化事业有限公司民国 1997 年版。

（清）叶梦珠：《阅世编》，载《历代史料笔记丛刊 清代史料笔记丛刊》，中华书局 2007 年版。

（清）袁枚：《小仓山房集》，载《中国古典文学丛书》，上海古籍出版社 1988 年版。

（明）张弼：《东海张先生文集》，明正德十年（1515 年）华亭张氏刊本。

（清）张大受：《匠门书屋文集》，载《清代诗文集汇编》，上海世纪出版公司、上海古籍出版社 2010 年版。

（清）张云章：《朴村文集》，载《清代诗文集汇编》，上海世纪出版公司、上海古籍出版社 2010 年版。

（清）周凯：《内自讼斋文选》，载《近代中国史料丛刊》，台湾文海出版社 1983 年版。

（清）朱彝尊：《曝书亭集》，载《清代诗文集汇编》，上海世纪出版公司、上海古籍出版社 2010 年版。

三　今人论著

［美］阿尔弗雷德·格罗塞：《身份认同的困境》，王鲲译，社会科学文献出版社 2010 年版。

［法］白吉尔：《上海史》，王菊、赵念国译，上海社会科学院出版社

2005 年版。

曹树基：《中国人口史（第四卷）明时期》，复旦大学出版社 2000 年版。

曹树基：《中国人口史（第五卷）清时期》，复旦大学出版社 2001 年版。

常建华：《宋以后宗族的形成及地域比较》，人民出版社 2013 年版。

陈彩章：《中国历代人口变迁之研究》，商务印书馆 1946 年版。

陈超：《明代女性碑传文与品官命妇研究——以"四库"明人文集为中心的考察》，光明日报出版社 2013 年版。

陈杰：《实证上海史——考古学视野下的古代上海》，上海古籍出版社 2010 年版。

陈文和主编：《嘉定王鸣盛全集》，中华书局 2010 年版。

杜正胜主编：《中国式家庭与社会》，黄山书社 2012 年版。

[日] 多贺秋五郎：《中国的宗谱》，东洋文库 1960 年版。

范荧：《上海民间信仰研究》，上海人民出版社 2006 年版。

冯尔康：《18 世纪以来中国家族的现代转向》，上海人民出版社 2005 年版。

甘怀真：《身份、文化与权力：士族研究新探》，台湾大学出版中心 2012 年版。

葛剑雄：《中国人口发展史》，福建人民出版社 1991 年版。

郭于华：《仪式与社会变迁》，社会科学文献出版社 2000 年版。

华伟东：《浦东碑刻资料选辑》，浦东新区档案馆 1998 年版。

黄宽重、刘增贵主编：《家族与社会》，中国大百科全书出版社 2005 年版。

姜彬：《姜彬文集》，上海社会科学院出版社 2007 年版。

[日] 井上彻：《中国的宗族与国家礼制》，钱杭译，上海书店 2008 年版。

刘铮主编：《人口学辞典》，人民出版社 1986 年版。

路遇、滕泽之：《中国人口通史》，山东人民出版社 2000 年版。

钱杭：《血缘与地缘之间：中国历史上的联宗与联宗组织》，上海社会科学院出版社 2001 年版。

钱杭、承载：《十七世纪江南社会生活》，浙江人民出版社 1996 年版。

阮仁泽、高振农：《上海宗教史》，上海人民出版社 1992 年版。

上海博物馆图书资料室编：《上海碑刻资料选辑》，上海人民出版社1980年版。

上海市档案馆：《上海档案史料研究》（第1辑），上海三联书店2006年版。

上海市地方志办公室、上海市嘉定区地方志办公室编：《嘉定县卷》（全四册），上海古籍出版社2012年版。

［英］特斯特：《后现代性下的生命与多重时间》，李康译，北京大学出版社2010年版。

田兆元、扎格尔：《民族民间文化论坛》（第4辑），上海社会科学院出版社2012年版。

佟新：《人口社会学》，北京大学出版社2000年版。

王文宝：《中国民俗研究史》，黑龙江人民出版社2003年版。

魏峰：《宋代迁徙官僚家族研究》，上海古籍出版社2009年版。

魏津生：《现代人口学》，重庆出版社1992年版。

吴建华：《明清江南人口社会史研究》，群言出版社2005年版。

吴仁安：《明清江南望族与社会经济文化》，上海人民出版社2001年版。

吴仁安：《明清江南著姓望族史》，上海人民出版社2009年版。

吴仁安：《明清时期上海地区的著姓望族》，上海人民出版社1997年版。

熊月之：《西学东渐与晚清社会》，上海人民出版社1994年版。

杨子慧主编：《中国历代人口统计资料研究》，改革出版社1996年版。

于明诠：《中国书法名家讲座——墓志10讲》，上海书画出版社2003年版。

余英时：《士与中国文化》，上海人民出版社1987年版。

袁祖亮：《中国古代人口专题研究》，中州古籍出版社1994年版。

张建华、陶继明主编：《嘉定碑刻集》（上、中、下），上海古籍出版社2012年版。

张静：《身份认同研究：观念、态度、理据》，上海人民出版社2006年版。

张㧑之：《世说新语译注》，上海古籍出版社2012年版。

张仲礼：《中国绅士——关于其在十九世纪中国社会中作用的研究》，李荣昌译，上海社会科学院出版社1991年版。

张仲礼：《中国绅士的收入》，上海社会科学院出版社 2001 年版。

赵超：《古代墓志通论》，紫禁城出版社 2003 年版。

赵文林、谢淑郡：《中国人口史》，人民出版社 1988 年版。

赵园：《明清之际士大夫研究》，北京大学出版社 1999 年版。

郑晓江：《善死与善终——中国人的死亡观》，云南人民出版社 1999
年版。

中国文化遗产研究院、上海博物馆、天津文化遗产保护中心编：《新
中国出土墓志（上海、天津）》，文物出版社 2009 年版。

Bolles, Edmund Blair, *Remembering and Forgetting*：*An Inquiry into the
Nature of Memory*, New York：Walker & Company, 1988.

Billig, Michael, "Collective Memory, Ideology and the British Royal
Family", *In Collective Remembering*, edited by David Middleton & Derek Ed-
wards, London：Sage Publications, 1990.

Freedman, Maurice, *Lineage Organization in Southeastern China*, Uni-
versity of London：The Athlone Press, 1958.

Frederick Bartlett, *Remembering*：*a Study in Experimental and Social Psy-
chology*, London：Cambridge University Press, 1932.

四　期刊论文

卞利：《明清以来徽州丧葬礼俗初探》，《社会科学》2012 年第 9 期。

曹印双：《从墓志看唐代处士阶层信仰格局》，《宗教学研究》2006
年第 4 期。

查瑞传：《再论中国生育率转变的特征》，《中国人口科学》1996 年
第 2 期。

崔新建：《文化认同及其根源》，《北京师范大学学报》（社会科学
版）2004 年第 4 期。

戴逸：《乾嘉史学大师钱大昕》，《文史哲》1997 年第 3 期。

郭玉峰：《历史人口学：近年来中国微观人口史研究述评》，《历史教
学》（高校版）2007 年第 10 期。

郭玉峰：《明清以来湖南地区家族人口未婚状况的考察（1413—
1949）——以湘乡曾氏、胡氏和长沙王氏为中心》，《中国社会历史评论》
2008 年第 2 期。

何衡松、何成：《明清国家丧葬礼制与地方丧葬习俗初探——以广东
广惠两府为例》，《中国市场》2011 年第 1 期。

洪璞：《清代江南家族人口的数量分析——以汾湖柳氏为例》，《东南文化》2000 年第 11 期。

侯杨方：《明清江南地区两个家族人口的生育控制》，《中国人口科学》1998 年第 4 期。

侯杨方：《上海历史上的人口总量估计》，《学术月刊》1995 年第 7 期。

乐昕：《男性生育率：我国人口学研究中值得重视的研究领域》，《人口与发展》2012 年第 2 期。

李磊：《江南认知与中华认同》，《华东师范大学学报》（哲学社会科学版）2012 年第 5 期。

李日邦、谭见安、王五一、何洋：《中国人口寿命的时间变化和区域差异》，《人文地理》2000 年第 2 期。

刘春玲：《晚明士人价值取向异动及其评析》，《阴山学刊》2013 年第 4 期。

马学强：《16 至 20 世纪中叶民间文献中有关家族婚姻状况的研究》，《史林》2006 年第 5 期。

孟国栋：《墓志的起源与墓志文体的成立》，《浙江大学学报》（人文社会科学版）2013 年第 5 期。

彭昊：《论孔子的人物品评》，《船山学刊》2000 年第 3 期。

彭昊：《世说新语人物品评的儒学渊源》，《湘潭大学学报》（哲学社会科学版）2008 年第 3 期。

彭希哲、侯杨方：《1370—1900 年江南地区人口变动与社会变迁——以江阴范氏家族为个案的研究》，《中国人口科学》1996 年第 3 期。

秦俊法：《上海人口预期寿命和百岁老人发展趋势》，《世界元素医学》2007 年第 1 期。

饶玲一：《清代上海郁氏家族的变化及与地方之关系》，《史林》2005 年第 2 期。

桑荟：《明清时期江南士人习医原因初探》，《中国地方志》2008 年第 5 期。

孙小力：《钱谦益女性墓志铭的特点及其文化意义》，《南京师范大学文学院学报》2007 年第 3 期。

王力平：《中古士族到士人的演进》，《南开学报》（哲学社会科学版）2008 年第 3 期。

王世红：《论家族祭祀对社会的凝聚作用》，《重庆师范大学学报》

（哲学社会科学版）2007 年第 2 期。

吴敬：《试论宋代的葬期》，《华夏考古》2012 年第 1 期。

薛小玲：《伦理身份危机——评莱辛的〈另外那个女人〉》，《长江大学学报》2014 年第 5 期。

张瑞莹、左斌：《社会认同理论及其发展》，《心理科学进展》2006 年第 3 期。

张淑华、李海莹、刘芳：《身份认同研究综述》，《心理研究》2012 年第 1 期。

张葳：《唐中晚期北方士人主动移居江南现象探析——以唐代墓志材料为中心》，《史学月刊》2010 年第 9 期。

张新斌：《根亲文化的讨论与思考》，《中原文化研究》2014 年第 3 期。

赵翠翠、李向平：《信仰类型及其社会建构》，《民俗研究》2014 年第 1 期。

郑丽萍：《从墓志看宋代士人家庭的择偶行为》，《兰州学刊》2009 年第 10 期。

郑勇：《1333—1897 年间湘南家族人口中已婚女性分析——以永州谈文溪村郑氏妻妾为例》，《安徽文学》2009 年第 3 期。

郑正、王兴平：《古代中国人寿命与人均粮食占有量》，《江苏社会科学》2000 年第 10 期。

周晓虹：《认同理论：社会学与心理学的分析路径》，《社会科学》2008 年第 4 期。

邹明华：《孝道传说与中华民族核心价值观的传承》，《民间文化论坛》2014 年第 6 期。

五　硕士、博士学位论文

陈山漫：《民间墓联墓志的社会文化价值——以清乾隆至今鄂西南民间墓联墓志为例》，硕士学位论文，中南民族大学，2008 年。

陈媛媛：《功名士人与清末民初的上海社会》，硕士学位论文，上海师范大学，2010 年。

池雪丰：《明代丧葬典礼考述》，硕士学位论文，浙江大学，2013 年。

冯玉荣：《明末清初松江士人与地方社会》，博士学位论文，复旦大学，2005 年。

韩思思：《明代州县官吏管理的法律机制》，硕士学位论文，烟台大学，2014 年。

李细琴：《从潜研堂文集看钱大昕的学术活动》，硕士学位论文，华中师范大学，2014 年。

刘铁军：《明清江南士绅话语研究》，硕士学位论文，南京师范大学，2005 年。

刘先维：《墓志资料所见唐代归葬习俗研究》，硕士学位论文，华东师范大学，2010 年。

罗云丹：《明初士人研究》，硕士学位论文，四川大学，2007 年。

骆耀军：《明清之际士人认同的转变与重塑——从〈列朝诗集小传〉到〈四库总目提要〉》，硕士学位论文，华中师范大学，2014 年。

宋月：《明代江南地区丧葬习俗演变——以苏松为中心》，硕士学位论文，吉林大学，2007 年。

王凤翔：《五代士人群体及士风研究》，硕士学位论文，陕西师范大学，2004 年。

王蓉：《"嘉定四先生"研究》，硕士学位论文，上海师范大学，2010 年。

谢羽：《晚明江南士人群体研究——以陈子龙交游文中心的考察》，硕士学位论文，华中师范大学，2006 年。

徐林：《明代中晚期江南士人社会交往研究》，博士学位论文，东北师范大学，2002 年。

张瑞华：《唐代妇女的生育研究——以墓志资料为研究中心》，硕士学位论文，南京师范大学，2008 年。

朱颖：《民国时期妾的法律地位研究》，博士学位论文，华东政法大学，2014 年。

后　记

本书是在我的博士论文基础上完成的，距论文答辩结束已近五年。期间，几易其稿，还有幸获得2017年国家社科基金后期资助。从选题、论证、搜集资料、撰写、答辩、修改、申请、获得立项、再修改直到今天，尽管自己已尽全力，但因本人初涉历史人口学研究，想来书稿一定还存在许多不足，还请观者指正。

撰写博士论文是"痛并快乐着"的。个人在努力进行明清上海士人家族人口有关研究的过程中，确实领略到了另一个世界的精彩。墓志这一令现代人有些生畏的文化遗存全没有想象的那般阴郁，更多展现的是生的价值、活的意义。"有文不朽"，这是士人对墓志的认识，更是士人家族对自我身份的认同，对文字的尊重让我更加深刻地认识到传统社会"郁郁乎文哉"的文明生活。

博士论文完成之后，难得的轻松让我有空思考攻读博士的意义。真的，很庆幸自己有这个机会，不仅提升了自我修养，更有幸能"登堂入室"，领略学术的魅力。这种收获首先要感谢我的恩师田兆元教授，是他引领我步入学术领域，他的言传身教令我终身受益。此篇论文更是凝聚了先生的智慧和心血，从选题、构思到论文的修改都得到他的精心指点。许多次他在百忙之中给予我莫大的指导和帮助……太多感激无以言表，唯藏记于心。

其次，要感谢华东师大社会发展学院的老师们、同学们。在你们的帮助和关心下，已过不惑之年的我再次享受了大学的美好生活，并在学术的道路上获得滋养和动力。特别要感谢丁金宏教授、吴瑞君教授、桂世勋教授、高向东教授和黄晨熹教授，你们的细致指导让论文质量得到了极大提升。还有李强、郑雄飞、陈丽梅、梁翠萍等老师，位秀平、王方兵、余红艳等同学，在你们的鼓励和帮助下，促使我不断进步。

本论文的一大难点是对墓志资料的搜集，在此过程中，有幸得到复旦大学文学博士李柯老师，嘉定地方志办公室陶继明老师、林介宇老师、王光乾老师的大力帮助，除了资料协助外，他们在古文、古代社会知识等方面的指导也令我获益匪浅。攻读博士期间，也得到我所在单位上海社会科学院领导左学金、权衡、王红霞、宗传宏、李安方、杨亚琴、胡晓鹏等老师和同事的关心与帮助。在此，一并致以深深的谢意！

　　还有，就是一直默默给予我关心和支持的家人。妻子聂洁女士作为一名妇产科大夫，本身工作已很辛苦，但为了我的学业，还是承担了大部分的家务。儿子李赟鹤促使我每天早起，为撰写论文获取了宝贵的时间。特别地感谢你们！

　　最后，不得不提的就是全国哲社规划办。国家社科基金后期资助项目的设立为博士论文的进一步完善与出版提供了很好的条件和资助。有幸获得该项目的立项资助，不仅帮助促使我完善了论文内容，更给予我莫大的鼓励与自信。五位匿名专家在提出修改意见的同时，也充分肯定了论文的学术价值，认为"该成果弥补了士人族群人口史研究的不足"；"本项成果创新性地践行，表明仅只依靠墓志文本，亦能够解读出诸多人口信息、文化信息、社会行为规范信息等，这种研究范式的确立，某种程度上在历史人口学研究领域有着里程碑意义的学术价值"；"该成果研究基础扎实、资料可靠、方法恰当、论证严谨，不仅具有一定的史料价值，而且对历史人口学研究具有方法论价值"。如此高的评价真的让我"受宠若惊"，在享受这种"受宠若惊"的同时也一丝不苟地按照专家的意见进行了认真的修改，默默地向专家致敬、致谢。

　　非常感谢书稿的责任编辑李庆红老师，她的职业素养和品德令人敬佩。书稿中许多错漏，特别是图表的细微差错都被李老师校对准确，对其感激敬佩之余，也深为自己的马虎、粗心汗颜。

　　在学术的道路上，或许我刚刚起步，但无论如何，我已在路上、在追赶、在奔跑。在各位前辈、老师的鼓励与指导下，我争取做一名新时代社会科学研究的追梦人。

李宏利

2019 年 1 月于上海社科院